排斥与模仿对消费者行为的影响研究

江 霞 著

中国财经出版传媒集团
中国财政经济出版社
北京

图书在版编目（CIP）数据

排斥与模仿对消费者行为的影响研究／江霞著．--北京：中国财政经济出版社，2023.12
ISBN 978-7-5223-2638-2

Ⅰ.①排… Ⅱ.①江… Ⅲ.①消费者行为论－研究 Ⅳ.①F713.55

中国国家版本馆 CIP 数据核字（2023）第 243799 号

责任编辑：彭 波　　责任印制：史大鹏
封面设计：卜建辰　　责任校对：徐艳丽

排斥与模仿对消费者行为的影响研究
PAICHI YU MOFANG DUI XIAOFEIZHE XINGWEI DE YINGXIANG YANJIU

中国财政经济出版社 出版
URL：http：//www.cfeph.cn
E-mail：cfeph@cfeph.cn

社址：北京市海淀区阜成路甲 28 号　邮政编码：100142
营销中心电话：010-88191522
天猫网店：中国财政经济出版社旗舰店
网址：https：//zgczjjcbs.tmall.com
北京财经印刷厂印刷　各地新华书店经销
成品尺寸：170mm×240mm　16 开　14.75 印张　210 000 字
2023 年 12 月第 1 版　2023 年 12 月北京第 1 次印刷
定价：68.00 元
ISBN 978-7-5223-2638-2
（图书出现印装问题，本社负责调换，电话：010-88190548）
本社质量投诉电话：010-88190744
打击盗版举报热线：010-88191661　QQ：2242791300

资助项目：
重庆工商大学工商管理学院学科建设经费
国家自然科学基金青年项目（72302027）
2021 重庆工商大学高层次人才项目（2155030）
2022 年重庆市教育委员会人文社会科学研究一般项目（22SKGH215）

前　言

社会排斥作为一种普遍的社会现象，广泛存在于日常生活中。例如，当顾客前往某商店购物时，可能会因未达到相应的会员等级而无法享受某些服务；当进入高档奢侈品店时，服务员可能会用傲慢的态度和不屑的眼神提醒顾客不要触摸或试用商品。社会排斥威胁着人类深层次的需求，进而产生一系列生理、心理方面的反应。例如，社会排斥损害被排斥者的认知表现：逻辑推理能力、出现身体上的疼痛感、威胁个体的归属感。作为社会性生物，人类有强烈地与他人建立联系、追求群体归属的内驱力。当社会排斥导致归属需求得不到满足时，个体往往采取一系列补偿性消费来重建归属感。如策略性地从事能够帮助建立归属感的消费行为（如选择能象征群体成员身份的产品）、从众式的消费、寻求独特性产品、消费怀旧类的产品等，以应对社会排斥带来的消极影响。

在社会互动中，模仿行为也随处可见。人们经常有意识或无意识地进行模仿行为，因为模仿行为是社会互动中重要的沟通工具，可以促进模仿者和被模仿者之间的良好关系，如亲善和共情。模仿行为同样存在于消费活动中。然而，在消费领域，模仿消费可能意味着趋同性，可能会威胁个体的独特性需求，与如今追求个性化、彰显自身与众不同的潮流背道而驰。了解他人的模仿行为对被模仿者的影响，对企业的品牌推广策略也有重要的意义。

本研究基于现有社会排斥、模仿行为的相关研究，将研究对象进一步细化为日益壮大的Z世代群体，并根据消费者的个体特质，剖析社会排斥以及他人模仿行为对消费者行为可能产生的影响。运用行为实验法，开展多个子研究探讨个体在社会排斥以及模仿情境下的应对行为及其潜在机制。研究社会排斥与他人模仿行为以及个体如何通过消费行为应对及其背后的机理具有重要的理论和实践价值。一方面，可以揭示特定消费行为的心理机制是心理补偿；另一方面，有助于企业更好地理解消费者的非功能性消费行为。

本书最核心的研究内容，由第3章至第7章内容构成。具体地，第3章探讨经历社会排斥的消费者如何采用应对策略重获归属感。该章采用行为实验探讨社会排斥情境以及排斥类型对消费者品牌群体标签偏好的影响。通过对社会排斥的操纵，考察了不同形式的社会排斥行为对消费者选择群体标签品牌的影响。研究发现，消费者对群体标签品牌的评价受到社会排斥（被排斥/被接纳）以及排斥类型（因能力优异被排斥/因能力平庸被排斥）两个因素的影响。实验一的结果表明被社会排斥的消费者对有群体标签的品牌（vs. 无群体标签的品牌）评价更高。实验二的结果表明因自我能力优异被排斥的消费者对规避群体标签的品牌（vs. 渴望群体标签品牌）评价更高；因自我能力平庸被排斥的消费者对渴望群体标签的品牌（vs. 规避群体标签品牌）评价更高。

第4章探讨消费者的应对策略之二：维护个体自由感知。基于心理逆反理论，通过三个实验探讨感知的自由威胁对消费者选择与规避群体关联的品牌的影响。结果发现，当消费者感知到高自由威胁时，选择与规避群体关联的品牌的意愿较高，心理逆反发挥中介作用，叙事和自尊水平对上述影响关系具有调节作用。叙事性的信息使得被试因自由威胁所产生的心理逆反降低，从而对与规避群体关联的品牌的选择意愿降低。对于高自尊的个体，在高自由威胁时更愿意选择与规避群体关联的品牌；而对于低自尊的个体，在高/低自由威胁情况下对规避群体关联的品牌的偏好无显著差异。

第5章探讨消费者对他人模仿行为的应对策略之一：重建感知优越感。基于最优差异化理论，该章探讨模仿行为（相较于无模仿）对被模仿的消费者（高自恋/低自恋）偏好傲慢品牌的影响及其内在机制。通过四个行为实验发现：被模仿者自身的自恋水平调节他人模仿对傲慢品牌偏好的影响。相较于无模仿组的个体，他人的模仿显著提升了低自恋（而非高自恋）被模仿者对傲慢品牌的态度。这一影响效应受被模仿者感知的优越性所中介，经历他人模仿的消费者，感知优越性提升，更偏好傲慢品牌。同时，不同的产品使用场景调节以上影响效应。他人模仿和自恋水平对傲慢品牌的影响主要针对被模仿物品属于公开场景使用的产品，对于私下使用的产品，他人模仿行为与自恋水平的交互效应并不显著。尽管傲慢品牌传达的是高价值信号，当经历了他人更高水平的模仿，基于对自卑信息的敏感性，使得高自恋的被模仿者因自我认知威胁对傲慢品牌采取了回避策略。

第6章探讨消费者对他人模仿行为的应对策略之二：重获独特性。该章基于群体理论，通过四个行为实验发现，不同群体的模仿行为会影响被模仿者对不同差异化品牌的偏好。具体而言，来自规避群体的模仿将提升被模仿的消费者偏好横向品牌。而成员群体的模仿将提升被模仿的消费者偏好纵向品牌。其内在影响机制是，被规避群体模仿的消费者基于自我价值表达的需求，提升了对横向差异化品牌的偏好；而经历成员群体模仿的消费者需要宣扬自己在群体内的地位，进而偏好传递优越性的纵向差异化品牌。此外，个体的权力状态水平调节不同群体的模仿行为对被模仿者的差异化品牌偏好的影响。

第7章探讨消费者对他人模仿行为的应对策略之三：扩展身份。该章采用三个行为实验，通过对不同形式模仿行为以及品牌复杂度的操纵，考察了不同形式的模仿对被模仿者的复杂品牌态度之间的影响关系。在经历了他人核心模仿后，被模仿的消费者提升了对复杂品牌的喜爱度和购买意愿。这一效应受被模仿者自我扩展需求所中介，其内在影响机制是经历他人的核心模仿后，消费者的自我扩展需求提升，进而偏好复杂的品牌。同时，个体不同的自我概念清晰度水平调节以上影响效应。对于低自我概念清晰度组的个体，相较于非核心模仿组，经历他人的核心模仿行为后更倾向选择复杂性更高的品牌；而对于高自我概念清晰度组的个体，对于复杂品牌的态度并未因他人模仿形式的不同而发生显著的改变。

本书作者在攻读博士学位期间，对群体身份理论、补偿消费理论等相关研究产生浓厚兴趣，并持续至今。截至目前，关于群体身份相关的论文以第一作者在国内外重要期刊已发表多篇学术论文。本书部分内容体现了作者对群体影响与补偿消费主题的积极探索和研究成果。本书基于社会影响理论的大框架，同时保证每一章节均具有相对的独立性，使得本书整体内容构成独立而逻辑统一以及利于读者自学的完整体系。本研究跳出以往研究零散化的局限，根据个体行为动机的方向以及对社会排斥与他人模仿应对路径的基本维度，探讨个体应对他人排斥与模仿的策略性的消费行为。可能的贡献包括：

(1) 根据社会排斥的应对动机导向和自我概念的构成，提供一个应对策略模型，有助于从整体上理解个体面对社会的应对行为，揭示不同消费行为的内在一致性。

(2) 构建个体对他人模仿行为的应对策略体系。目前的研究主要呈现了个体在消费上的具体应对行为，但缺少对相似应对行为的分类，本研究将提炼出更具有普遍性和概括性的应对策略体系。

(3) 揭示社会排斥与模仿以及应对策略的内在关系。本研究将揭示排斥与模仿与消费行为之间多层次的交叉补偿关系，并揭示多重关联方式。根据整体的框架模型，本研究将揭示以消费行为应对排斥和模仿的未来研究趋势与方向。

综上所述，本研究旨在探讨社会排斥和他人模仿行为对消费者的影响，尤其关注Z世代消费群体如何通过消费行为应对社会排斥和他人模仿行为。本研究将提供一个全面的应对策略模型，有助于揭示个体消费行为背后的心理动机，为企业提供更深刻的理解和洞察，从而制定更有效的品牌发展和沟通策略。

最后，感谢重庆工商大学工商管理学院学科建设经费、国家自然科学基金青年项目（72302027）、2021重庆工商大学高层次人才项目（2155030）以及2022年重庆市教育委员会人文社会科学研究一般项目（22SKGH215）的资助。尽管本书作者付出很多精力，作为学术研究阶段性成果的标志。然而，本书在研究内容等方面尚存在许多可以不断完善和改进之处。在此，恳请广大读者不吝赐教，提出宝贵的意见和建议。

江 霞

重庆工商大学工商管理学院

目　录

第 1 章

绪　论

1.1 研究背景

社会排斥作为一种普遍的社会现象，广泛存在于日常生活中。社会排斥威胁着人类深层次的需求，进而产生一系列生理、心理方面的反应（DeWall & Baumeister，2006；Williams，2007）。例如社会排斥损害被排斥者的认知表现：逻辑推理能力、出现身体上的疼痛感、威胁人们的归属感（Baumeister & Leary，1995；Baumeister et al.，2002）。作为社会性生物，人类有强烈地与他人建立联系、追求群体归属的内驱力。当社会排斥导致归属需求得不到满足时，个体往往采取一系列补偿性消费来重建归属感。如策略性地从事能够帮助建立归属感的消费行为（如选择能象征群体成员身份的产品）、从众式的消费、寻求独特性产品、消费怀旧类的产品等，以应对社会排斥带来的消极影响（Loveland et al.，2010；Mead et al.，2011；Wan et al.，2014）。

在社会生活中，模仿行为是非常普遍的现象。人们会有意识或者无意识地模仿别人的面部表情、动作、说话和行为方式等。模仿行为同样存在于人们的消费活动中。例如，在消费领域，模仿式消费广泛存在。消费者之间存在各式各样的模仿行为：如，你买了一款非常喜欢的 Coach 手袋，不久后身边的同事也背着类似的 Coach 手提包。年轻消费者之间互相模仿新奇的穿搭风格，造就了风靡一时的露肩装、阔腿裤、男友风。为了融入城市生活，小城镇消费者模仿一二线城市的消费方式，如，购买知名品牌化妆品、贷款买 iPhone 等。然而，模仿行为意味着趋同性，与如今追求个性化，彰显自身与众不同的基调似乎背道而驰。当消费者意识到自己的某些消费内容被其他人复制时，他人模仿是否对被模仿的消费者产生影响？研究发现，消费者有渴望从人群中脱颖而出的需求，以便向其他人表明他们是谁（Bellezza，Gino & Keinan，2014；江霞等，2021；White & Argo，2009；Berger & Heath，2008）。人们对他人的同化行为往往有排斥倾向。当被模仿者注意到他们的拥有物被模仿时，将引发被模仿者对拥有物的抛弃行为（White & Argo，2011）。

维护积极的自我评价、保持良好和一致的自我概念是人类重要的内在动机，也是驱动人们应对和化解各种自我威胁的重要动力（Choi et al.，2019；Dufner et al.，2019；Smith & Kim，2007）。个体如何通过消费应对社会排斥或者他人模仿是消费行为领域的研究热点，大量研究表明消费是个体维护积极的自我评价、保持良好的重要途径（Chen，Wan et al.，2017；Liang et al.，2018；Liu et al.，2018；Ma et al.，2019；Newman et al.，2019；Thoma et al.，2017；White et al.，2018；Yoon & Kim，2018；Zheng et al.，2018a，2018b；崔宏静等，2018；丁瑛，宫秀双，2016；金晓彤，赵太阳等，2017）。近年的研究已经揭示出形式多样的消费行为应对来自外界的自我威胁，如从众购买行为（Mead et al.，2011）、多样化行为（Yoon & Kim，2018）、炫耀性消费行为（Ma et al.，2019）以及逃避型消费行为（Cornil & Chandon，2013）等。为何消费行为可以帮助个体维护积极的自我评价、保持良好的自我概念？这是因为人们将物品视为自我延伸的一部分（Belk，1988），产品具有彰显和修复自我的符号性和象征性价值（Bell & Dittmar，2011；Koles et al.，2018）。

当个体面临外界的威胁时，往往会通过消费行为进行自我修复或直接逃避威胁源。例如，当个体遭受社会排斥时，可能会通过奢侈品消费进行自我修复（Mazzocco et al.，2012），或者依靠拟人化产品进行情感慰藉（Mourey et al.，2017），抑或通过食品消费分散自我威胁对自身的影响（Troisi & Gabriel，2011）。

1.2 研究内容

本研究根据个体行为动机的方向和社会排斥与模仿应对路径的基本维度，

探讨个体应对社会排斥与模仿的策略性消费行为。本研究立足这一问题，通过对以往相关文献的梳理，运用行为实验法，开展五个子研究探讨个体在不同的社会排斥与模仿情境下的应对行为及其潜在机制，以期为企业提供一定管理启示。本研究探讨在不同的社会排斥与模仿情境下，消费者的品牌偏好（群体标签品牌、与规避群体关联的品牌、傲慢品牌、差异化品牌和复杂品牌）的影响。研究内容分为五个部分：一是探讨社会排斥对消费者品牌群体标签偏好的影响；二是探讨自由威胁对消费者选择与规避群体关联的品牌的影响；三是探讨是否被他人模仿对被模仿者（自恋与否）的傲慢品牌偏好的影响；四是探讨来自不同群体（规避群体/成员群体/无）的模仿，对被模仿者的差异化品牌偏好的影响；五是探讨不同形式的模仿（核心/非核心模仿），对被模仿者的复杂品牌偏好的影响。

通过多个子研究，旨在回答以下问题：在当个体的归属感或者自由感知受到威胁时，归属动机以及心理逆反的动机状态是否促使消费者采取一些反常规的消费行为（如采用与规避群体关联的品牌）？他人模仿是否威胁消费者的独特性感知，进而影响被模仿者随后的消费决策？如果被模仿者经历他人模仿后偏好傲慢品牌，那么产生选择偏好的作用机理是什么？此外，个体具有群体分类和归属需求。对于被模仿者而言，如果模仿者是自己的成员群体，或者是规避群体时，不同群体（规避群体/成员群体/无）的模仿行为，如何影响消费者对差异化品牌的购买意愿？模仿行为有不同的形式，不同形式（核心模仿/非核心模仿）的模仿行为对被模仿者品牌偏好的影响是否一致？其中影响机制是什么？针对以上的疑问，本研究拟开展以下五个子研究：

子研究一：通过 2 个行为实验探讨社会排斥情境以及排斥类型对消费者品牌群体标签偏好的影响。研究发现，消费者对群体标签品牌的评价受到社会排斥（被排斥/被接纳）以及排斥类型（因能力优异被排斥/因能力平庸被排斥）两个因素的影响。研究一的结果表明被社会排斥的消费者对有群体标签的品牌（vs. 无群体标签的品牌）评价更高。研究二的结果表明因自我能力优异被排斥的消费者对规避群体标签的品牌（vs. 渴望群体标签品牌）评价更高；因自我能力平庸被排斥的消费者对渴望群体标签的品牌（vs. 规避群体标签品牌）评价更高。

子研究二：通过1个预实验和3个正式实验探讨自由威胁对消费者选择与规避群体关联的品牌的影响。当消费者感知到自由威胁（高/低）时，是否影响其选择与规避群体关联的品牌的意愿？不同的叙事方式和自尊水平对上述影响关系对否具有调节作用？该研究旨在揭示自由威胁对消费者品牌偏好的影响，探讨何种情境下，消费者更偏好规避群体相关联的品牌。验证心理逆反在自由威胁与规避群体关联品牌偏好之间的中介作用，深化了心理逆反理论和群体威胁理论。

子研究三：探讨模仿行为（有/无）是否影响被模仿者（不同自恋水平）对傲慢品牌的偏好。对于拥有某些特质的消费者（如自恋型的消费者），面对他人的模仿（有模仿/无模仿）是否影响其对傲慢品牌的态度？当自己的消费行为被其他人模仿后，是否更偏好傲慢品牌以凸显自己的优越性？不同自恋水平的消费者的反应策略是否有所不同？子研究二揭示有（vs. 无）模仿行为对被模仿者偏好傲慢品牌的影响效应和作用机制，以及分析被模仿者自身自恋水平的调节作用。

子研究四：探讨不同群体的模仿行为（规避群体模仿/成员群体模仿/无），对被模仿者的差异化品牌偏好的影响。当面临来自不同群体的模仿，对被模仿者的影响是否有差异？自己的消费行为被别人复制以后，除了最直接，极端地抛弃该物品，是否还有别的应对途径？尤其是面临规避群体的模仿时，个体迫切需要与规避群体实现区分。面临来自成员群体的模仿时，被模仿者的目标不再是融入该群体，而是在群体中强化自己的角色。此时，简单的弃置当下的消费品似乎无法解决问题，但可以使用不同差异化的品牌应对。该研究旨在揭示，来自不同群体的模仿行为对被模仿者偏好差异化品牌的影响效应和作用机制。具体而言，详细阐释成员群体和规避群体的模仿影响被模仿者选择差异化品牌的内部机理，以及分析被模仿者的权力状态水平对以上影响效应的调节作用。

子研究五：探讨他人不同形式的模仿（核心/非核心模仿），对被模仿者的复杂品牌偏好的影响。当个体的消费行为被其他人或者群体模仿后，被模仿者的当下身份可能受到威胁。面临他人不同形式的模仿（核心/非核心）行为，如果无法剥离当下的身份，那么被模仿者是否通过选择复杂性的品牌以获得自我扩展。同时，本研究探讨个体自我概念清晰度的调节作用，即对于拥有不同自我概念清晰度水平的个体，他们经历不同形式的模仿行为后，对复杂品牌的态度有何差异。

1.3 研究方法

本研究第一阶段主要是通过阅读国内外相关文献构建一个研究的总体框架；第二阶段采用实验研究方法考察他人的模仿行为对消费者的影响机制；并对提出的研究假设进行验证，对收集的数据进行分析和处理，最终得出本书的研究结论以及营销启示。

本研究将采用定性研究和定量研究相结合、综合理论研究和实证研究的特点，根据研究目标和研究内容，强化理论创新性、实证研究的规范性和概念框架的突破性。注重研究设计科学、实验情境的真实、变量操作严谨、变量测量科学。同时，通过访谈和案例收集，掌握现实营销环境中企业的实践操作和消费者购买时的场景，将研究设计尽可能地接近现实情况。通过以上方法，期待实现较高的内部效度和外部效度。具体的研究方法包括：

第一，文献研究法。从外文数据库以及中国知网，系统地查询和收集关于模仿行为的文献，探索不同理论整合的可能性。通过梳理模仿行为、社会影响、群体认同等相关方面的文献，寻找理论和现实中的不足，提出本论文的研究问题。

第二，定性研究。本研究前期将采用深度访谈和焦点小组访谈法进行探索性研究。焦点组访谈法对于探索消费者更深层次的心理变量，无法直接观测的心理动态等挖掘效果显著。同时也可以采取从丰富的现有文献中获取变量的测量量表，进而对相关变量开展准确地度量。

第三，实验研究法。采用现代心理学实验的方法，对消费者展开一系列的心理实验。运用专业的实验室开展实验操作、网络在线辅助实验等方式收集研究一手数据。实验研究方法可以很好地控制干扰因素以及操纵研究所关心的变量，从而有针对性地探讨关键变量之间的关系。因此，本书的研究主要通过实验研究方法考察变量关系和变量逻辑，为变量之间的因果关系的验证打下基础。

第四，统计分析方法。本论文采用统计分析软件 SPSS 22.0，对一手数据进行方差分析、回归分析以及 Bootstrapping 分析，对研究变量之间的关系进行实证检验。力求实现研究内容、研究方法、数据处理方法三者间的紧密结合。

1.4 研究意义

研究个体如何通过消费行为应对社会排斥以及他人模仿具有重要的理论和实践价值，一方面可以揭示出心理补偿是消费行为背后的重要动机，另一方面有助于企业更好地理解消费者的非功能性消费行为。

1.4.1 理论意义

（1）有助于社会排斥情境下消费者行为研究的整合。本研究丰富了消费行为领域中关于社会排斥的研究，已有的关于社会排斥的研究，主要关注的行为变量聚焦在亲社会行为（Maner et al.，2007；Mead et al.，2011）、反社会行为等方面（Twenge et al.，2001；2007）。消费者行为学领域的学者们发现，经历社会排斥后的个体偏好炫耀性消费（Ward & Dahl，2014）、购买独特性的商品以及从众式的消费行为（Mead et al.，2011；Wan et al.，2014）。本研究发现个体经历社会排斥以后更偏好有群体标签的品牌。那些看似微妙的不同类型的社会排斥，因能力优异或者因能力平庸被排斥，实际上会产生非常不同的行为结果。本研究在一定程度上丰富了社会排斥的研究。对消费者面对不同威胁来源时所产生的共性反应进行研究具有重要的理论意义。尽管不同来源的威胁会导致个体不同的消费行为，例如，Rucker 和 Galinsky（2008）发现当消费者感受到自己处于低权力状态的时候，他们更倾向于购买具有地位象征意义的商品，Mead 等（2011）发现当消费者遭遇社会排斥的时候，会选择能够帮助他们修复社会关系的消费。但是，这些不同来源的威胁作为对消费者自我概念的威胁，采取的应对行为具有一些共性的影响。例如，心理学研究发现，当个体遭受各种形式的自我威胁时，他们都可能产生防御性反应，即通过攻击、否认、忽视等方式来抵御所受威胁（Baumeister et al.，1998）。此外，个体也可能产生接受性反应，即接纳自己所遭受的威胁，然后针对受威胁的方面完成自我成长（Eisenstadt et al.，2002）。

（2）本研究拟对模仿理论以及群体影响理论做出贡献，特别是规避群体对消费者品牌态度影响的研究。本研究构建了不同群体（规避群体/成员群体）的模仿影响被模仿者差异化品牌偏好的双作用路径，探究横向差异化和纵向差异化品牌的不同作用。以往研究表明，规避群体对消费者品牌态度的影响往往是负面的，对于如何克服或弱化这一负面影响缺乏足够的探讨。本研究立足于成员群体和规避群体模仿的角度，分别考察了来自不同群体的模仿对被模仿消费者的品牌偏好的影响。对规避群体影响的研究做了进一步的延伸。面临自己规避、不喜欢的群体模仿自己时，被模仿者除了较极端的应对方式，如直接抛弃该物品。本研究试图探索，被模仿者可以通过别的途径应对他人的模仿行为。本书研究了不同群体的模仿（规避群体和成员群体）偏好不同差异化品牌的影响以及内在机理，揭示了模仿行为对差异化品牌的偏好中的影响路径。为模仿行为在营销学领域中的研究提供了新的视角以及理论。本研究将对消费者可能产生的自我威胁来源进行系统的检验，探究这些威胁来源对消费者商品选择偏好和消费倾向会产生怎样的共性影响。以上工作将有助于研究者在更加系统的层面来理解自我威胁对消费者行为的影响，整合之前从不同类型的社会排斥以及模仿所展开的零散研究，形成一个更加清晰完整的研究框架。

（3）有助于拓宽社会情境下消费者行为研究的视角，尤其丰富了补偿性消费方面的研究。消费者通过消费来应对心理威胁，补偿内心的缺失（Rucker & Galinsky，2008）。比如权力感缺失促使消费者偏好与社会地位相关的消费行为，愿意为象征社会地位的产品支付更高的价格，更青睐强调地位象征意义的广告和著名品牌标识等（Rucker & Galinsky，2009）。消费作为一种手段和工具，能够补偿内心未得到满足的生存渴望、控制渴望和人际归属渴望。本研究阐述了受排斥的消费者通过消费带有群体标签的品牌来应对自我威胁。这与之前 Mead 等（2011）的研究相一致，遭遇社会排斥的消费者有强烈的获取认可的心理，从而促使这类消费者策略性地从事能够帮助建立归属感的消费行为。

补偿性消费的视角已经成为营销学研究自我威胁情景下消费者行为的主要视角，并且积累了丰富的文献。虽然补偿性消费的视角已经成为研究自我威胁情境下消费者行为的主流视角，但是补偿性消费的视角仍然存在以下问题：补偿性消费的视角着重强调商品的象征意义，但这主要针对的是具有明显符号作用的商品，因此补偿性消费大多集中在对地位商品、炫耀性商品、能够象征某种身份或特质商品的研究上（如，Kim & Rucker，2012；Rucker & Galinsky，2008；Sivanatha & Pettit，2010；金晓彤，赵太阳，崔宏静等，2017；郑晓莹，彭泗清，2014）。尽管象征性是商品的一个重要属性，消费者在日常生活中也会考虑商品的功能性属性。例如，丁瑛和宫秀双（2016）发现经历社会排斥的个体更偏好触感柔软的产品等。本研究从传统的补偿性消费视角转向应对性消费和防御性消费视角，以扩大消费者行为的研究视野和领域。引入心理学有关应对方式和防御机制的理论，可以扩展自我威胁情境下消费者行为研究的视角。

（4）对自我威胁情境下消费者行为理论模型的建立。本研究旨在建立一个系统的理论模型，以探索社会威胁情境下的消费者行为。这个理论模型既要揭示内在的作用机制，也要探索模型边界条件。已有研究主要关注人格因素对个体应对方式和防御机制的影响，但在消费者行为领域，寻找可以操纵的心理变量和情景变量可能更有利于营销实践的应用指导。以边界条件的角度来看，不同人格特质的个体倾向于选择不同类型的应对方式和防御机制，这种选择倾向具有一定的稳定性（Duhachek & Iacobucci，2005；Duhachek & Kelting，2009）。本研究探讨如何通过营销手段和情景设计促进消费者在社会排斥或他人模仿情境下采取积极的应对方式和消费选择，以避免消极非理性的应对方式。回答这些问题依赖于对可操纵的心理变量和情景变量的探索。本研究选择消费者的个人特质作为回答以上问题的边界条件，具体包括：①消费者如何归因自己经历的社会排斥；②消费者对所受威胁的应对经验和自我效能感；③消费者的权力感高低和独特性需求水平。研究以上不同的自我威胁源以及自我特质的交互对消费者的应对方式、防御机制、品牌选择偏好和消费倾向的影响。发现和验证这些边界条件将有助于深化对自我威胁情境下消费者行为的理解，并扩展相关领域的研究课题。

1.4.2 实践意义

本研究的实践意义在于将研究成果应用于消费者个人、企业和社会三个层面。在个人层面，本研究的结论可以指导消费者积极应对社会排斥和模仿行为，选择有利于自我成长的消费方式，帮助他们保持良好的财务状况和心理健康；在企业层面，可以帮助企业了解消费者在社会排斥以及他人模仿情境下的应对方式和防御倾向，进而通过营销手段和广告来影响消费者的商品选择偏好和消费倾向；在社会层面，本研究有助于社会政策的制定和文化宣传的引导，优化整个社会的消费结构，将居民的消费引导到具有建设性的消费模式上。

（1）在消费场景中，消费者常常会感到排斥感，这是商家难以避免的情况，有时甚至是商家的营销策略。例如，奢侈品的高价定位和销售员的高冷形象等。无论商家是将排斥性作为营销手段还是无意中给消费者带来消极情感，他们都需要了解消费者在社会排斥情境下采取的应对策略和防御机制，以及哪些因素会影响消费者的消费倾向。例如，因自我能力优异被排斥的消费者对规避群体标签的品牌（vs. 渴望群体标签品牌）评价更高；因自我能力平庸被排斥的消费者对渴望群体标签的品牌（vs. 规避群体标签品牌）评价更高。当商家通过广告或营销手段让消费者暴露在社会排斥的信息下时，商家能够唤起消费者的归属需求，促使消费者对带有群体标签的商品产生更高的购买意愿。这些问题对于商家和企业而言都具有重要的实践意义，但在现有的研究中却没有得到足够的关注。因此，商家需要更加关注消费者在社会排斥情境下的消费行为和应对方式，以制定更加有针对性的营销策略，提高品牌形象和消费者满意度。

（2）本研究关注消费者之间的模仿现象。模仿消费可以扩大消费需求，消费者之间的模仿可以为企业增加客户基数，提升品牌知名度，扩大市场份额。随着经济的快速发展，居民收入的提高，早期模仿型排浪式的消费时代已经结束，现今的消费趋势是追求个性化和独特性。模仿消费却意味着趋同性，可能威胁消费者的独特性需求。当消费者意识自己拥有的品牌/产品被其他人复制了，或者拥有的产品变得太普通，可能面临被抛弃的可能（Berger & Heath，2007，2008；Granovetter & Soong，1986）。本研究探讨在模仿情境下，被模仿者对特定品牌的偏好。了解消费者在模仿情境下对品牌/产品类型的选择偏好和影响机制将有助于品牌经理的营销实践。因此，探究消费者在进沟里他人模仿情境下消费行为和应对方式的特点，以及如何引导消费者进行发展型和成长型等具有建设性的消费，降低消费者进行享乐性和放纵性等消极消费的倾向，将有助于社会政策的制定和消费结构的优化。在有关消费的社会政策制定、社会教育和舆论引导上，考虑到影响群体应对方式的因素变得尤为关键。

（3）引导和宣传积极健康的消费行为。经济和社会层面的威胁会在个人和群体的心理层面引起心理压力、自我怀疑和控制感降低等变化。这些变化不仅会影响民众的社会行为，而且会对消费行为产生多重影响，如引发炫耀性消费、地位消费和放纵性消费等不健康和非理性的消费方式。这些消费方式无法解决群体所面临的问题，反而会带来更大的经济负担和心理压力。例如，研究发现低社会地位的群体可能通过增加炫耀性消费和地位消费来弥补低收入状态，但此类消费方式不仅无法帮助他们摆脱现实的生活状态，反而让他们的生活更加困难（Banerjee & Duflo，2007；Ivanic et al.，2011；Kaus，2013）。如果消极的应对策略和消费行为在群体中普遍存在，就会对整体消费结构和经济健康产生不利影响。这可能会导致更广泛的社会冲突和危机。因此，通过政策和教育来促进积极的应对策略和鼓励建设性的消费行为是很重要的。促进积极的应对策略和建设性的消费者行为需要多方面的方法，包括政策和教育。例如，促进以学习为导向和以发展为导向的消费行为，可以帮助个人和群体提高应对困难情况的能力。鼓励亲社会消费行为也有助于建立归属感和获得社会和心理资源，以应对挑战和威胁。

1.5 研究结构

本研究总共包括八章的内容，总体研究内容框架如图 1－1 所示。

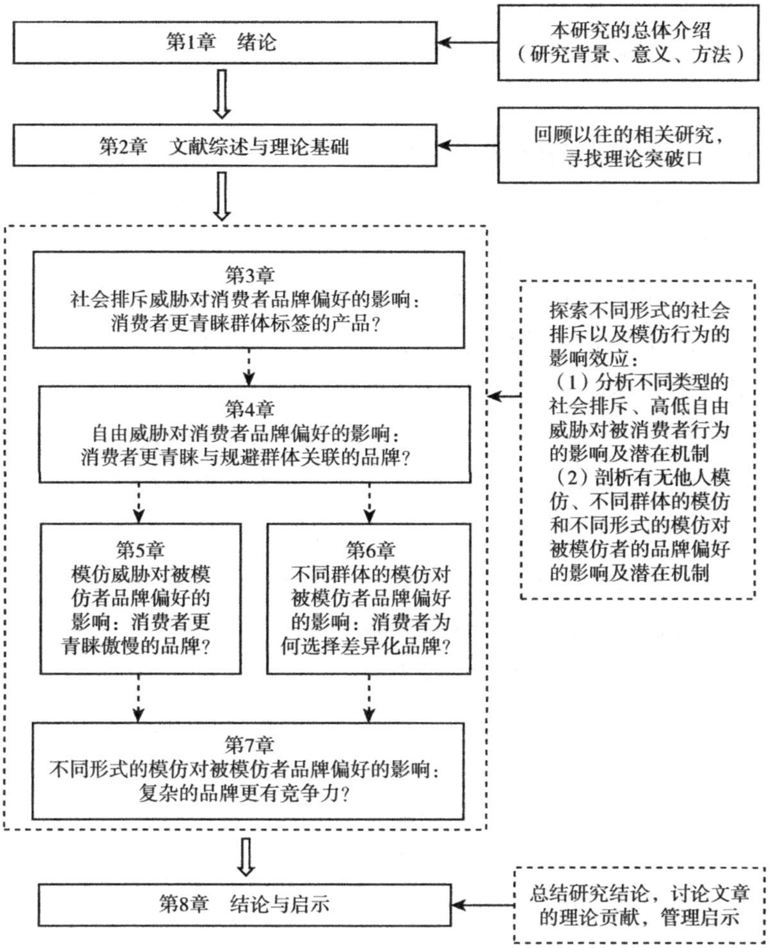

图 1－1　研究结构图

第 1 章：绪论。主要从实践背景和学术研究的角度，回顾以往关于自我威胁行为的研究，引出其重要性，并简要介绍本研究的主要研究目的，研究的主要内容以及阐述本研究的理论意义、实践意义和创新之处。

第 2 章：文献综述和理论基础。本章主要回顾自我威胁行为的类型，发生的原因以及影响。其中包括他人模仿行为的产生以及影响为文献回顾的重点，具体内容包括：梳理并总结了模仿的概念、介绍模仿行为的不同类型、从模仿的前因变量和后效变量出发，回顾了关于模仿行为的现有研究。最后对现有研究进行评述，总结现有研究的不足，并据此提出本研究的理论论点。

第 3 章探讨消费者对社会排斥的应对之一：重获归属感。该章节采用 2 个行为实验，通过对社会排斥的操纵，考察了不同形式的社会排斥行为对消费者选择群体标签品牌的影响。

第 4 章探讨消费者对社会排斥的应对之二：维护个体自由感知。基于心理逆反理论，通过 3 个实验探讨自由威胁对消费者选择与规避群体关联的品牌的影响以及叙事和自尊水平对上述影响关系具有调节作用。

第 5 章探讨消费者对他人模仿行为的应对之一：重建感知优越感。基于最优差异化理论，该章节探讨模仿行为（相较于无模仿）对被模仿的消费者（高自恋/低自恋）偏好傲慢品牌的影响及其内在机制。同时，探讨不同的产品使用场景调节以上影响效应。他人模仿和自恋水平对傲慢品牌的影响主要针对被模仿物品属于公开场景使用的产品，对于私下使用的产品，他人模仿行为与自恋水平的交互效应并不显著。尽管傲慢品牌传达的是高价值信号，当经历了他人更高水平的模仿，基于对自卑信息的敏感性，使得高自恋的被模仿者因自我认知威胁对傲慢品牌采取了回避策略。

第 6 章探讨消费者对他人模仿行为的应对之二：重获独特性。该章节基于群体理论，通过 4 个行为实验发现，不同群体的模仿行为会影响被模仿者对不同差异化品牌的偏好。此外，探讨个体的权力状态水平调节不同群体的模仿行为对被模仿者的差异化品牌偏好的影响。

第 7 章探讨消费者对他人模仿行为的应对之三：扩展身份。该章节采用 3 个行为实验，通过对不同形式模仿行为以及品牌复杂度的操纵，考察了不同形式的模仿对被模仿者的复杂品牌态度之间的影响关系。

第 8 章：结论与启示。简要归纳和概括本研究的结论，总结模仿行为在不同的情境下的影响效应，并提出本研究的实践建议和启示；从方法、数据分析、研究内容等方面总结本研究存在的不足之处，并讨论未来可能开展的研究。

1.6 研究创新

对大多数个体而言，与他人的社会比较、因现实自我与理想自我的差距、公司的规定条例以及社会排斥等引起的自我威胁无处不在。而维护积极的自我评价、保持良好和一致的自我概念是人类重要的内在动机，也是驱动人们应对和化解各种自我威胁的重要动力。个体如何通过消费应对自我威胁是消费行为领域的研究热点，大量研究表明消费是个体应对自我威胁的重要途径等。为何消费可以帮助个体应对自我威胁呢？这是因为人们将物品视为自我延伸的一部分（Belk，1988），产品具有彰显和修复自我的符号性和象征性价值。当个体面临自我威胁时，往往会通过消费行为进行自我修复或直接逃避自我威胁。例如，当个体遭受社会排斥时，可能会通过奢侈品消费进行自我修复，或者依靠拟人化产品进行情感慰藉，或通过安慰食品消费分散自我威胁对自身的影响。

研究个体如何通过消费行为应对自我威胁具有重要的理论和实践价值，一方面可以揭示出心理补偿是消费行为背后的重要动机，另一方面有助于企业更好地理解消费者的非功能性消费行为。目前该领域的实证研究聚焦于揭示特定的威胁源与消费行为的关系，例如，地位威胁、权力威胁、社会归属威胁、能力威胁和认同威胁等具体威胁源与具体的消费行为（如炫耀性消费、暴食和多样化寻求行为等）的关系（Han et al.，2015），这些研究为认识威胁源与消费行为的具体关系做出了贡献，但也同时揭示出内在关系的复杂性和现有研究对整体性认知的不足。综合消费行为领域的相关文献可见，现有研究揭示出自我概念维度的多样性、自我威胁应对过程中认知、情感、情绪等多因素介入以及威胁源和应对行为的交叉性态势。面对研究问题的复杂性，当前的研究结论却呈现出零散、不连贯，甚至矛盾的情形，本研究将跳出当前研究零散化的局限，根据行为动机的方向性和自我威胁应对路径的基本维度，探讨个体应对自我威胁的策略。

经历自我威胁的消费者在随后的消费决策中会如何？基于已有的研究，本研究对自由威胁、他人有意识的模仿行为、群体影响、品牌偏好（与规避群体关联的品牌、傲慢品牌、差异化品牌和复杂品牌）等领域做出了一定的创新，主要表现为以下几点：

第一，在研究情境和自变量的选择上，本研究系统检验了不同类型自我威胁对消费者行为的影响。已有研究主要根据不同威胁来源的特性，基于不同的理论基础，展开对不同威胁类型下消费者行为的研究。本书的第3、第4章主要以归属以及心理逆反理论为基础，第5、第6、第7章主要以最优差异化理论为基础，立足于自我威胁情境对消费者的影响以及边界条件。探讨了不同类型的自我威胁行为的影响路径，试图探究其内在的影响机制。

第二，从污名联想的角度，揭示了成员群体以及规避群体的模仿行为对被模仿群体的影响效应。本研究构建了不同群体（规避群体/成员群体）的模仿行为影响被模仿者偏好差异化品牌的双作用路径。通过价值表达与宣扬群体地位两大动机解释了不同群体模仿对被模仿者消费选择差异性的影响。基于社会身份彰显和认同传递的需要，消费者有目的性地进行着购买行为和群体偏离行为。来自其他群体的模仿行为，使得被模仿者在认同传递和社会身份彰显上出现了混淆，尤其是规避群体的模仿对被模仿者的影响可能是负面的。本研究从污名联想的角度，揭示规避群体的模仿行为对被模仿者的影响，进而丰富关于群体分类、社会认同等理论的研究。

第三，在研究问题（因变量）的选择上，本研究将消费者对特定品牌的偏好和消费倾向作为行为变量，丰富了补偿消费领域的研究。品牌的象征性价值在消费者行为中一直是一个重要的话题（Belk，1988）。消费者使用品牌实现各种形式的自我表达（Escalas & Bettman，2003）。其中品牌选择偏好包括与规避群体相关联的品牌、傲慢品牌、差异化品牌以及复杂性的品牌，从更多维和全面的角度描述自我威胁情境下的消费者行为。此外，以往模仿行为的文献主要聚焦在他人模仿如何影响被模仿者对被模仿物的态度以及处置行为，已有的文献无法解释他人模仿对被模仿者随后不相关领域的消费决策行为的影响。本研究探讨在模仿情境下引发的情绪、心理状态可能会影响被模仿者在随后与模仿物品之外领域的消费决策，补充了补偿消费方面的文献。

第四，揭示社会排斥类型与应对策略的内在关系。本研究将揭示社会排斥原因与消费行为之间多层次交叉补偿关系，并揭示多重关联方式。根据整体的框架模型，本研究将揭示以消费行为应对社会排斥和模仿的未来研究趋势与方向。

第 2 章

文献综述和理论基础

2.1 社会排斥

2.1.1 社会排斥的概念

社会心理学的研究认为，社会排斥是由于个体因某方面的不足或缺陷，致使被排斥或驱逐于社会关系之外，从而归属需求得不到满足或受到威胁的社会现象（Cacioppo et al.，2006；Macdonald & Leary，2005；Twenge et al.，2001）。Williams 等（2011）认为，社会排斥是指个体遭到其他个体或团体的消极注意、言语拒绝或关系剥夺，从而致使其关系需求遭受阻碍的现象。

随着社会排斥研究的深入，已有的研究出现了不同的观点。一方面，一些研究证实了社会排斥可以激发个体重新建立社会联系以期获得认同与关注（Williams，2007），由此受排斥者表现出更多的亲社会行为倾向。比如遭遇社会排斥的个体为了重获归属感和社会接纳，更愿意在社会困境中与他人合作（Ouwerkerk et al.，2005）；对建立新关系更有兴趣，给予伙伴更多的报酬（Maner，2007）。另一方面，已有研究发现被排斥操控的被试将产生更多的反社会行为倾向。比如更多的攻击性和更消极的评价（Twenge et al.，2001）；减少捐款和对他人的帮助，更低的合作意向（Twenge et al.，2007）；不健康的生活方式，倾向高风险的决策（Twenge et al.，2002）；同时产生过多的自我挫败（selF - deFeating）行为（Baumeister et al.，2002）。

2.1.2 社会排斥的影响

社会排斥威胁着人类的四种基本需求：归属感、自尊、控制和有意义的存在感。归属感假设认为，人们有形成和保持积极人际关系的愿望（Baumeister & Leary，1995）。研究表明，当个体遭到社会排斥后，被排斥者通过观看怀旧类的电视节目（Derrick et al.，2009），与熟悉和受欢迎的人联结以重获归属感（Russell et al.，2001）。此外，研究发现经历社会排斥后的个体也会采取补偿性消费来应对社会排斥。遭遇社会排斥的消费者，会通过战略性地花费来购买归属服务以重获归属感和社会接纳，如更愿意消费与群体身份相符的产品，或者消费自己不喜欢但群体成员偏好的产品；消费怀旧产品（如过去流行的电影、食物或者汽车）以获得社会联结等（Loveland et al.，2010）。社会排斥也会威胁个体的自尊需求。研究表明，自尊作为社会监控系统，是反映一个人被其他人接纳和排斥程度的晴雨表，并激励人们采取减少社会排斥的行为模式（Leary et al.，1995）。社会排斥威胁的第三个需求是被感知的权力和控制。失控与攻击性紧密相连，攻击性被认为是一种控制他人的强制行为（Tedeschi & Felson，1994）。炫耀性消费可被用作一种间接的反击方式，以恢复个人权力或控制感，从而获得对他人的优越感（Lee & Shrum，2012）。所以当消费者被自己热衷的奢侈品销售员排斥时，他们对该奢侈品的态度和购买意愿反而提升（Ward & Dahl，2014）。社会排斥威胁的第四个需求是一个人对有意义的存在的感觉。个体需要保持对有意义的存在的信念（Solomon et al.，2004）。而社会排斥象征着社会死亡，因为它切断了个人与社会互动的联系（Warburton & Williams，2005）。

Williams（2007）提出，受到社会排斥威胁的四种人类需求可以分为两类：关系需求（归属感、自尊）和效能需求（控制性、有意义的存在）。他进一步提出，关系需求和效能需求可能产生不同的行为反应。因此，当不同类型的社会排斥威胁到个体不同的需求，那么修复这些需求所产生的行为反应也将不同。

2.1.3 社会排斥对消费行为的影响

在营销或消费的情景下，由于遭受排斥的个体同时也是消费者，因而，社会排斥也会影响其消费心理状态和其后续的相关消费行为。比如，遭受排斥的个体可能会挑选和选购特殊的商品或知名品牌以应对社会排斥现象。虽然市场营销学和消费者行为学对社会排斥的科学研究近些年有持续提升的发展趋势，但整体而言仍十分有限。依据现有的科研成果，被排斥者应对社会排斥的消费者行为对策主要有物质主义倾向（Zhou et al.，2009）、从众心理消费（Mead et al.，2011）、炫耀性消费（Lee & Shrum，2012）及追求独特性的消费行为（Wan et al.，2014）等。

（1）社会排斥会影响消费者的物质主义倾向。依据自我决定理论，当个体对基本的归属要求没法在其社会关联中获得满足时，个体便会找寻替代品，而物质商品往往是一种比较好的、能获得及时收益的替代品（Keefer et al，2012；Deci & Ryan，2000），因而被社会排斥的个体往往比受到社会接纳的个体表现出更高的物质主义倾向。比如，根据对跨度为六年的2500多位消费者的消费数据信息进行研究，Pieters（2013）认为，较高的寂寞感会提升消费者的物质主义倾向，被排斥的消费者会倾向于获得大量的物质商品以应对遭受社会排斥后所造成的寂寞感。相近地，因为金钱是大家得到社会资源和权益的专用工具，它与社会支持效应在协助个体应对社会痛楚时拥有类似的功效（Zhou & Gao，2008）。相关研究表明，只是提及钱财就可以减少社会排斥的负面影响，而遭受社会排斥后的消费者也更愿意舍弃大量美好事物来得到大量的金钱收益（Zhouet al.，2009），而且更倾向于选择风险性高但盈利更多的投资项目（Duclos et al.，2013）。

（2）社会排斥会影响消费者的从众消费行为。Mead等（2011）的研究发现，遭受社会排斥的消费者会主要表现出一系列从众心理以及从众消费行为，以应对社会排斥对其的威胁，并且通过这些从众消费行为进而希望得到别人的接受和社会好感度。具体来讲，相比于控制组，社会排斥组的参与者更倾向于选购能够代表其想融入群体身份的商品、将自身的消费喜好与其想融入群体的目标保持一致、挑选伙伴喜爱但自身不喜欢的食物，乃至还会继续为了更好地得到别人接受而从事危险行为（Mead et al.，2011）。除此之外，消费者应对社会排斥的从众心理消费对策仍体现在其对相关品牌的选择行为上。比如，遭受社会排斥的消费者会选用其想融入群体使用的相关品牌以提高信任感，由于这些品牌自身所代表的群体象征意义可以协助消费者创建与别人的关系、减少被排斥感、提高社会群体对被排斥者的信任感（White & Argo，2009）。

2.2 感知自由与消费者行为

2.2.1 自由威胁的定义

自由威胁是他人或组织有意识施加的，任何使个体难以践行某种自由的力量。在日常生活中，我们经常有自由受限的经历，想做一些事情，却因为某些因素的限制而不能实现。例如，员工必须穿着工装，餐厅某些区域不向普通顾客开放等。人们相信自己拥有从事某些事情的自由，如果该自由被剥夺或受到威胁，个体将产生恢复该自由的动机状态，即“心理逆反”（S. S. Brehm & J. W. Brehm，2013）。心理逆反大致会引发三类恢复自由的行为：一是直接做出与威胁方向相反的行为，称为“反向效应（boomerang effects）”；二是做出与受威胁的自由相似的其他自由行为以间接恢复自由感，即“关联反向效应（related - boomerang effects）”；三是通过观察他人以间接恢复自由，即“替代反向效应（vicarious - boomerang effects）”（S. S. Brehm & J. W. Brehm，2013；Quick & Stephenson，2008）。在不同情境下，为了恢复自身受威胁的自由，个体将采取直接或间接的行为。个体最终采取哪种行为取决于恢复自由的成本、可行性以及心理逆反的强度等（Quick & Stephenson，2007）。

以往研究发现，人们更愿意与积极的群体建立关联，对规避群体往往采取避免接触的态度（White & Dahl，2006，2007）。在自由受到威胁的情境下，消费者偏好与规避群体关联的品牌，是由于他人或组织有意识的施加使得个体自由受到威胁引起的。当个体直接反抗的难度或损失较大时，个体往往不会直接做出与自由威胁相反的行为，而是通过一些间接的方式以恢复自由，即“关联反向效应”（S. S. Brehm & J. W. Brehm，2013）。心理逆反的产生促使消费者试图通过特定的产品选择或购买决策等间接的方式来应对自由威胁（Kivetz，2005）。例如，相对狭小的空间使消费者产生被限制感时，消费者感知自身的独特性和自由受到侵犯，进而产生心理逆反。然而，由于改变所处物理空间大小的难度过大，消费者会转而通过寻求多样化与独特的选择来进行自我表达，从而间接恢复自由（Levav & Zhu，2009）。

2.2.2 心理逆反理论

在日常生活中，个体感知到自由威胁时将产生一种旨在恢复受威胁或被剥夺自由的厌恶性动机状态，即心理逆反（S. S. Brehm & J. W. Brehm，2013）。心理逆反的产生导致个体在认知、行为层面采取一系列旨在恢复自由的措施（Quick & Stephenson，2008），包括表达与威胁相反的立场或践行相反的行为，践行与受威胁自由相关的其他自由，或者对威胁源进行贬损等。例如，接收到吸烟有害的说服信息使得个体感知到自由威胁，导致个体可能对吸烟行为持相反立场（LaVoie et al.，2017）；当缺货造成消费者的选择受限时，如果消费者将缺货原因归咎于企业，消费者将会对商家做出负面评价，甚至引发店铺转换行为（Moore & Fitzsimons，2014）。

心理逆反的产生增强了个体恢复自由的动机，使得那些被禁止或劝阻行为的感知吸引力提高，而那些被鼓励或推荐行为的吸引力反而降低（Buboltz et al.，2002）。当个体的自由受到威胁时，心理逆反的产生使得那些被群体规范反对、个体以往避免的行为的吸引力显著提升。

2.3 自我概念与消费者行为

2.3.1 自我概念的定义

“自我”亦称为“自我概念”，是指个体对自己的认识，包含三个方面：一是个体对自身生理状态的认识和评价，包括对身高、体重、身材、容貌等形体和性别方面，以及对痛苦、饥饿、疲倦等身体感觉的认识。二是对自身心理状态的认识和评价，包括能力、知识、情绪、气质、性格、理想、信念、兴趣、爱好等。三是对自己与周围关系的认识和评价，主要包括对自己在一定社会关系中的地位、作用，以及自己与他人关系的认识和评价。对自我威胁进行定义，即自我威胁指来自外界的某些信息或某些特定的情景暗示个体在某些方面存在不足时，他们所感受到的现实自我和理想自我或现实自我和应该自我之间存在差距的让人厌恶的心理状态（Han，Duhachek，& Rucker，2015；Kim & Rucker，2012）。

2.3.2 自我威胁对消费者行为的影响

由于自我威胁在消费者的日常生活中随处可见，并且越来越成为商家广告和营销的一种手段，例如，通过广告让消费者感觉到健康受到威胁或者缺乏吸引力等。因此，自我威胁对消费者行为影响的研究成为近年来消费者行为学研究的一个重要方向。

Sivanathan 和 Pettit（2010）发现自我威胁可以增强个体的地位消费倾向，并且低收入低自尊群体更愿意购买高地位商品。这是由于地位商品具有象征地位的功能，而在社会系统中高地位群体比低地位群体拥有更多的可以抵抗各种风险和自我威胁的资源。Pettit 和 Sivanathan（2011）发现，在遭受自我威胁的情况下个体更倾向于使用信用卡而不是现金进行消费，这是由于消费者在遭受自我威胁时会进行补偿性消费，并且追求消费效用的最大化，即增加消费所带来的快乐，减少由消费所带来的代价造成的痛苦。补偿性的消费时，更可能选择与被威胁特质相关的商品，而在对已经出现的自我威胁进行反应性的消费时，更可能选择与被威胁特质无关但能够分散他们注意力和缓解情绪的享乐型商品 Kim 和 Rucker（2012）发现，当消费者在对未来可能出现的自我威胁进行预防。Kim 和 Gal（2014）发现，当消费者接受来自某方面的自我威胁之后，消费者会选择在符号上能够象征被威胁方面的商品，进行补偿性消费（compensatory consumption），即通过商品的象征意义来维持自己对被威胁特质的拥有感。如果引导他们自我接纳的话，他们会选择能够提高被威胁特质水平的商品，来进行适应性消费（adaptive consumption），即通过商品的具体功能提升自己被威胁特质的能力和水平。White 和 Argo（2009）发现，当一个人的群体自尊较高时，即他们更倾向于把自己看作是其所属社会群体中有价值的一员时，无论其所在群体是否面对社会认同的威胁，他们都倾向于偏好与该群体身份相关的商品。但是，对于群体自尊较低的个体，当他们所在的群体遭遇社会认同威胁时，他们比没有遭到社会认同威胁时更少地选择与该群体身份相关的商品。

2.4 他人模仿行为

2.4.1 模仿以及模仿的类型

模仿是人类社会互动的重要组成部分。它与人际关系、喜欢和同理心密切相关，既是融洽关系的信号，也是产生融洽关系的重要方式。当两个或两个以上的人同时做出同样的行为时，就会发生行为模仿。模仿行为主要通过验证人们在某一特定时间从事相同（或类似）的行动，或某一特定行为在短时间内被互动伙伴重复来进行评估（Chartrand & Lakin，2013）。

模仿行为一直是传播学、神经科学、社会心理学、发展心理学、临床心理学和消费心理学等学科研究的焦点。关于行为模仿的研究已经检验了多种行为，包括打哈欠（Helt et al.，2010）；身体姿势（Lakin & Chartrand，2003；Stel et al.，2010；Yabar et al.，2006）；抖脚（Chartrand & Bargh，1999；Lakin，Chartrand & Arkin，2008）；食品消费（Johnston 2002；Tanner et al.，2008）；玩笔（Stel et al.，2010）；演讲手势（Goldin－Meadow & Alibali，2013）；各种与健康有关的行为（比如，吸烟，Harakeh et al.，2007；走楼梯而不是自动扶梯，Webb et al.，2011）。

模仿行为可以完全在无意识的情况下发生，也可以有意识地使用。具体而言，无意识模仿类型包括面部模仿、情绪模仿、言语模仿和行为模仿。

（1）面部模仿

人类最容易识别的模仿形式之一是模仿他人面部表情的倾向。Chartrand和 Bargh（1999）在实验室实验中对面部模仿进行了研究，发现相对于与不微笑的搭档进行互动，那些与微笑的搭档进行互动的个体笑得更多。从功能上讲，面部模仿帮助我们理解观察到的情绪表情（Neal & Chartrand，2011）。例如，最近的研究表明，面部模仿可以帮助人们区分真笑和假笑（Krumhuber，Likowski & Weyers，2014）。

（2）情绪模仿

当一个人模仿另一个人的情绪表达时，就会发生情绪模仿。虽然情绪模仿是自动和无意识地发生的，但它受到归属目标调节（Hess & Fischer，2013）。Hess 和 Blairy（2001）发现，虽然面部模仿会发生在许多不同的情绪中，但情绪传染只会发生在快乐和悲伤情绪中，而不会发生在更具体的情绪中，如愤怒和厌恶。攻击性的面部表情通常不会被模仿，可能是因为它们并不服务于归属目标（Fischer，Becker & Veenstra，2012）。情绪模仿不仅仅基于感知，还基于特定背景下的情绪意图。

研究表明，面部表情会引发情感体验。McIntosh 等（2006）发现，潜意识呈现面部刺激的面部模仿伴随着一致的情绪体验。模仿是导致观察他人情绪进而对自身情绪状态产生影响的原因。与其他表情相比，模仿面部表情更有可能导致某些情绪对应的情感状态。

（3）言语模仿

言语模仿是指一个人模仿另一个人的说话特点和模式。人类很小的时候就开始进行语言模仿。研究发现，婴儿在两到四天大的时候就会对其他婴儿的哭声做出反应（Simner，1971）。对成年实验参与者的研究发现，语言模式也会随着时间的推移而趋同。具体来说，人们会模仿互动伙伴的言语特征，包括口音、语言风格、语速等（Chartrand et al.，2005；Ireland & Pennebaker，2010）。

（4）行为模仿

行为模仿指对特定对象的行为举止、姿势、手势和动作的模仿。关于行为模仿的初步研究是由学者 Scheflen 最先开展的。他认为，心理治疗师和他们的客户之间的姿势和身体动作可以提供二者之间动态的洞察（Scheflen，1964）。Chartrand 和 Bargh（1999）发现，在二元互动中，模仿行为会自动发生。这项研究中，参与者与一名同谋者进行互动，同谋者和参与者轮流描述他们在不同照片中看到的物体。在整个互动过程中，同谋者会模仿/不模仿参与者的姿势、手势和行为举止（例如，交叉双腿、触摸头发、无精打采地坐在椅子上）。在互动结束之后，参与者会得到一份问卷，其中包括他们对其他参与者（即同谋者）的喜欢程度，以及与他/她的互动有多顺畅。隐藏在实验参与者身上的摄像机记录了整个实验过程。实验结果正如预期的那样，那些被同谋者模仿的参与者报告说，他们更喜欢同谋者，并且认为互动比那些没有被模仿的参与者进行得更顺利。这是第一个提供因果证据的研究，证明模仿会导致互动者之间更喜欢和更融洽。研究结果为作者提出的变色龙效应提供了证据：正如变色龙改变自己的颜色以融入周围的环境一样，人类也会改变自己的行为以融入社会环境（Chartrand，Maddux & Lakin 2005；Lakin & Chartrand，2003）。行为模仿已经被证明可以增加对模仿者的好感，增加互动的流畅性，增加亲近感和融洽感，并促进亲社会行为（Chartrand & Bargh，1999；Van Baaren et al.，2004b）。

2.4.2 促进模仿的因素

模仿在社会互动中几乎无处不在，而且很多时候是无意识进行的。但社会环境和相关个体的各种特征使人更容易受到变色龙效应的影响。

（1）预先存在的良好关系

当一个人与互动伙伴之间已有融洽关系时，行为模仿就会增加（Tickle－Degnen，2006）。研究发现，人们模仿朋友的次数多于模仿陌生人的次数，模仿可爱的同伴的次数多于模仿不可爱的同伴的次数（McIntosh et al.，2006）。Bourgeois 和 Hess（2008）的研究发现，成员群体成员比规避群体成员更容易被模仿。即使是偶然的相似，比如相同的名字，也会导致更多的模仿行为（Gueguen & Martin，2009）。

（2）归属目标

想要加入某个群体或建立融洽关系也会导致更多的行为模仿。Lakin 和 Chartrand（2003）在实验中给实验参与者有意识的或无意识的合作目标（或没有目标），并记录他们的行为。在实验过程中，观看一段录像，录像中的同谋者微妙而持续地触摸自己的脸。在有意识的归属目标组，参与者被告知他们将与另一个人互动以完成任务，如果他们相处得好，将对任务有利；在无意识的归属目标组，参与者被提示一些归属的词语（如归属、朋友、在一起）。不管归属目标是有意识还是无意识的，有归属目标的两组参与者都比无目标的对照组参与者表现出更多的触脸行为。有意识的归属目标和无意识归属目标组的个体均表现出了行为模仿。

在日常生活中，触发归属目标的环境特征也会导致更多的模仿。例如，Lakin 和 Chartrand（2003）论证了在归属目标未能实现的情景下，模仿行为会增加。如由于同伴的不友好，最初无法实现的归属目标会导致个体产生更多的模仿新互动伙伴的行为。在另一组研究中，Cheng 和 Chartrand（2003）发现，相较于那些低自我监控力的人，高度自我监控力的个体会根据社会关系线索调整个人行为，他们会模仿同龄人多于非同龄人，模仿有权有势的人多于无权无势的人。

研究发现，将社会排斥作为一种归属动机的触发器，并发现最近经历过社会排斥的人倾向通过模仿后续出现的互动伙伴的行为以满足归属需求（Lakin & Chartrand，2005；Lakin，Chartrand & Arkin，2008）。人们在被排斥后会对模仿对象进行选择，当自己被成员群体排斥以后，个体更愿意模仿来自成员群体的同谋者，因为这代表重新获得成员群体地位的机会（Lakin & Chartrand，2013）。总的来说，这些结果支持了归属需求与行为模仿增加之间的正相关关系，即使这种意愿在某些个体或群体中比其他个体或群体更为强烈。

（3）个体差异

个体差异也会影响人们参与行为模仿的程度。其中一些变量与亲社会性（即理解他人和与他人建立联系的兴趣）有一定的关联。比如，同理心。具体来说，观点接受度高的人比观点接受度低的人更容易模仿互动伙伴（Chartrand & Bargh，1999）。后来的研究将此扩展到面部肌肉的模仿，高同理心的实验参与者更有可能模仿快乐和愤怒的表情，即使这些表情出现的时间很短（Sonnby - Borgstrom et al.，2003）。

相对于相互依赖自我构念的人，具有独立自我构念的个体更关注自我。因此，Van Baaren 等（2003）提出，相互依赖型自我构念（通过暂时激活或通过测量长期的状态）的人会表现出更多的模仿行为。他们的结果支持了这一假设，当激活实验参与者的依赖型自我时，他们更有可能模仿同谋者的玩笔的行为。不管同谋者的种族差异，与美国参与者相比，日本参与者会更多地模仿同谋者的摸脸行为。

高度自我监控者被称为“社交变色龙”，因为他们倾向于根据当前的社会环境调整自己的行为。Cheng 和 Chartrand（2003）发现，在包含亲近线索的社会环境中，自我监控程度高的个体会引发更多无意识的模仿行为，而对于自我监控程度低的个体，不管社会环境如何，模仿行为都相对较少。高自我监控者比低自我监控者进行更多的模仿，支持他们的“社交变色龙”的称号（Estow et al.，2007）。更重要的是，与低自我监测能力的人相比，高自我监测能力的人更容易发现环境中的亲和线索，并通过增加模仿行为做出反应。

（4）相似性

Van Swol 和 Drury（2017）研究发现，如果互动伙伴与自己观点相似，人们会更多地模仿对方。他们发现，拥有相似的观点可以促进模仿行为。比如，相对于不赞成自己观点的伙伴，人们会更多地模仿对自己观点表示赞同的伙伴。

Clark 和 Kashima（2007）认为，如果另一个人表现出刻板印象（从而发出相似性信号），我们可能会更多地模仿这个人。支持这一观点的是，Castelli 等（2009）发现，相较于那些没有刻板印象的人，人们更多地模仿那些有刻板印象的人。此外，Tsai 等（2011）认为，群体更倾向于模仿群体的行为，而不是个体的行为，这可能是由于更大的相似性和感知的适宜性。结果证实了该假设，即群体对其他群体的模仿行为反应更快，个体对单个个体的模仿行为反应更快。简而言之，群体倾向于模仿其他群体，而个体倾向于模仿其他个体。

（5）情绪

人们当前的情绪和情绪状态也会影响行为模仿。Van Baaren 等（2006）用媒体片段诱导实验参与者产生积极或消极情绪。随后，参与者观看两名实验助手：一名玩笔，另一名没有玩笔。结果发现，积极情绪的参与者比消极情绪的参与者更多模仿玩笔的行为。最近，Likowski 等（2011）也验证了该结论，快乐的参与者比不快乐的参与者更容易模仿快乐、悲伤、中性和愤怒的面部表情。虽然社交焦虑是一种慢性的负面情绪，但它与行为模仿有着密切的关系。

与社交焦虑程度较低的女性相比，社交焦虑程度较高的女性更不可能产生模仿行为。

此外，有一种负面情绪会导致更多的模仿行为，即内疚。Martin 等（2010）指示一名助手带着一堆文件和其他物品离开她的办公室，然后碰撞到正在一条狭长的走廊上行走的实验参与者。为了诱发内疚感（实验组），实验者助手将碰撞的责任归咎于实验参与者；在没有内疚感的情境下（控制组），实验者助手将碰撞的责任归咎于自己。随后，实验参与式观看一段年轻女士触摸脸部的视频。结果发现，那些感到内疚的参与者表现出更多的模仿。模仿的程度受参与者感知的愧疚程度所调节，那些无法弥补之前过错的参与者（如，实验助手在抱怨之后立即离开了）显示出更高水平的模仿，这可能是为了弥补之前的过错而建立新的联结。

2.4.3 模仿行为的影响

模仿在社会互动中是非常普遍的现象。模仿有什么后果？鉴于模仿的普遍性，模仿行为是社会功能中如此重要的一部分，以至于大脑可能已经进化出特定的能力来促进它的使用。

模仿的存在对二元体（即模仿者和被模仿者）产生强烈的影响，比如，使得二者之间的关系更融洽、感同身受和互相喜欢。模仿行为发挥社会黏合剂的功能将人们联结在一起（Chartrand，Maddux & Lakin，2005；Lakin & Chartrand，2003）。但模仿的作用远不止于此，首先，它会影响人们的一般社会取向（不仅仅影响模仿二元体），使他们感觉与他人更亲近，更有可能帮助其他人（Van Baaren et al.，2004b）。其次，模仿对被模仿者也会产生影响，而人们可能无法预料到，在社会交往中非语言行为所产生的后果。例如，被他人模仿会让一个人更加拖延、增加一个人的自尊、削弱一个人抵制吃垃圾食品的意志力、让一个人喜欢上他们不爱吃的零食、让女士在数学上表现更差、让人更有创造力等。在本节中，我们回顾了模仿对二元体（即模仿者和被模仿者）和相关个体影响的证据。

首先讨论模仿行为对模仿者和被模仿者的影响，在互动过程中，模仿的存在或缺失会以各种方式影响模仿的二元体。第一，模仿与喜好、融合之间存在联系。模仿会导致融洽的关系，反之亦然；第二，当个体想要与他人建立关系时，他们会无意识地对他人产生更多的模仿行为，而当他们想要脱离关系时，则会自动地减少模仿，这表明模仿可以是一种无意识的工具，可以建立融洽的人际关系；第三，模仿可以产生同理心，有助于理解他人感受和表现出的情绪；第四，模仿可以促进人们思想的融合，有利于形成更相似的态度和一致的观点；第五，模仿导致被模仿者更多的亲社会行为（比如，更积极的捐赠行为）；第六，相较于未对自己进行模仿的人，人们更愿意接受模仿自己的个体的观点，更容易被模仿自己的人说服。

（1）模仿对个体的影响

第一，对个人认知加工的影响。被别人模仿可以改变人们的思维方式（Van Baaren et al.，2004a）。当参与者被模仿时（相较于未被模仿），他们变得更依赖于场景，因此能够在复杂的记忆任务中更好地回忆物体的位置。这一现象在概念上被一种更具同化性的心态所复制。当被模仿的参与者看到两张不太相关的图片时，他们更能注意到二者之间的相似性（Van Baaren et al.，2009）。Leander，Chartrand 和 Wood（2011）发现，由模仿产生的同化思维可能出现另一种后果。具体来说，他们的理论认为，被模仿者的行为表现可能更符合刻板的期望。如被模仿的女性和非裔美国男性在数学测试中的表现比那些没有被刻板印象（数学表现不佳）的小组成员表现得更差。当参与者认为其他人对他们持有刻板的期望时，这种影响就会更加明显。此外，研究发现，被他人模仿会刺激被模仿者的趋同思维，而不被模仿时更能刺激个体的发散思维（Ashton－James & Chartrand，2009）。最后，行为模仿会影响自我专注力，一个人被他人模仿后，私人和公共的自我意识都会增强（Gueguen，2011）。

第二，对说服力与消费者行为方面的影响。行为模仿的另一个后果表现为说服能力的增加，以及随后消费者行为和产品偏好的改变。Van Swol（2017）在实验中发现，当实验助手在试图改变实验参与者对一个话题的看法时，采取模仿（或不模仿）该实验参与者的行为。在随后的报告中发现，尽管参与者最终没有改变他们对讨论话题的看法，但是实验参与者认为有模仿行为的实验助手更有知识，更有说服力。Bailenson 和 Yee（2005）发现，实验参与者更喜欢模仿他们头部动作的电脑头像，而且更容易被其论点说服。

如果模仿影响说服力，它也应该影响消费者之后的偏好和行为。研究发现，当向实验参与者介绍一种新的运动饮料时，在这个过程中，研究者让实验助手开展模仿（或不模仿）参与者的行为。结果发现，那些被模仿的实验参与者比没有被模仿的人更喜欢该运动饮料，以及表现出更高的购买意愿（Herrmann et al.，2011）。当销售人员模仿顾客的言语行为或非言语行为后，顾客更有可能购买由售货员推荐的产品。而且，售货员和商店都得到了更好的评价（Stel & Vonk，2010）。

第三，对自我调节的影响。在日常生活中会遇到多少模仿行为，我们就可以对特定类型的社会互动中典型的模仿行为产生期望。Finkel 等（2006）发现，相较于那些未被模仿的实验参与者，被模仿者在精细运动控制任务上表现更好。Dalton 等（2010）在一个吃垃圾食品的自我控制任务中，再次验证了模仿行为产生的差异。具体来说，那些被模仿的人比没有被模仿的人吃的垃圾食品更少。与那些有被模仿或有通过隔板互相交流的实验参与者相比，没有被模仿的实验参与者在随后的数学任务中表现得更加拖延。这表明，被模仿并不会使资源增加；相反，不被模仿反而会消耗资源（当期望有一些默认的模仿行为时）（Dalton，Chartrand & Finkel，2010）。

回顾以往的研究发现，模仿影响的边界超越亲社会行为、对个体认知的影响，态度和行为影响。在特定情境下，模仿能影响个体发挥多大的自控能力、认知处理风格的差异，或者个体在数学考试中的表现等。根据以上的研究结果，我们得出以下结论：①模仿他人会影响消费者对产品的态度；②不被模仿会降低自尊，进而影响人们对人际关系的认知；③当个体被模仿的程度大于或小于隐性预期时，他们在后续需要自我控制的任务上所花费的自我管控资源更少；④模仿导致更依赖型的认知加工方式；⑤模仿会导致被模仿者做出证实性别和种族刻板印象的行为；⑥情绪会影响模仿行为，反之亦然；⑦被模仿促进了个体的趋同创造力，而不被模仿则促进了发散创造力（Chartrand & Van Baaren，2009）。

（2）模仿行为的社会影响

先前的研究表明，模仿对个体有重要的影响，包括认知处理方式、能力测试的表现、创造力、对消费品的偏好、自我控制和自我调节能力等。然而，模仿的影响不仅仅局限于个体。比如，模仿能产生亲社会的行为。模仿能产生好感、同理心和互动者之间的关联。它被称为社会黏合剂，将人们聚集在一起，把个体联结在一起（Lakin & Chartrand，2003）。

第一，产生喜欢和同理心。增加行为模仿的因素在某种程度上与亲和与融洽有关。在模仿文献中最有力和最早期的发现之一是模仿行为对亲社会性的影响。大多数早期的研究都揭示了相同的姿势和自我报告的融洽关系之间有很强的正相关。例如，随着患者被模仿的增加，患者和治疗师之间的亲密程度也相应提高。同样，在老师和学生产生互相模仿的教室里，如姿势或手臂的位置，也表现出更高水平的融洽关系（Chartrand & Lakin，2013）。Bavelas 等（1986）认为，模仿具有交际功能，因为当进行眼神交流时，更有可能模仿痛苦的表情。这表明情感在互动伙伴之间被分享和理解，这是移情的特征（Holler & Wilkin，2011）。

研究者通过指导实验助手模仿或不模仿实验参与者的行为，结果证实了模仿和喜好之间的因果关系。被模仿的参与者报告说，他们更喜欢实验助手，并表示互动进行得更顺利（Chartrand & Bargh，1999；Lakin & Chartrand，2003）。考虑到人与人之间的联系很重要，模仿可以增加这些联系，当人们感到被排斥时，模仿可以成为一个重要的工具（Lakin et al.，2008）。事实上，Kouzakova 等（2010b）的研究证明，低水平的模仿会增加皮质醇水平，这是身体对排斥线索的压力做出反应。研究还发现，如果个体在之前与陌生人的互动中没有产生任何模仿行为，那么他们对亲密伴侣的评价就会更积极，因为从理论上讲，缺乏模仿类似于轻度的社会排斥（Kouzakova et al.，2010）。

行为模仿也会促进同理心的产生。Stel 和 Vonk（2010）的研究发现，行为模仿会导致同理心的产生。它还削弱了人们对公正世界的信仰，减少了对无辜受害者的指责。然而，模仿导致共情的程度取决于一个人对被模仿情绪的信任程度。Stel 和 Vonk（2009）认为，当参与者模仿一个受欢迎的电视角色，模仿其愤怒和悲伤的表情，尽管所有参与者报告在模仿时都有相同的情绪，但只有那些切实感知到了情绪的参与者报告说，他们能够知道被模仿角色的观点。

喜欢和同理心不仅会受到模仿的影响，模仿者还可以从模仿者身上体验到情感上的益处。与被告知不要模仿互动伙伴的实验参与者相比，被指示模仿互动伙伴行为的实验参与者报告称，他们感觉与模仿者之间关系更亲密，总体上体验到更顺畅的互动（Stel & Vonk，2010）。

第二，帮助行为。亲社会性可以通过几种方式表现出来。一种是对模仿者的积极情绪反应。另一种是行为反应：帮助模仿者。事实上，模仿往往会导致对模仿者和其他更普遍的人表现出亲社会的行为。Van Baaren 等（2003）的研究表明，言语模仿可以影响顾客在餐厅环境中的小费行为。一位女服务员（实验同谋者），当她模仿顾客（即一字不差地重复他们点的菜）时，比不模仿顾客（即复述顾客点的菜）获得的小费明显多很多。因此，简单地模仿顾客的言语行为似乎改变了他们给小费的行为，而这对女服务员（模仿者）有利。随后的研究表明，这种亲社会的结果既适用于不同类型的模仿（行为而非言语），也适用于不同类型的亲社会行为（拾笔和捐赠慈善等行为）。Van Baaren 等（2004）在另一项研究中发现，当个体非语言行为被模仿时，实验参与者更有可能捡起实验者（模仿者）或其他参与者（与模仿无关）掉在地上的笔（Van Baaren et al.，2004）。此外，支持这一观点的是，随后的研究表明，被模仿的参与者会更慷慨地向一个由模仿者介绍的慈善机构捐款（Van Baaren et al.，2004）；帮助受困的人（Fischer－Lokou et al.，2011）；自愿填写一份冗长乏味的问卷（Ashton－James & Chartrand，2009）。

第三，相互依赖和亲密感。亲社会倾向不仅能增加喜爱和帮助行为，还可以改变一个人看待自己或自我解释的方式。支持这一观点的是，模仿行为被发现能增加相互依赖的自我建构（Van Baaren et al.，2003）。在被其他人模仿后，被模仿的实验参与者在 20 个陈述语句测试中表达了更多的相互依赖型的自我描述，并且报告说感觉与他人更亲近，并选择与另外一个实验参与者（其实是实验助手）坐得更近（Ashton－James & Chartrand，2009）。

这种自我建构和亲社会倾向的变化可能会产生重要影响，被模仿的参与者会表现出对自由思想和团体的更多支持（这是一种由对他人的亲社会情感所调节的效果，Stel & Harinck，2011）。

2.4.4 模仿消费的形成和影响

模仿是人的基本行为之一（Chartrand & Bargh，1999）。有些模仿是无意识的模仿，但是有些模仿是消费者有意识的选择（Johnston，2002；Tanner et al.，2008）。模仿行为可以增加人们之间的社会互动行为（Chartrand & Bargh，1999），促进被模仿者对模仿者产生好感，以及增加被模仿者的亲社会行为（Van Baaren et al.，2003）。Lakin 和 Chartrand（2003）发现，模仿他人的行为帮助个体实现归属需求和促进良好关系的建立。当人们具有明确的归属目标时，比如希望加入某个群体或建立融洽关系会导致更多的行为模仿。

消费者会模仿他们渴望的角色作为模仿对象（Ruvio et al.，2013）。因此，模仿的对象主要是消费者愿意产生共鸣的对象。而对于自己不喜欢对象的模仿，并不能增加共鸣。例如，以往的研究发现，消费者对不喜欢人的进行模仿，并不能增加他们对被模仿者的喜爱程度。但是，当个体对喜欢人的进行模仿时，对被模仿人的喜爱程度显著提升，这种效应发生的中介机制是归属感的提升（Stel et al.，2010）。Johnston（2002）的研究表明，对被模仿对象的选择，消费者具有一定的挑剔性。在消费模仿方面，消费者会选择他们的渴望群体，比如明星群体，或者社会身份比较高的群体进行相应的模仿。对于被污名化的群体，比如肥胖者，消费者在购买冰淇淋时，通常不愿意模仿肥胖者的冰淇淋消费行为（比如，肥胖消费者点大份冰淇淋时，观察者会选择消费更少的冰淇淋），而愿意模仿有胎记的消费者。

Tanner 等（2008）探讨了个体自发地模仿行为对模仿者本人偏好的影响。结果表明，消费者存在无意识的模仿行为，这种模仿行为可能个体并未意识到，但是这种自发的模仿行为影响了模仿者对产品的消费量，提升对被模仿者对被模仿产品的偏好。该研究表明，个体的消费行为被他人模仿，增加了被模仿的消费者对被模仿产品的正面态度。对被模仿的消费者而言，他人的模仿促使其对被模仿产品的态度更积极，因而被模仿者有更高的购买意愿、向他人推荐和消费更多的产品。他人的模仿对被模仿者的产品态度正面影响的机制在于，他人模仿显著增加了被模仿者的亲社会性行为，亲社会性正面影响了被模仿者对被模仿产品的态度。当该产品更不易获得时（模仿者需要付出更多努力才能得到），被模仿者对该产品的态度表现得更加正面积极。White 和 Argo（2011）两位学者的研究表明，当个体的独特性关注被激活时，相较于被不相似的他人模仿，被相似的人模仿后，将引发更高的丢弃被模仿物品的行为倾向。他人的模仿对被模仿者的产品抛弃意愿的影响机制在于，他人的模仿行为，使得被模仿者感知到独特性威胁，进而产生丢弃被模仿的拥有物的倾向。当产品的象征性程度高时，被相似的他人模仿后，引发那些具有较高独特性关注的消费者更高的产品抛弃意向。

Bellezza 和 Keinan（2014）研究了品牌的非核心购买者（non - core users）对核心购买者（core users）的影响。在研究中，非核心购买者被划分为两类：一类是声称与核心购买者归属于同一个群体的品牌移民者（brand immigrants）；另一类是非核心购买者，没有声称与核心购买者同属一个群体的品牌旅游者（brand tourist）。当非核心购买者被感知为品牌旅游者时，非核心购买者的品牌购买行为显著提升了品牌核心购买者的内心自豪感（pride of core - users）；如果该目标品牌是选择性的品牌（消费者需要较多的努力才能获得），品牌旅游者对核心购买者的正面影响更大。此外，当核心购买者对目标品牌有很强的品牌联结情感，如核心购买者的品牌爱国性（brand patriotism）程度越高，品牌旅游者对核心购买者的影响越大。Bellezza 和 Keinan（2014）的研究表明，当非核心购买者的消费行为如果没有影响到核心购买者的群体性，非核心购买者的购买行为对核心购买者将产生积极的效应。

关于模仿行为对被模仿群体影响的研究，以往学者们主要研究了对人际关系方面的影响。例如，被模仿者更加喜欢模仿者、双方的互动更加流畅（Chartrand & Bargh，1999），被模仿者产生了更高的亲社会倾向和帮助他人意愿（Van Baaren et al.，2003，2004）。但是，当被模仿者注意到他们的消费被模仿时，模仿行为将引发被模仿者的规避反应（White & Argo，2011）。如，White 和 Argo（2011）的研究发现，当消费者有较高的独特性关注时，被相似的他人模仿，比被不相似的他人模仿，引发了更高的产品抛弃意愿。Berge 和 Heath（2008）也从认同传递的视角（identity - signaling perspective），解释文化品位相关的消费被其他群体采用后，被模仿者将抛弃这种消费。但是，也有学者发现，他人的消费模仿行为也可能对被模仿者产生正面作用。例如，Bellezza和Keinan（2014）发现，虽然品牌移民者对核心消费者是负面影响，但是品牌旅游者对核心消费者是正面影响。目前的研究发现模仿对被模仿者的影响，有正面的作用也有负面的作用。

2.5　独特性需求与品牌偏好

根据最优差异化理论（Optimal Distinctiveness Theory），人有两种对立的基本需求，人们在努力与他人保持同化（即归属的需求）和与他人区分（即独特的需求）之间保持平衡。实现最佳平衡的一种方式是通过成员身份，归属的需要可以通过对成员群体的认同来满足，而独特性的需要可以通过区分成员群体和规避群体来满足（Brewer，1991；2003）。如果二者的平衡被打破（即，人们的独特性或归属感在某种程度上被破坏），人们将表现出允许恢复两种动机之间的最优平衡的反应（Pickett & Brewer，2001）。

自身独特性需求比较高的消费者对消费行为的独特性要求也较高（王海忠，范孝雯，欧阳建颖，2017）。人们常常通过文化品位方面的消费向其他群体展示他们的独特性，但是当其他群体采用时，他们将抛弃它。例如，当父母采用年轻人的服装风格时，年轻人将抛弃这种服饰风格（Berger & Heath，2008）。Berger和Heath（2008）从认同传递的视角，发现个体文化品位方面的消费内容被其他群体复制后，消费者将会抛弃这种消费；当更广泛的群体也在采用该产品时，消费者的抛弃意愿更高。在更广泛的多个群体中，消费者更愿意规避不相似的他人。消费者愿意选择能够表达认同信号的产品属性，以及能够对群体内成员表达自己归属这个群体身份的产品（Chan，Berger & Van Boven，2012）。而独特性动机则驱动消费者选择在群体成员中非大众的选项以凸显自身的独特性。消费者通过在不同维度的选择以调和社会群体认同与个人独特性的冲突动机。具体方式是，消费者通过同化群体选择，实现群体认同展示，同时通过群体内非大众产品的选择以展示自身独特性。

2.6 自我偏差与补偿性消费

Higgins 等学者划分了三种类型的自我，包括现实自我、理想自我以及应该自我。自我偏差（Self - discrepancy）是指自我实际状态（现实自我）与理想自我观念的不一致，例如，地位、权力状态（Gao, Winterich & Zhang, 2016）、自我认同（Batra & Ghoshal, 2017）。当个体出现自我偏差时，会产生消极情绪，例如抑郁、焦虑等情绪状态。当现实的实际状态与理想自我状态出现不一致时，引发自我威胁。消费者通过一系列的消费行为来应对自我威胁状态，即补偿性消费（compensatory consumption）。

根据 Batra 和 Ghoshal（2017）两位学者的研究，消费者面临自我威胁，可以通过两种方式实现自我恢复：一是在受到威胁的具体问题上进行相应的补偿性消费，学者们将这种补偿性消费称之为领域内（within - domain）的补偿性消费（Lisjak et al.，2015）。如，个体感知到自己能力不足或者自卑时，会积极选择可以提升自身智力或者自信的相关产品（Gao, Wheeler & Shiv, 2009）。二是通过其他不相关的自我价值来肯定自己，这类行为被称为与自我威胁不相关的跨领域（across - domain）补偿性消费（Berger & Shiv, 2011）。如，个体的考试成绩不理想时，个体可以通过展示自己其他方面的优势（比如，运动领域的独特优势）实现自我价值的肯定来应对之前的自我威胁。Batra 和 Ghoshal（2017）的研究发现，当消费者经历自我威胁后，对与自我威胁不相关的高强度感官消费表现出较高的选择意向，如颜色和听觉方面的消费。当给予自我威胁者较高的自我肯定后，参与者对高强度感官消费的偏好则消失。这种非象征性的、令人分心的高感官消费行为通过减少关于自我威胁的沉思，进而起到了自我恢复的作用。

2.7 污名与污名联想

Goffman（1963）认为，“污名”指“对某个群体的偏负面的特征形成刻板印象，并由此弱化该群体的其他特征”。污名通常以一种动态的、贴标签的形式出现，将某些负面的特征持续地赋予某一特定群体，一旦发生偶发性行为时就广泛接受并指向某个特定群体或者某种特征。在社会生活中，污名化的现象比较严重，除了不恰当的社会行为，其他的身体残疾、疾病、肥胖等，都能被污名化。Goffman（1963）将污名分为三种类型的污名：身体憎恶（abominations of the body），例如残疾；部落污名（tribal stigmas），例如宗教、种族、地域等；道德品质缺陷（flaws in moral character），例如犯罪、吸毒等。“当一个人拥有实际存在或者被认为的能够在给定社会情境下会被贬低或者被感觉是负面的特点、特性或者行为时，污名就发生了（Argo & Main，2008）”。当个人被污名时，对个人的负面影响很大。除了被污名者本人遭受心理的、声誉的和生理的负面效应外，还会形成污名联想（stigma by association）。“像社会病毒一样，社会污名能够从一个被贴上标签的人传递到与这个人有联系的其他人。包括他的家庭、朋友、有时甚至是泛泛之交，都必须承担一定的与污名联系的鄙视（Pryor，Reeder & Monroe，2012）”。

污名联想（stigma by association）是“从一个人的行为、特点、特性引起的污名，负面地扩展到位于附近的他人”。污名联想产生的原因在于自发特点转移（spontaneous trait transfer）（Argo & Main，2008）。自发特点转移框架认为，在社会判断时，人们依靠自动引发的推断来解释他人的行为。特点转移的过程有三步：一是特点激活（trait activation），也就是在解释另外一个人的行为时，感知到他的激活的特点概念；二是特点联想（trait association），也就是激活的特点概念与另外一个人之间建立联想；三是特点转移（trait influence），将这个特点与待评价的人关联起来。

2.8 研究述评

研究个体如何通过消费行为应对自我威胁具有重要的理论和实践价值，一方面可以揭示出心理补偿是消费行为背后的重要动机，另一方面有助于企业更好地理解消费者的非功能性消费行为（Han et al.，2015；Ma et al.，2019）。

目前该领域的实证研究聚焦于揭示特定的威胁源与消费行为的关系，例如地位威胁、权力威胁、社会归属威胁、能力威胁和认同威胁等具体威胁源与具体的消费行为（如炫耀性消费，暴食和多样化寻求行为等）的关系（Han et al.，2015），这些研究为认识威胁源与消费行为的具体关系做出了贡献，但也同时揭示出内在关系的复杂性和现有研究对整体性认知的不足。综合消费行为领域的相关文献可见，现有研究揭示出自我概念维度的多样性、自我威胁应对过程中认知、情感、情绪等多因素介入以及威胁源和应对行为的交叉性态势。面对研究问题的复杂性，当前的研究结论却呈现出零散、不连贯，甚至矛盾的情形，具体表现为：

（1）不同消费行为可以应对相同威胁源。例如，当消费者面临社会归属威胁时，会表现出诸如补偿型消费（Ma et al.，2019）、逃避型消费（Cornil & Chandon，2013）、从众消费（Mead et al.，2011）等多种行为方式。

（2）相同消费行为能够应对不同威胁源。例如：炫耀性消费可以应对社会归属威胁（Lee & Shrum，2012）、自我价值威胁（Pettit & Sivanathan，2011）、社会认同威胁（Mazzocco et al.，2012）、智力威胁（郑晓莹等，2014）和地位威胁（王春晓，朱虹，2016）等多种自我威胁源。

（3）面对外在威胁时，个体的消费行为表现出不同的应对导向。例如面临社会排斥时，个体可以直接通过自我提升解决他人的社会排斥行为（Kim & Gal，2014），或通过补偿性消费行为象征性完成自我修复（Ma et al.，2019），也可以逃避或者远离自我威胁（White & Dahl，2006），甚至通过转移注意力应对自我威胁（Batra & Ghoshal，2017）。由此可见，个体通过消费应对自我威胁的行为具有复杂性和多样性，零散化的研究导致对该行为缺乏认知的连贯性和整体性，难以系统地揭示个体通过消费应对自我威胁的整体规律性。

关于模仿积极效应的研究主要集中在被模仿者并未意识到的模仿行为（Chartrand & Bargh，1999；Chartrand et al.，2005；Lakin et al.，2003；Tanner et al.，2008；Van Baaren et al.，2004a）。以往的研究表明行为模仿会产生积极的影响，他人的模仿行为会导致被模仿者产生一些积极的反应，比如对模仿者产生好感和亲善行为；消费更多的模仿产品（Lakin & Chartrand 2003；

Tanner et al. , 2008)。但在某些情境下，模仿也会产生消极的结果（Dalton et al. , 2010；White & Argo, 2011)。比如，被模仿者感知到他人的模仿行为后，会抛弃被模仿的拥有物。根据最优差异化理论（Optimal Distinctiveness Theory)，人有两种对立的基本需求，人们在努力与他人保持同化（即归属的需求）和与他人区分（即独特的需求）之间保持平衡。实现最佳平衡的一种方式是通过成员身份；归属的需要可以通过对成员群体的认同来满足，而独特性的需要可以通过区分成员群体和规避群体来满足（Brewer, 1991；2003)。如果这种平衡被打破（即，人们的独特性或归属感在某种程度上被破坏)，人们将表现出允许恢复两种动机之间的最优平衡的反应（Pickett & Brewer, 2001)。品牌可以帮助消费者融入他人（获得归属感)，也可以满足消费者的独特性需求。当消费者依赖品牌来实现这些目标时，取决于自身归属感和独特性需求未能得到满足的程度（Rucker & Galinsky, 2009)。

以往学者们在参照群体、从众行为和模仿行为方面进行了大量研究，但是也存在待完善之处。表现在以下几个方面：①在参照群体的影响方面，学者们探讨不同参照群体类型对消费决策与购买行为等多方面的影响。但是与规避群体相关的模仿行为的研究有一定的区别，规避群体的模仿行为还需进一步探讨。②在从众行为的研究方面，从众行为的研究焦点集中在群体内部，从众是个体在群体的压力下改变个人意见而与多数人取得一致认同的行为倾向，而模仿行为是在非强制因素作用下产生。从众行为与模仿行为具有差异，因此，有必要深入探讨模仿行为的形成和对被模仿群体的影响。③在模仿行为对被模仿者群体的影响研究方面，现有关于模仿行为影响的研究均针对被模仿的物品本身，得到的结论都是聚焦在被模仿者对被模仿物品的态度以及处置策略（Tanner et al. , 2008；Berger & Heath, 2008；White & Argo, 2011)。当被模仿者意识到自己的拥有物被其他人模仿时，个体的独特性遭受威胁，引发了被模仿者对该拥有物的抛弃行为（White & Argo, 2011)。那么，经历他人模仿的消费者在随后的消费决策中会如何？而已有研究尚无法解释，个体经历他人模仿后，在随后的消费决策中是否更偏好某些特定品牌/产品。本文探讨的是模仿情境下引发的情绪、心理状态可能会影响被模仿者在随后不相关领域的消费决策。

鉴于以往研究存在的不足，本研究将结合文献研究法和行为实验法，以社会影响理论作为基本框架，探究社会排斥以及他人模仿情境下消费者的应对策略。细分不同类型的社会排斥以及模仿行为对消费者品牌偏好的影响。从而深刻揭示以上行为的影响效应，为政府、企业更加了解个体的消费行为和制定相应的营销策略提供一定的理论指导。

第 3 章

社会排斥应对之一：重获归属感

社会排斥作为一种普遍的社会现象，广泛存在于日常生活中。社会排斥威胁着人类深层次的需求，进而产生一系列生理、心理方面的反应（DeWall & Baumeister，2006；Williams，2007）。例如社会排斥损害被排斥者的认知表现，逻辑推理能力；出现身体上的疼痛感；威胁人们的归属感（Baumeister & Leary，1995；Baumeister et al.，2002）。作为社会性生物，人类有强烈地与他人建立联系、追求群体归属的内驱力。当社会排斥导致归属需求得不到满足时，个体往往采取一系列补偿性消费来重建归属感。如策略性地从事能够帮助建立归属感的消费行为（如选择能象征群体成员身份的产品）、从众式的消费、寻求独特性产品、消费怀旧类的产品等，以应对社会排斥带来的消极影响（Loveland et al.，2010；Mead et al.，2011；Wan et al.，2014）。

在营销实践中，企业同样会策略性地开展能满足消费者重获归属的营销活动。比如，企业常常诉求或者定位于一定的群体，通过与一定的群体建立联系，借助这个群体来标榜品牌的定位和品牌利益。如，“百事可乐，新一代的选择；金六福，中国人的福酒……”企业通过采用一定的群体作为品牌的标签，来标榜自己的品牌定位和品牌利益。通过为品牌贴“群体标签”的方式，借助某个群体的号召力，实现消费者对品牌产生好感进而提升购买意愿的目的。参照群体可以是真实存在的，也可以是消费者假想中的；可以是某个群体，也可以是特定情境下的某个个体（贾鹤等，2008）。

与特定的群体建立紧密联结和亲密关系是人们建立和保持归属感的重要方式（Raghunathan & CorFman，2006）。对企业而言，一个直接的问题是企业为品牌贴“群体标签”这种方式是否有效？受排斥的消费者是否青睐带有“群体标签”的品牌？不同的排斥归因是否影响消费者对“群体标签”品牌的选择？为此，本研究试图回答以下几个问题：（1）经历社会排斥的消费者是否更青睐有群体标签的品牌？（2）不同的排斥类型是否会影响消费者对群体标签品牌的偏好？

3.1 文献回顾与研究假设

3.1.1 社会排斥及其影响

社会心理学的研究认为，社会排斥是由于个体因某方面的不足或缺陷，致使被排斥或驱逐于社会关系之外，从而归属需求得不到满足或受到威胁的社会现象（Cacioppo et al.，2006；Macdonald & Leary，2005；Twenge et al.，2001）。Williams 等（2011）认为，社会排斥是指个体遭到其他个体或团体的消极注意、言语拒绝或关系剥夺，从而致使其关系需求遭受阻碍的现象。

随着社会排斥研究的深入，已有的研究出现了不同的观点。一方面，一些研究证实了社会排斥可以激发个体重新建立社会联系以期获得认同与关注（Williams，2007），由此受排斥者表现出更多的亲社会行为倾向。比如遭遇社会排斥的个体为了重获归属感和社会接纳，更愿意在社会困境中与他人合作（Ouwerkerk et al.，2005）；对建立新关系更有兴趣，给予伙伴更多的报酬（Maner，2007）。另一方面，已有研究发现被排斥操控的被试将产生更多的反社会行为倾向。比如更多的攻击性和更消极的评价（Twenge et al.，2001）；减少捐款和对他人的帮助，更低的合作意向（Twenge et al.，2007）；不健康的生活方式，倾向高风险的决策（Twenge et al.，2002）；同时产生过多的自我挫败（self－defeating）行为（Baumeister et al.，2002）。

社会排斥威胁着人类的四种基本需求：归属感、自尊、控制和有意义的存在感。归属感假设认为，人们有形成和保持积极人际关系的愿望（Baumeister & Leary，1995）。研究表明，当个体遭到社会排斥后，被排斥者通过观看怀旧类的电视节目（Derrick et al.，2009），与熟悉和受欢迎的人联结以重获归属感（Russell et al.，2001）。此外，研究发现经历社会排斥后的个体也会采取补偿性消费来应对社会排斥。遭遇社会排斥的消费者，会通过战略性地花费来购买归属服务以重获归属感和社会接纳，如更愿意消费与群体身份相符的产品，或者消费自己不喜欢但群体成员偏好的产品；消费怀旧产品（如过去流行的电影、食物或者汽车）以获得社会联结等（Loveland et al.，2010）。社会排斥也会威胁个体的自尊需求。研究表明，自尊作为社会监控系统，是反映一个人被其他人接纳和排斥程度得晴雨表，并激励人们采取减少社会排斥的行为模式（Leary et al.，1995）。社会排斥威胁的第三个需求是被感知的权力和控制。失控与攻击性紧密相连，攻击性被认为是一种控制他人的强制行为（Tedeschi & Felson，1994）。炫耀性消费可被用作一种间接的反击方式，以恢复个人权力或控制感，从而获得对他人的优越感（Lee & Shrum，2012）。所以当消费者被自己热衷的奢侈品销售员排斥时，他们对该奢侈品的态度和购买意愿反而提升（Ward & Dahl，2014）。社会排斥威胁的第四个需求是一个人对有意义的存在的感觉。个体需要保持对有意义的存在的信念（Solomon et al.，2004）。而社会排斥象征着社会死亡，因为它切断了个人与社会互动的联系（Warburton & Williams，2005）。

Williams（2007）提出，受到社会排斥威胁的四种人类需求可以分为两类：关系需求（归属感、自尊）和效能需求（控制性、有意义的存在）。他进一步提出，关系需求和效能需求可能产生不同的行为反应。因此，当不同类型的社会排斥威胁到个体不同的需求，那么修复这些需求所产生的行为反应也将不同。

3.1.2 品牌群体标签

品牌群体标签（group label of brand）是指，品牌在定位或者诉求中，与一定的群体建立联系，将这个群体的特质与品牌相结合，即采用一定的群体作为品牌的标签。在营销实践中，企业常常采用一定的群体作为品牌的标签，试图与某个群体建立群体—品牌联系，借助特定的群体来表达品牌诉求和品牌主张。

以往的研究发现，参照群体对品牌的消费成为品牌意义的来源（Escalas & Bettman，2003；2005）。由于参照群体使用某一品牌行为使得消费者对该品牌形成品牌联想，如使用者形象和自身形象的对比，或者其他心理利益，如：自尊心等，进而影响消费者对该品牌的评价和购买意愿（Muniz & O'guinn，2001；Park & Lessig，1977）。消费者将品牌形象与自我概念进行对比，通过筛选与他们目前自我概念或者价值表达一致的品牌来表达自我（Escalas & Bettman，2005）。当品牌形象和消费者的某一自我特征相匹配时，该产品就会被选中和购买（Wattanasuwan，2005）。因此，对企业来说，将品牌标榜为某一群体专用，使消费者产生品牌联想，将会影响消费者对群体标签品牌的评价。

以往关于参考群体的研究大多聚焦在积极的参考群体，White 和 Dahl（2006）将参照群体划分成三类：成员群体（membership groups）、渴望群体（aspirational groups）和规避群体（dissociative groups）。成员群体，即成员所归属的群体，为个体提供归属感。渴望群体是个体渴望成为其成员的群体，个体对此群体的评价比较积极正面。而规避群体是个体避免与其产生关联或关系的一个群体，个体对此群体持消极负面的评价。消费者一般不会使用形象与外群体成员一致的品牌来表达自我，即形象与非群体成员一致的品牌不太可能被消费者用来构建自我（Berger & Heath，2007）。消费者对那些象征规避群体价值表现的品牌或产品有非常低的品牌评价，不愿与这类品牌建立自我品牌联结（White & Dahl，2006；2007）。那些受欢迎或容易对比的参照群体对消费者的决策影响更明显（Dahl et al.，2011）。在构建和表达自我的消费情境中，消费者更愿意使用与成员或渴望群体一致的品牌来构建、强化或表达自我形象（Alvarez & fournier，2016）；通过购买与规避群体相悖的品牌来表明自己不是该种类型的人（杜伟强等，2009）。

以往研究认为消费者对渴望群体、成员群体品牌的态度更为积极（Chan et al.，2012）；对规避群体的态度往往较为负面（White & Dahl，2006）。为了避免与规避群体产生关联，以及避免规避群体的形象和消极联想传递给他们（White & Dahl，2007），消费者常常会回避购买规避群体所采用的品牌（Escalas & Bettman，2005）。但也有研究证实，为了修复个人形象和维护群体形象时，个体也会采取和规避群体一致的行为（Shalev & Morwitz，2011；White et al.，2014）。这表明消费者选择与群体相关的产品和行为可能是基于情境因素，消费者何时愿意选择群体标签品牌还有待进一步研究。

3.1.3 研究假设

（1）社会排斥与群体标签品牌

社会归属是人类生存的一种基本需求，而社会排斥会降低归属感（Baumeister et al.，2005；Williams，2007）。在人际交往中，被排斥的消费者更倾向于与他人或群体去建立新的关系而重新获取归属感。如：提高与他人意见的一致性（Gardner et al.，2000；Williams et al.，2000;）；对建立新关系更有兴趣（Maner et al.，2007）；对接纳信息更为敏感（Dewall et al.，2009）。在消费者行为方面，被排斥后的个体通过其他非社会性目标（如产品）重新建立归属感（Lee & Shrum，2012）。如消费者对那些象征渴望群体成员的产品有更高的偏好，愿意消费即使自己不喜欢但是同伴喜欢的产品（Mead et al.，2011）；选择购买群体内成员支持的产品（White & Argo，2009）；更偏好触感柔软的产品（丁瑛，宫秀双，2016）等。

在社会排斥的威胁下，受排斥者经历认同威胁，出现较低的归属感和自尊，消费者通过补偿性消费或采取其他措施来提高群体接纳的水平以重获归属感。消费者遭遇自我认同威胁时会通过消费奢侈品或能展示社会身份的商品和品牌来塑造自我，治疗因身份威胁而产生的心理创伤（Sivanathan & Pettit，2010）。个体经历的认同威胁越高，该个体就越有可能出现认同重建（identity - restructuring）反应，而认同重建聚焦在参照群体上（Reed & Aquino，2003）。“群体标签”的出现，不仅可以发挥参照群体的作用，甚至提供了重新获得归属感的契机。由于社会排斥强化了消费者增加社会联结的动机，对新的社会联结的线索更加敏感。在消费情境下，标签群体对消费者来说，在一定程度上意味着有机会重获群体归属，因而贴有“群体标签”的品牌可以成为消费者建立社会关系的新线索。由此推断，遭遇社会排斥的消费者可能更加青睐有群体标签的品牌，以减少排斥后归属感的缺失，减轻排斥对身份认同的威胁。由此，我们提出以下假设：

H3－1：被社会排斥的消费者对有群体标签的品牌（vs. 无群体标签的品牌）评价更高。

（2）排斥类型的调节作用

Molden 等（2009）将社会排斥经历区分为被忽视与被拒绝两种类型。Lee 和 Shrum（2012）的研究发现，经历被忽视的个体更偏好炫耀型消费；而经历被拒绝的个体更偏好亲社会行为。Wan 等（2014）的研究发现，被排斥的个体的消费决策受排斥原因影响。当被排斥的个体感知到排斥原因是稳定的、不可变时，个体对独特性产品有更高的评价；而当被排斥者认为排斥原因非一成不变时，更倾向选择从众的产品。当个体感知到排斥原因无法改变时，更倾向寻求独特性以减少社会排斥产生的威胁。由此说明，不同类型的社会排斥使得消费者产生不同的消费行为。Lee 和 Shrum（2012）的研究表明，由于不同类型的社会排斥威胁到个体不同的需求，进而使得个体产生不同的反应和行为以应对需求威胁。由此，同样是因为能力被排斥，但是因为能力优异或者能力平庸被排斥将威胁到个体不同的需求，进而出现不同的消费决策以修复不同的需求威胁。

当个体意识到是由于自我能力的优异招致他人的排斥，受到威胁的主要是关系需求。因此，与展示自己能力或控制的动机相比，与他人重新建立联系的动机可能更具支配性。此时更偏好足以证明自己“可接近”的线索。虽然规避群体标签的产品可能有“弱势”象征意义，但却可以作为被排斥者重新融入群体的途径。

当个体意识到是由于自我能力的平庸招致他人的排斥，此时更多的是威胁个体的效能需求，比如权力、控制感和存在感。此时排斥传递的信号是由于个体能力不足导致他人的排斥。Çelik 等（2013）的研究表明，那些认为自己因能力不足而被排除在外的参与者会产生愤怒的反应，这是由于竞争和恢复自身地位的欲望所激发的情绪反应。这种情绪促使个体寻求重新获得地位和控制，并强化自己的存在感（Lelieveld et al.，2012）。

因此，因自我能力的平庸招致他人排斥的个体更偏好可以证明自己有能力的线索以恢复自身地位。此时，渴望群体标签的产品代表着优异、成功，高地位。高品位的商品传递的信号包括控制感和一系列与自我相关的激励（Fiske & Berdahl，2007）；同时能缓解无助感（Rucker & Galinsky，2008；2009）以及自我威胁（Sivanathan & Pettit，2010）。渴望群体标签的品牌可以作为因能力不足而被排斥的个体修复自我威胁的策略。由此，我们提出以下假设：

H3－2a：因自我优异而被排斥的消费者对规避群体标签品牌（vs. 渴望群体标签品牌）的品牌评价更高。

H3－2b：因自我平庸而被排斥的消费者对渴望群体标签品牌（vs. 规避群体标签品牌）的品牌评价更高。

3.2 实验3－1

3.2.1 研究设计

本实验的目的是验证H3－1，检验社会排斥情境是否影响消费者对群体标签品牌的偏好。实验设计为2（接纳状态：社会排斥 vs. 社会接纳）×3(品牌标签群体：内群体 vs. 外群体 vs. 无）的组间实验设计。实验在某高校招募参与者240名，每人获取10元报酬。删掉不完整数据，共计235份有效数据。其中，男性91人，占35.4%，女性144人，占64.1%。由于性别和年龄等变量未产生任何显著效应，因此未将其纳入随后的统计分析。

社会排斥的操纵，参考Williams等使用的Cyberball网络投球游戏操纵排斥情境与接纳情境（Williams et al.，2000；Williams & Jarvis，2006）。被试被告知要与他人在线连接，一起玩投球小游戏。进入界面后，经过系统连接其他被试，电脑屏幕上出现两个小人（与被试一起投球的玩家）。事实上，其他玩家均是通过后台设置虚拟的。为保证实验效果，参与者被要求一分钟的时间想象情境，具体描述如下：

“投球游戏说明：这是一个在线互动投球游戏，与其他的玩家进行网络在线连接后，游戏才可以开始。您点击鼠标进行投球游戏时，请您想象其他玩家的外貌、性格等，也可以想象投球的天气、环境等。您的接球数和投球数多少都没关系，只把这个游戏当作在真实世界中玩的一个游戏即可。”

在投球游戏中，三人之间的传球次数总计30次。社会排斥组的被试在一开始时会接到1~3次球，后续过程中再也不会接到球。社会接纳组的被试在整个传递过程中都会陆续接到其他玩家传递的球，共计会接到总投球数1/3的球。

关于社会排斥的操控检验，参考Williams等（2000）使用的量表，使用有三个问项的7级量表（“在投球游戏中，你感觉被排斥”“在投球游戏中，你感觉被忽视”“在投球游戏中，你感觉像个局外人”，$\alpha=0.97$）。

关于群体标签操控检验，参考Escalas等以及White等使用的操纵检查量表（Escalas & Bettman，2003；2005；White & Dahl，2006）。使用有3个测项的7级量表（“我归属于这个群体”“我认为自己就是这种类型的人”“我与这个群体的人很合拍”，$\alpha=0.86$）测量被试归属于他们写出的两个群体的程度。

关于被试情绪状态的测量，使用包含6个问项的情绪测量量表（Levav & Zhu，2009）。其中积极情绪由“快乐的”“精神充沛的”“愉悦的”三个测项组成；消极情绪由“悲伤的”“厌烦的”“不开心的”3个测项组成。分别将被试对3个积极词语和3个消极词语的得分平均，作为积极情绪分数和消极情绪分数。

品牌评价采用White等（2006）使用的品牌评价量表，使用7级量表。包含三个问项：“我喜欢这个品牌”“我认为这个品牌是好的”“我对这个品牌很满意”（$\alpha=0.88$）。

3.2.2 前测

前测一的目的是选择正式实验所需的群体标签，我们以所属不同的高校来确定学生群体的内群体和外群体。通过对30名学生的访谈，确定本校学生的外群体（描述：您不归属于这个高校群体，也不是该高校群体中的一部分，您应该感到自己不是这种类型的人，并且不适合这些人相处。这个高校群体应该是一个紧密联系的群体，由彼此非常相似的个体组成）和内群体（描述：请写出你所在的高校团体，你觉得自己是其中的一部分。你应该觉得你是这种类型的人，你适合与这些人相处。这个群体应该是一个紧密联系的群体，由彼此非常相似的个体组成）。

前测二通过50名本校学生对前测一中出现频次最高的前3所高校进行打分，最终筛选出的内群体高校为“××大学”；外群体高校为“××工业大学”。被试对2个高校群体的归属程度存在显著差异，被试对于内群体高校（本校）的归属程度显著高于“××工业大学”（$M_{本校}=5.63$ vs. $M_{××工业大学}=3.37$，($F(1, 98)=39.57$，$p<0.01$)。

3.2.3 实验过程

被试来到实验室，告知本研究包含几个不相关的小试验，并将实验参与者随机分到不同的实验分组。

首先要求被试进入“在线互动游戏实验”，随后页面提示“正在连接其他玩家，请稍等，使被试感知这是一个真实的游戏环境。随后实验主持人强调仔细阅读投球游戏说明，在一分钟之后进入投球游戏界面（1分钟的时间设置是保证被试能够按照要求去想象其他玩家，加强操纵的有效性）。通过接球的次数操纵社会排斥，“社会排斥”组的被试在30次接球中只能接到1~3次球，而“社会接纳”组的被试可以接到10次球左右。投球游戏终止后，被试需要回答接到球的个数，并完成社会排斥的操控检验题项和情绪测量量表。

其次，被试进入一个看似完全不相关的产品调查研究中。被试会看到一件学生T恤衫图片，每组群体标签都是同一个品牌：Summit品牌，说明是为某个高校群体设计的。看完之后被试完成Summit品牌评价的量表以及群体标签操控检验测项。

最后，被试填写人口统计量表，包括被试的性别、年龄、学历等信息，并猜测实验的研究目的，付报酬，被试离开。

3.2.4 结果与分析

（1）操控检验

对社会排斥操控效果进行检验，结果显示社会排斥组实验参与者感知到的排斥和忽视感（$M_{排斥组}=5.43$）显著高于接纳组（$M_{接纳组}=3.65$；$F(1, 233)=92.59$，$p<0.01$）。由此证明我们关于社会排斥的操纵是成功的。

对群体标签操控效果进行检验，结果显示对于内群体标签，实验参与者显著地认为该标签群体属于内群体（$M_{内群体}=5.05$）而非外群体（$M_{外群体}=2.83$；$F(1, 157)=189.74$，$p<0.01$）。因此，在实验中对内、外群体标签的操纵是有效的。

（2）假设检验

以群体标签类型和接纳类型为自变量，品牌评价为因变量进行方差分析。结果表明，群体标签类型的主效应显著（$F(2, 229)=32.56$，$p<0.01$，$\eta^2=0.22$）；接纳类型的主效应显著（$F(1, 229)=9.26$，$p<0.01$，$\eta^2=0.04$）；群体标签类型与接纳类型的交互作用显著（$F(2, 229)=9.73$，$p<0.01$，$\eta^2=0.08$）。

在社会排斥情境下，消费者对内群体标签品牌的评价显著高于无群体标签品牌（$M_{内群体}=4.98$，$SD=1.29$ vs. $M_{无群体}=3.03$，$SD=1.08$；$t(229)=7.68$，$p<0.05$）；消费者对外群体标签品牌的评价显著高于无群体标签品牌（$M_{外群体}=3.76$，$SD=1.14$ vs. $M_{无群体}=3.03$，$SD=1.08$；$t(229)=2.93$，$p<0.05$）；消费者对内群体评价显著高于外群体标签品牌（$M_{内群体}=4.98$，$SD=1.29$ vs. $M_{外群体}=3.76$，$SD=1.14$；$t(229)=4.94$，$p<0.05$）。上述结果表明，遭遇社会排斥的消费者对有群体标签的品牌（vs. 无群体标签的品牌）评价更高，H3-1得到支持。

在社会接纳情境下，消费者对内群体标签品牌的评价与无群体标签品牌无显著差异（$M_{内群体}=4.09$，$SD=1.22$ vs. $M_{无群体}=3.50$，$SD=1.40$；$t(229)=1.69$，$p>0.05$）；消费者对内群体标签的评价显著高于外群体标签品牌（$M_{内群体}=4.09$，$SD=1.22$ vs. $M_{外群体}=2.85$，$SD=1.10$；$t(229)=4.85$，$p<0.05$）；对无群体标签品牌的评价显著高于外群体标签（$M_{无群体}=3.50$，$SD=1.40$ vs. $M_{外群体}=2.85$，$SD=1.10$；$t(229)=-2.59$，$p<0.05$）。

此外，我们发现当品牌贴上“外群体”标签时，社会排斥情境下的消费者对该品牌的评价显著高于社会接纳情境（$M_{排斥组}=3.76$，SD=1.14 vs. $M_{接纳组}=2.85$，SD=1.10；$F(1, 229)=13.42$，$p<0.01$）。当品牌贴上“内群体”标

签时，社会排斥情境下的消费者对该品牌的评价显著高于社会接纳情境下的评价（$M_{排斥组}=4.98$，$SD=1.29$ vs. $M_{接纳组}=4.09$，$SD=1.22$；$F(1, 229)=12.44$，$p<0.01$）；当品牌无标签时，消费者在社会排斥和社会接纳情境下的品牌评价无显著差异（$M_{排斥组}=3.03$，$SD=1.08$，vs. $M_{接纳组}=3.50$，$SD=1.40$；$F(1, 229)=3.39$，$p>0.05$），如图3-1所示。

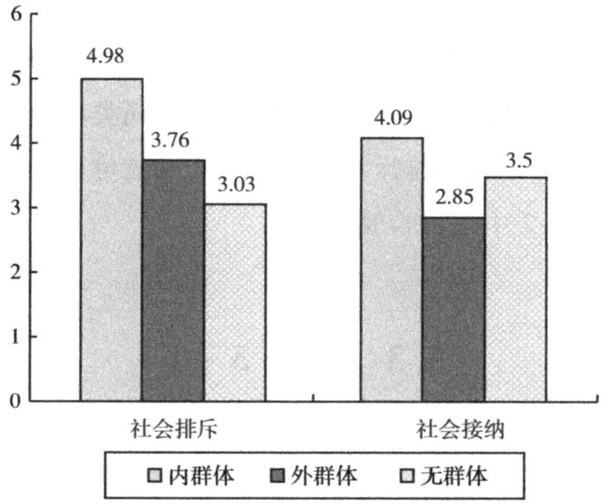

图3-1 对不同群体标签品牌的评价

（3）排除情绪作为机制解释

从情绪量表中，获得被试的积极情绪和消极情绪。利用单因素分析方法分析社会接纳和社会排斥下的积极情绪，社会接纳组被试与社会排斥组被试的积极情绪差异显著（$F(1, 233)=26.43$，$p<0.01$）。将积极情绪作为协变量，群体标签和社会排斥作为自变量，进行协方差分析，结果显示群体标签和社会排斥之间交互作用依然显著（$F(2, 228)=8.33$，$p<0.01$），即在社会排斥情境下，消费者对有群体标签的品牌评价显著高于无群体标签的品牌，H3-1获得支持。此外，社会接纳组与社会排斥组被试的消极情绪差异显著（$F(1, 233)=22.07$，$p<0.01$）。将消极情绪作为协变量，群体标签和社会排斥作为自变量，进行协方差分析，结果显示群体标签和社会排斥之间交互作用显著（$F(2, 228)=8.87$，$p<0.01$），即在社会排斥情境下，消费者对有群体标签的品牌评价显著高于无群体标签的品牌，H3-1获得支持。由此排除了积极情绪与消极情绪等可能解释。

（4）讨论

实验3－1的数据结果验证了假设H3－1，并排除了情绪的竞争性解释。实验结果显示，经历社会排斥的个体对有群体标签的品牌（vs. 无群体标签的品牌）评价更高。在社会排斥的情境下，消费者对渴望群体标签品牌、规避群体标签品牌和成员群体标签品牌相比无群体标签品牌均有更高的品牌评价。即当个体遭遇排斥以后，更青睐有群体标签的产品或品牌。这可能是因为群体标签的出现，向经历排斥的个体张开了“怀抱”，能减少排斥后个体归属感的缺失，减轻排斥对身份认同的威胁。当个体经历不同类型的排斥以后，此时将威胁个体不同的需求，不同的排斥类型是否会影响被排斥者对群体标签品牌的评价？我们在实验3－2中进行检验。

3.3 实验3－2

在实验3－1中，我们已验证经历了社会排斥的个体对有群体标签的品牌有更高的评价。那经历不同排斥类型的个体对群体标签品牌的评价是否存在差异？为此，研究二探讨不同的排斥类型对群体标签品牌评价的影响。在研究二中，我们将排斥类型分为因优异被排斥与因平庸被排斥；将群体标签中的外群体进一步细分为渴望外群体与规避外群体。为了增强研究的外部效度，实验3－2选择虚假反馈范式操纵社会排斥，并采用不同的实验刺激物检验经历社会排斥后的个体的品牌评价行为。

3.3.1 研究设计

研究采用3（排斥类型：因优异被排斥 vs. 因平庸被排斥 vs. 被接纳）*3（品牌群体标签：渴望外群体 vs. 规避外群体 vs. 无群体）的组间实验设计，因变量为品牌评价。实验参与者为高校招募的375名在校大学生，每人获取10元报酬。剔除未完整作答的数据，共计364份有效数据。其中，男性161人，占42.3%；女性198人，占52%；5人不愿披露自己的性别信息，占

1.3%。由于性别和年龄等变量未产生任何显著效应，因此未将其纳入随后统计分析。

对于自变量排斥类型的操纵，采用与研究一不同的方法。参考 DeWall 等使用的虚假反馈范式，采用智力测试题的虚假得分来操纵社会排斥。首先，通过前测确定实验所需的测试题目，从网页中寻找20道比较新颖有趣的测试题，由20名在校学生回答试题，选出10个实验参与者无法准确预估答案的题目。在正式实验的操纵中，参与者被告知：

“实验的最后一部分是智力互动游戏环节，参加的同学可以获得额外10~20元报酬。但是只有组队成功的同学可以参加，每队要求有2~3人。现在请您先做与该游戏相关的能力测试，试卷满分为10分，每个题目您只有30秒思考时间。”

在参与者完成试题后，要求实验参与者填写一个成绩范围，提示语如下：

“请您写出一个成绩区间［ ］，这个区间表示您想一起组队的其他同学的成绩。请注意：参加这个游戏的额外报酬与你们在游戏中的表现有关。每个团队的总报酬由你们团队的总成绩决定，团队总分越高，你们团队拿到的总报酬越高。每个人能获得的报酬根据个人表现决定。比如，队友的表现越好，你获得的报酬可能越少。请大家慎重挑选自己的队友。”

对于排斥类型的操纵，通过向实验参与者呈现不同的反馈结果来实现。优异排斥组实验参与者得到的反馈结果：“非常遗憾，组队失败！由于您测试得分为9分，大部分同学的得分低于该分数，您的得分高于其他同学对队友得分的要求，拒绝与您组队！由于没有同学与你组队参加最后的智力游戏，请完成本轮实验任务后离开。”平庸排斥实验参与者得到的反馈结果：“非常遗憾，组队失败！您测试得分为4分，大部分同学的得分均高于该分数，由于您的分数低于其他同学对队友得分的要求，拒绝与您组队！没有同学与你组队参加最后的智力游戏，请完成本轮实验任务后离开。”接纳组实验参与者得到的反馈结果：“组队成功！您的得分为5分，有两位同学愿意与您一同组队参加游戏！”。

3.3.2 实验过程

实验流程与实验3-1基本相同，被试到达实验室后被随机分到不同的实验组。

首先，进入调研说明界面，强调本次研究包含几个不同的调研，要求实验参与者分别按照要求作答。然后进入在线互动游戏说明界面，在限定时间内回答10个智力问题后，要求被试填写意向组队队友的得分区间，经过“系统正在统计您的得分，并根据您和其他人的得分与分数区间进行组队和分配”的界面，被试会获得虚假的得分反馈。采用高得分导致组队失败操纵优异排斥，低得分导致组队失败操纵平庸排斥，组队成功操纵社会接纳。其次，进行带有群体标签的品牌评价的测量问项，再次，是排斥的检验和情绪的测量，进行群体标签品牌的操纵与检验。最后，参与者填写人口统计量表，并猜测实验目的。参与者获取报酬离开实验室。

3.3.3 结果与分析

（1）操控检验

对社会排斥操控效果进行检验，结果显示分配到不同排斥类型的实验参与者感知到的排斥感有显著差异（$F(2, 361) = 148.26$，$p < 0.01$）。优异排斥组实验参与者感知到的排斥感（$M_{优异排斥组} = 5.75$）显著高于接纳组（$M_{接纳组} = 3.31$；$t(361) = 13.96$，$p < 0.01$）；平庸排斥组实验参与者感知到的排斥感（$M_{平庸排斥组} = 6.03$）显著高于接纳组（$M_{接纳组} = 3.31$；$t(361) = 15.65$，$p < 0.01$）。由此证明我们关于社会排斥的操纵是成功的。

对群体标签操控效果进行检验，结果显示实验参与者对渴望外群体的渴望程度（$M_{内群体} = 5.17$）显著高于规避外群体（$M_{外群体} = 3.54$；$F(1, 243) = 105.30$，$p < 0.01$）。因此，在实验中对渴望外群体和规避外群体标签的操纵是有效的。

（2）假设检验

以群体标签类型和排斥类型为自变量，品牌评价为因变量进行方差分析。结果表明，群体标签类型的主效应显著（$F(2, 363) = 5.07$，$p < 0.01$，$\eta^2 = 0.04$）；排斥类型的主效应不显著（$F < 1$，$p > 0.05$）；群体标签类型与排斥类型的交互作用显著（$F(4, 363) = 7.12$，$p < 0.01$，$\eta^2 = 0.08$）。

在优异归因排斥情境下，实验参与者对三类不同群体标签品牌的评价存在显著差异（$F(2, 355)=3.68$，$p<0.05$）。经历优异归因的实验参与者对规避外群体标签品牌的评价显著高于渴望外群体标签（$M_{规避群体}=4.79$，$SD=1.12$，vs. $M_{渴望群体}=4.16$，$SD=1.23$；$t(355)=-2.44$，$p<0.05$）；实验参与者对规避外群体标签品牌的评价显著高于无群体标签品牌（$M_{规避群体}=4.79$，$SD=1.12$，vs. $M_{无群体}=4.21$，$SD=1.14$；$t(355)=-2.23$，$p<0.05$）；实验参与者对渴望群体标签品牌的评价与无群体标签品牌无显著差异（$M_{渴望群体}=4.16$，$SD=1.23$，vs. $M_{无群体}=4.21$，$SD=1.14$，$t(355)=-0.20$，$p>0.05$）。

在平庸归因排斥情境下，实验参与者对三类群体标签的品牌评价差异显著（$F(2, 355)=6.63$，$p<0.05$）。具体而言，经历平庸归因的实验参与者对渴望外群体标签品牌的评价（$M_{渴望群体}=4.99$，$SD=1.19$）显著高于规避外群体标签（$M_{规避群体}=4.13$，$SD=1.21$；$t(355)=3.41$，$p<0.05$）；实验参与者对渴望外群体标签品牌的评价显著高于无群体标签品牌（$M_{渴望群体}=4.99$，$SD=1.19$ vs. $M_{无群体}=4.27$，$SD=1.20$；$t(355)=2.81$，$p<0.05$）；对规避外群体标签品牌的评价与无群体标签品牌则无显著差异（$M_{规避群体}=4.13$，$SD=1.21$，vs. $M_{无群体}=4.27$，$SD=1.20$；$t(355)=-0.55$，$p>0.05$）。

在社会接纳情境下，实验参与者对不同群体标签的品牌评价差异显著（$F(2, 355)=10.44$，$p<0.05$）。接纳组被试对渴望外群体标签的品牌评价（$M_{渴望群体}=4.86$，$SD=1.23$）显著高于规避外群体（$M_{规避群体}=3.73$，$SD=1.15$；$t(355)=4.52$，$p<0.05$）；对规避外群体标签的品牌评价（$M_{规避群体}=3.73$，$SD=1.15$）显著低于无群体标签的品牌评价（$M_{无群体}=4.42$，$SD=1.29$，$t(355)=-2.78$，$p<0.05$）；对渴望外群体标签的品牌评价（$M_{渴望群体}=4.42$，$SD=1.23$）与无群体标签的品牌评价则无显著差异（$M_{无群体}=4.42$，$SD=1.29$；$p>0.05$）。

此外，当品牌贴上“规避群体”标签时，优异排斥归因组的实验参与者对规避群体标签的品牌评价显著高于平庸归因排斥组（$M_{优异归因组}=4.79$，$SD=1.12$，vs. $M_{平庸归因组}=4.13$，$SD=1.21$；$F(2, 355)=9.14$，$p<0.01$）。而当品牌贴上“渴望群体”标签时，平庸归因排斥组的实验参与者对渴望群体标签的评价显著高于优异归因组（$M_{优异归因组}=4.99$，$SD=1.19$，vs. $M_{平庸归因组}=$

4.13，SD = 1.21；$F(2, 355) = 6.05$，$p < 0.01$）。无群体标签的品牌评价在不同排斥情境下无显著差异（$M_{优异归因组} = 4.21$，SD = 1.12，vs. $M_{平庸归因组} = 4.27$，SD = 1.20，$p > 0.05$），如图 3 – 2 所示。

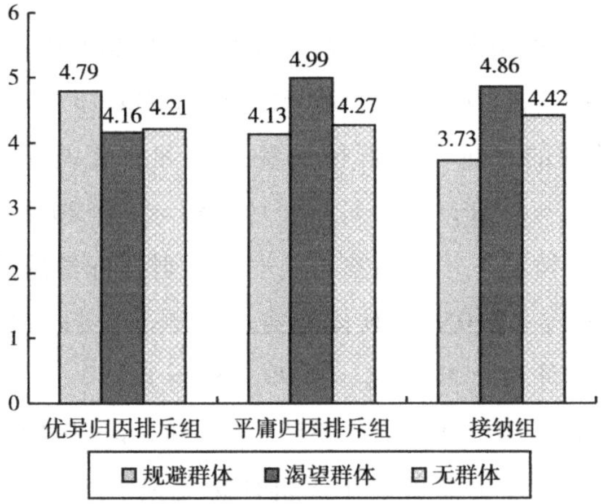

图 3 – 2　对不同群体标签品牌的评价

（3）排除情绪作为机制解释

从情绪量表中，获得被试的积极情绪和消极情绪。分析结果显示，不同排斥归因组被试的积极情绪差异显著（$F(2, 361) = 12.62$，$p < 0.01$）。将积极情绪作为协变量，群体标签和社会排斥归因作为自变量，品牌评价为因变量进行协方差分析。结果显示，社会排斥与群体标签的交互作用显著（$F(4, 354) = 7.73$，$p < 0.01$），即优异排斥消费者对规避群体标签品牌的评价显著高于渴望群体标签品牌的品牌评价；平庸排斥的消费者对渴望群体标签品牌的评价显著高于规避群体标签品牌的品牌评价。由此排除积极情绪对实验结果的影响。此外，不同排斥类型组被试的消极情绪差异显著（$F(2, 361) = 9.57$，$p < 0.05$）。将消极情绪作为协变量，群体标签和社会排斥类型作为自变量，品牌评价为因变量进行协方差分析。结果表明，社会排斥与群体标签的交互作用显著（$F(4, 354) = 8.91$，$p < 0.05$）。由此，H3 – 2a 和 H3 – 2b 得到验证，排除了积极情绪与消极情绪作为可能解释。

（4）讨论

因能力优异被排斥与平庸被排斥的消费者对群体标签品牌购买意愿具有显

著差异，优异排斥的被试对规避群体标签的品牌评价高于对渴望群体的评价，由此验证了H3－2a；而平庸排斥的被试对于渴望群体标签的品牌评价显著高于规避群体，验证了H3－2b。出现上述结果是因为，虽然均是能力原因被排斥，但是因为能力优异或者能力平庸排斥导致的社会排斥将威胁都个体不同的需求，进而产生不同的后果。具体来说，当个体由于自我能力的优异招致他人的排斥，受到威胁的主要是关系需求。此时更偏好规避群体标签的产品证明自己“可接近”。当个体由于自我能力的平庸招致他人的排斥，受到威胁的是个体的效能需求，此时更偏好渴望群体标签的产品证明自己优异。

3.4　结论与启示

3.4.1　结论与讨论

本研究探讨了社会排斥对群体标签品牌偏好的影响，以及排斥类型的调节作用。通过两个实验，本研究得出以下结论：

一是相比无群体标签的品牌，消费者在经历社会排斥后对有群体标签的品牌评价更高。即消费者在社会排斥情境下，对渴望群体标签品牌、规避群体标签品牌和成员群体标签品牌的评价均要高于无群体标签的品牌。

二是不同的排斥类型使得消费者对群体标签品牌的偏好有差异。因自我能力优异被排斥的消费者对规避群体标签的品牌（vs. 渴望群体标签品牌）评价更高；因自我能力平庸被排斥的消费者对渴望群体标签的品牌（vs. 规避群体标签品牌）评价更高。特定类型的社会排斥似乎同时威胁四个特殊需求（归属感，自尊，控制力，有意义的存在；Williams，2007）。以往的研究表明，对某些需求的威胁（如自尊和归属感等关系需求）可能产生亲社会反应，而对其他需求的威胁（如权力等效能需求）可能产生反社会反应（Williams et al.，2013）。在本研究中，我们关注能力方面的排斥行为，将排斥类型区分为因能力优异或者因能力平庸被排斥。研究结果发现，看似微妙的差异，实际上会产生非常不同的行为结果。

3.4.2 理论启示

首先，本研究丰富了消费行为领域中关于社会排斥的研究。已有的关于社会排斥的研究，主要关注的行为变量聚焦在亲社会行为（Maner et al.，2007；Mead et al. 2011）、反社会行为（Twenge et al.，2001；2007）等方面。消费者行为学领域的学者们发现，经历社会排斥后的个体偏好炫耀性消费（Ward & Dahl，2014）、购买独特性的商品以及从众式的消费行为（Mead et al.，2011；Wan et al.，2014）。本研究发现个体经历社会排斥以后更偏好有群体标签的品牌。那些看似微妙的不同类型的社会排斥：因能力优异或者因能力平庸被排斥，实际上会产生非常不同的行为结果。本研究在一定程度上丰富了社会排斥的研究。

其次，本研究拓展了关于参照群体的相关研究。以往研究更多关注的是积极的参照群体对消费者态度和决策的影响（Escalas & Bettman，2003；Folkes & Kiesler，1992）。本研究发现，在社会排斥的情境下，相对无群体标签的品牌，被排斥的消费更青睐有群体标签的品牌，即使这个标签是规避群体。White 等（2006）发现，消费者对与规避群体有关的品牌或产品给予较低的品牌评价。本研究发现在不同的排斥情境下，消费者对规避群体的态度呈现出显著差异，因能力太差而被排斥的消费者对规避群体标签品牌的评价比那些因为能力优异被排斥的消费者更高。

最后，本研究丰富了补偿性消费方面的研究。消费者通过消费来应对心理威胁，补偿内心的缺失（Rucker & Galinsky，2008）。比如权力感缺失促使消费者偏好与社会地位相关的消费行为，愿意为象征社会地位的产品支付更高的价格，更青睐强调地位象征意义的广告和著名品牌标识等（Rucker & Galinsky，2009）。消费作为一种手段和工具，能够补偿内心未得到满足的生存渴望、控制渴望和人际归属渴望。本研究阐述了受排斥的消费者通过消费带有群体标签的品牌来应对自我威胁。这与之前 Mead 等（2011）的研究相一致，遭遇社会排斥的消费者有强烈的获取认可的心理，从而促使这类消费者策略性地从事能够帮助建立归属感的消费行为。我们的研究发现，有群体标签的品牌可以应对归属感的缺失。

3.4.3 实践启示

营销者可针对受排斥的目标客户灵活运用群体标签。鉴于面临社会排斥、社会地位不高、工作碌碌无为等是大多数消费者的生活常态。如果将带有群体标签产品/品牌的目标市场定位于被拒绝、被排斥或孤独感较高的人群，在运用群体标签时关注消费者在这些状态下的心理和行为，进而通过针对性的营销启动目标消费群体修复不同需求的需要，从而提升他们对群体标签产品的偏好。此外，可以通过不同的品牌故事打造优异和平庸排斥的消费情景，提升不同类型被排斥者对群体标签产品的评价。

3.4.4 研究局限与展望

本书研究了社会排斥情境对群体标签品牌评价的影响，以及排斥类型的作用。研究还存在着一定的局限和不足，有待今后的研究做出改进：

（1）实验样本均来自在校大学生，没有覆盖其他社会群体。在今后的研究中，需要进一步增加样本数量，更需要扩大取样范围，以提高研究结论的信效度。

（2）整个研究过程在实验室环境中进行，对很多实验条件进行了限定和设置，减少了其他干扰因素的影响，但并不是真实的消费场景。今后的研究需要增加消费者对群体标签品牌评价的田野实验，以提高实验结果的真实性和科学性。

（3）本研究初步探讨了社会排斥的消费者对规避群体标签品牌的评价变化，证明规避群体标签的品牌不完全是负面效应，但还缺少对相关调节变量的深入研究。例如，可以增加消费者的权力感变量，或独立自我、依赖自我等变量。较之以往的大众化消费，现在的消费者更追求个性化、定制化的消费，是否反其道而行之的广告创意能够更加吸引消费者？企业对目标市场和目标消费者针对性的宣传是否更有效？还需要进一步做出深入研究。

第 4 章

社会排斥应对之二：维护个体自由感知

消费者在何种情境下愿意选择与规避群体关联的品牌？当个体的自由受到某些因素的限制而无法实现时，有可能愿意选择与规避群体关联的品牌。在现实生活中，人们常常会感受到自由受限。例如，中学生必须穿校服、员工必须遵守公司规章制度等。当某些自由受到限制时，个体感知的自由威胁将产生一种旨在恢复受威胁或被剥夺的自由的动机，这种动机状态即“心理逆反”（Brehm & Brehm，2013）。为了重新恢复受到威胁的自由，个体会做出一系列的反常规行为。例如，受到严格管教的学生更偏好奇异的发型或者服饰、空间受限的消费者通过多样性的选择来恢复自由（Levav & Zhu，2009）。

消费者往往避免使用与规避群体关联的品牌以表明自己与规避群体之间无关联（Escalas & Bettman，2005）。在当个体的自由受到威胁时，心理逆反的动机状态可能促使消费者采取一些反常规的消费行为（如采用与规避群体关联的品牌）以应对自由威胁。在企业实践中，很多品牌常常定位于某个目标群体，然而在扩大客户基础的过程中，外群体消费者可能视该品牌所定位的目标群体为规避群体。如何减弱消费者对该品牌的消极态度，如何拓展客户群体是品牌经理需要解决的问题（Erdem & Sun，2002）。基于此，本研究从自由威胁的视角，探讨其对消费者品牌偏好的影响，心理逆反的中介作用以及叙事和自尊水平对上述影响的调节作用。

4.1 研究假设的提出

4.1.1 自由威胁及其影响

自由威胁是他人或组织有意识施加的，任何使个体难以践行某种自由的力量。在日常生活中，我们经常有自由受限的经历，想做一些事情，却因为某些因素的限制而不能实现。例如，员工必须穿着工装、餐厅某些区域不向普通顾客开放等。人们相信自己拥有从事某些事情的自由，如果该自由被剥夺或受到威胁，个体将产生恢复该自由的动机状态，即“心理逆反”（Brehm & Brehm，2013）。心理逆反大致会引发三类恢复自由的行为：一是直接做出与威胁方向相反的行为，称为“反向效应（boomerang effects）”；二是做出与受威胁的自由相似的其他自由行为以间接恢复自由感，即“关联反向效应（related - boomerang effects）”；三是通过观察他人以间接恢复自由，即“替代反向效应（vicarious - boomerang effects）（Brehm & Brehm，2013；Quick & Stephenson，2008）”。在不同情境下，为了恢复自身受威胁的自由，个体将采取直接或间接的行为。个体最终采取哪种行为取决于恢复自由的成本、可行性以及心理逆反的强度等（Quick & Stephenson，2007）。

以往研究发现，人们更愿意与积极的群体建立关联，对规避群体往往采取避免接触的态度（White & Dahl，2006，2007）。我们认为，在自由受到威胁的情境下，消费者偏好与规避群体关联的品牌，是由于他人或组织有意识的施加使得个体自由受到威胁引起的。当个体直接反抗的难度或损失较大时，个体往往不会直接做出与自由威胁相反的行为，而是通过一些间接的方式以恢复自由，即“关联反向效应（Brehm & Brehm，2013）”。心理逆反的产生促使消费者试图通过特定的产品选择或购买决策等间接的方式来应对自由威胁（Kivetz，2005）。例如，相对狭小的空间使消费者产生被限制感时，消费者感知自身的独特性和自由受到侵犯，进而产生心理逆反。然而，由于改变所处物理空间大小的难度过大，消费者会转而通过寻求多样化与独特的选择来进行自我表达，从而间接恢复自由（Levav & Zhu，2009）。

在自由受到威胁的情境下，以往规避的选择/行为的吸引力会显著提升（Buboltz，Thomas，& Donnell，2002）。选择与规避群体关联的产品，一方面可以作为对所属群体的群体规范的有力反抗；另一方面也可以作为自我表达以及间接获取自由的方式。另外，研究发现个体感知自由威胁的强度越大，产生心理逆反的程度越高（LaVoie，Quick，Riles，& Lambert，2017）。因此当个体感知到高自由受威胁时，更偏好于规避群体关联的品牌来恢复自由。据此，提出假设 H4－1：

H4－1：与低自由威胁的情况相比，在高自由威胁时，个体更偏好与规避群体关联的品牌。

4.1.2 心理逆反的中介作用

如前文所述，在日常生活中，个体感知到自由威胁时将产生一种旨在恢复受威胁或被剥夺自由的厌恶性动机状态，即心理逆反（Brehm & Brehm，2013）。心理逆反的产生导致个体在认知、行为层面采取一系列旨在恢复自由的措施（Quick & Stephenson，2008），包括表达与威胁相反的立场或践行相反的行为，践行与受威胁自由相关的其他自由，或者对威胁源进行贬损等。例如，接收到吸烟有害的说服信息使得个体感知到自由威胁，导致个体可能对吸烟行为持相反立场（LaVoie et al.，2017）。

心理逆反的产生增强了个体恢复自由的动机，使得那些被禁止或劝阻行为的感知吸引力提高，而那些被鼓励或推荐行为的吸引力反而降低（Buboltz et al.，2002）。当个体的自由受到威胁时，心理逆反的产生使得那些被群体规范反对、个体以往避免的行为的吸引力显著提升。此时，相对于通常更受人青睐的与成员群体关联的品牌，虽然与规避群体有关联的品牌带有一定消极的意义，但是对自由受到威胁的个体却更有吸引力。在自由威胁情境中，由于心理逆反的产生，消费者更偏好与规避群体关联的品牌以恢复受到威胁的自由。我们认为个体在自由受到威胁时，更倾向于选择与规避群体关联的品牌，出现这种“关联反向效应”是由于自由威胁引发了心理逆反。据此，提出假设 H4－2：

H4－2：高自由威胁（vs. 低自由威胁）个体更偏好与规避群体关联的产品，这是由于高自由威胁（vs. 低自由威胁）引发个体更高水平的心理逆反。心理逆反在自由威胁和规避群体关联的品牌偏好的关系中起中介作用。

4.1.3 叙事的调节作用

为了进一步验证 H4－2，即心理逆反的中介作用，本研究引入可降低心理逆反的变量，即叙事。叙事是指以故事的形式描述连贯的事件或经历，在描述中包括事件的开始、过程和结尾（Hinyard & Kreuter，2007）。而非叙事方式是以论据、命题为基础的无叙事性的信息呈现（Kreuter et al.，2007；Murphy，Frank，Chatterjee，& Baezconde－Garbanati，2013）。以往研究表明，叙事可以降低人们对信息“抗拒”的程度（Bilandzic & Busselle，2013）。例如，相较于辩护性广告，叙事型广告使得消费者对品牌的评价和态度更积极（Dunlop，Wakefield，& Kashima，2010）。这是由于叙事通过认知和情感两个方面对信息接收者产生影响（van Laer，De Ruyter，Visconti，& Wetzels，2013）。叙事将观众的注意力“代入”至叙事的世界中，并引起他们情感上的反应（Green & Brock，2000）。叙事作为一种积极的情感体验，将减弱与逆反相关的愤怒情感（Green，Chatham，& Sestir，2012）。

此外，人们在接收叙事信息的过程中将消耗更多反抗或者批判性思考的认知资源（Chang，2009），使得信息接收者很难提出反对观点（van Laer et al.，2013）。当人们关注叙事信息时，反抗该信息的能力将会受阻（Bilandzic & Busselle，2013），有效降低个体对信息的反抗心理（Moyer－Gusé & Nab，2010；Quick，Shen，& Dillard，2013）。非叙事的方式向个体呈现的信息以理性的论点和事实证据为主（Durkin，Biener，& Wakefield，2009）。相对于叙事，非叙事的方式无法使信息接收者产生积极的情感，而是促使个体对信息进行系统加工，更容易对说服信息产生反抗心理（Hinyard & Kreuter，2007）。因此，相较于叙事组的个体，自由威胁使得非叙事组的个体对信息的接受度更低，从而使得他们在经历自由威胁后做出更多反常规的反应。

对于叙事组，个体在经历自由威胁后，反抗信息的能力受阻（Bilandzic &

Busselle, 2013), 与规避群体关联的品牌对其缺乏吸引力（Buboltz et al., 2002)。而对于非叙事组，非叙事的信息传递方式使得个体对自由威胁信息更抗拒，更倾向通过某些反常规的行为以恢复受威胁的自由。相对于通常更受人青睐的与成员群体关联的品牌，选择与规避群体有关联的品牌被认为是比较反常规的行为。自由威胁使得非叙事组的个体更偏好与规避群体关联的品牌以应对自由威胁。因此，对于叙事组的个体，高自由威胁（vs. 低自由威胁）不会影响个体对与规避群体关联品牌的偏好；反之，对于非叙事组的个体，高自由威胁（vs. 低自由威胁）会导致个体更偏好与规避群体关联的品牌。

此外，叙事会调节人们在经历自由威胁后的心理逆反水平。相对于非叙事的传递方式，叙事通过消耗反抗性的认知资源，有效降低个体的反抗心理(Moyer - Gusé & Nab, 2010; Quick, Shen, & Dillard, 2013)；甚至通过情感的介入，以积极的情感代替消极的情感从而降低逆反（Green, Chatham, & Sestir, 2012)，进而个体产生的心理逆反水平较低，使其缺乏更强的动机去选择与规避群体关联的品牌。对于非叙事组的个体，高自由威胁（vs. 低自由威胁）引发较强的心理逆反，使得个体具有较高的动力去通过选择与规避群体关联的品牌来降低因自由威胁引发的心理逆反，帮助个体恢复自由的状态。因此，非叙事的个体对与规避群体关联的品牌具有更高的偏好。据此，提出假设H4 - 3 和假设 H4 - 4:

H4 - 3: 叙事调节自由威胁对规避群体关联的品牌偏好的影响。对于叙事组的个体，高自由威胁（vs. 低自由威胁）不会显著提升其对规避群体关联品牌的偏好；而对于非叙事组的个体，高自由威胁（vs. 低自由威胁）时更倾向选择与规避群体关联的品牌。

H4 - 4: 心理逆反在自由威胁和个体对规避群体关联的品牌偏好之间的中介作用被叙事所调节。对于叙事组的个体，心理逆反的中介作用不显著；对于非叙事组的个体，心理逆反的中介作用显著。

4.1.4 自尊的调节作用

消费者在自由威胁的情况下对与规避群体关联的品牌偏好是否会因个体的

差异而有所不同？心理逆反理论中的自由被诠释为“一种随时间发展的对现实的主观认知”，这表明人们对特定行为的自由及其重要程度的认知存在个体差异性（Quick & Stephenson，2008）。研究表明心理逆反会因个体的人格特质而有差异，使得人们会做出不同的自由恢复行为（Brown，Finney & France，2011）。本研究引入自尊变量，进一步检验个体差异对与规避群体关联的品牌偏好的影响。

自尊是自我概念中的重要内容，是个体对于自身的评价和判断，影响个体应对周围环境的方式（Kernis，2003）。在面对自我威胁时，不同自尊水平的个体会采取不同的归因方式以及行为模式。高自尊的个体在遭遇自我威胁后，倾向于外部归因，积极采取补偿策略减少威胁对自身的伤害；而低自尊的个体对消极因素更倾向于采用内部归因，在遭遇自我威胁后偏向于采取顺从策略（Vandellen，Campbell，Hoyle & Bradfield，2011）。

当面临自由威胁时，自尊水平的高低将调节个体对自由威胁的反应。相较于低自尊的个体，对于高自尊的个体，高自由威胁（vs. 低自由威胁）对他们的自尊造成更高的威胁，从而使得他们做出更多反常规的反应。在经历自由威胁后，高自尊的个体往往更倾向于采取一定的策略以重新恢复自由；低自尊的个体更倾向于顺从。与规避群体关联的品牌带有一定消极的意义，但是有助于自由受到威胁的高自尊个体恢复自由，与规避群体关联的品牌对高自尊个体更有吸引力；而对低自尊的个体就缺乏吸引力。因此，对于高自尊的个体，高自由威胁（vs. 低自由威胁）会导致个体更偏好与规避群体关联的品牌；反之，对于低自尊的个体，高自由威胁（vs. 低自由威胁）不会影响个体对与规避群体关联的品牌的偏好。

此外，高自尊的个体具备较高的自我概念清晰性和确定性（Heimpel，Wood，Marshall & Brown，2002），这种特质使得他们更加珍视自由，高自尊的个体在经历自由威胁后，对自由威胁的逆反心理更强；与规避群体关联的品牌可以缓解因自由威胁引发的心理逆反，帮助个体恢复自由。因此，在经历自由威胁后，高自尊个体拥有较高的心理逆反水平，进而更偏好与规避群体关联的品牌。低自尊的个体在面对自由威胁时更可能表现顺从或赞成的态度（Wood & Forest，2016），由此产生的心理逆反水平也较低，使得他们没有动力通过选择与规避关联的品牌来降低心理逆反，低自尊个体缺乏更强的动机去选择与规避群体关联的品牌。据此，本文提出假设 H4－5 和 H4－6：

H4－5：个体的自尊水平调节自由威胁对规避群体关联品牌偏好的影响。对于高自尊的个体，高自由威胁（vs. 低自由威胁）时更偏好与规避群体关联的品牌；而对于低自尊的个体，高自由威胁（vs. 低自由威胁）不会显著提升个体对规避群体关联品牌的偏好。

H4－6：心理逆反在自由威胁和个体对规避群体关联的品牌偏好之间的中介作用被自尊水平所调节。对于高自尊的个体，心理逆反的中介作用显著；对于低自尊的个体，心理逆反的中介作用则不显著。

4.2 实验 4－1（预实验）

在主实验之前开展了一个前测，前测实验的目的在于确定正式实验中所用的关联群体。前测实验主要包含两个部分：一是为了获得关联群体的提名；二是确定正式实验的关联群体。

4.2.1 关联群体的筛选

通过问卷的形式对大学生进行调查。共发放 45 份问卷，剔除回答不完整和不合格的问卷，获得有效问卷 39 份，其中男生 18 名，女生 21 名。实验过程采用 Escalas 和 Bettman（2005）的方法，要求被试先分别阅读关于“成员群体”“规避群体”和“中性群体”的辅助性解释，再分别填写一个“成员群体”“规避群体”和“中性群体”。

首先，要求被试填写一个成员群体。对于成员群体，本研究给予的解释是“您目前属于这个群体并认为自己是这个群体中的一员。您认为自己是这个类型的人，并能很好地与这个群体的成员相处，并发现这个群体的其他成员和您很相似”。其次，要求被试填写一个规避群体，对于规避群体，本研究给予的解释是“您目前不属于这个群体。您认为自己不是这个群体的人，您不想与这个群体的成员联系在一起，也不想别人将您和这个群体联系在一起。但这个群体是一个紧密联系的群体，群体成员之间的相似性很高”。最后，要求被试填写一个中性群体，对于中性群体，本研究给予的解释是“您目前不属于这个群体，不认为自己是这个群体中的一员。您认为自己并不是这个群体的人，并且与这个群体成员相处一般。但这个群体是一个紧密联系的群体，群体成员之间的相似性很高”。最后，获得提名最多的成员群体是学生群体；规避群体是农民工群体等；中性群体依次是素食主义群体、家庭主妇群体、户外旅行群体。

4.2.2 确定正式实验的品牌关联群体

通过问卷的形式对某大学的大学生进行调查。共发放55份问卷，剔除回答不完整和不合格的问卷，获得有效问卷48份，其中男生23名，女生25名。要求被试填写对于上述群体的归属程度和渴望程度的量表（Escalas & Bettnan，2003，2005），归属程度的问项包括“我认为自己是这种类型的人”“我属于这个群体”“与这个群体中的人相处，我觉得很轻松、很自然”。渴望程度的问项包括“我羡慕这类人”“我希望成为这个群体的一员”。采用7点量表，1 = 非常不同意；7 = 非常同意。

取群体归属程度的3个测项的平均值表示被试对群体归属程度的得分（$\alpha = 0.87$），取群体渴望程度的2个测项的平均值表示被试对群体渴望程度的得分（$\alpha = 0.92$）。在归属程度上，被试对于三个群体的归属程度存在显著差异，$F(2, 141) = 212.52$，$p < 0.001$，$\eta^2 = 0.75$。对学生群体的归属得分（$M_{学生群体} = 6.09$）显著大于素食主义群体（$M_{素食群体} = 3.46$），$t(95) = 28.33$，$p < 0.001$，Cohen's $d = 2.63$；学生群体的归属得分（$M_{学生群体} = 6.09$）显著大于同性恋群体（$M_{同性恋群体} = 1.94$），$t(95) = 17.25$，$p < 0.001$，Cohen's $d = 4.51$；素食主义群体（$M_{素食群体} = 3.46$）显著大于同性恋群体（$M_{同性恋群体} = 1.94$），$t(95) = 20.60$，$p < 0.001$，Cohen's $d = 1.46$。在渴望程度上，被试对于三个群体的渴望程度存在显著差异，$F(2, 141) = 157.38$，$p < 0.001$，$\eta^2 = 0.67$。学生群体的渴望得分（$M_{学生群体} = 5.27$）显著大于素食主义群体

($M_{素食群体}=3.75$, $t(95)=33.69$, $p<0.001$, Cohen's $d=1.42$) 和同性恋群体 ($M_{同性恋群体}=1.59$, $t(95)=16.02$, $p<0.001$, Cohen's $d=3.87$), 素食主义群体的渴望得分 ($M_{素食群体}=3.75$) 显著大于同性恋群体 ($M_{同性恋群体}=1.59$), $t(95)=17.51$, $p<0.001$, Cohen's $d=2.08$。因此，我们最终选择学生群体为成员群体，同性恋群体为规避群体和素食主义群体为中性群体。

4.3 实验 4－2

实验 4－2 的目的是检验自由威胁如何影响消费者对与规避群体关联的品牌偏好。在实验 4－2 中同时测量被试的心理逆反，并检验心理逆反的中介作用。此外，自由威胁对与规避群体关联的品牌偏好的影响可能是因为受到自由威胁的个体寻求权力或地位，也可能是因为个体情绪的变化，或者是个体对独特性的需求。因此，实验 4－2 测量并排除这些变量的影响。

4.3.1 实验设计

本实验采用 2（自由威胁：低 vs. 高）×3（关联群体：规避群体 vs. 成员群体 vs. 中性群体）的组间实验设计。因变量为被试对与规避群体/成员群体/中性群体关联的品牌评价。本实验的参与者是 220 名在校大学生，其中男生 101 人（占 45.9%），女生 119 人（占 54.1%）。

4.3.2 实验操纵与测量

根据逆反理论，态度表达的自由受到威胁时会产生逆反现象（Brehm & Brehm, 2013; Nail, van Leeuwen & Powell, 1996）。本次实验要求被试对“是否应该准许外卖进入校园发表看法”来实现对自变量自由威胁的操纵。自由威胁的高低通过采用不同的语言表述方式呈现，在高自由威胁组使用施压式的命令、带有绝对性主张的表达，比如“你必须要同意我”“你不能否认这个事实…”；在低自由威胁组，则使用陈述个人立场，不具威胁性的表达，比如“我个人觉得…”。

在高自由威胁组，被试阅读到的材料内容为“我认为绝对不应该准许外卖进入校园。你必须要同意我的观点！现在的高校食堂的伙食是很不错的，比外卖食材安全可靠，这是你不能否认的事实。外卖送餐员在校园高速穿行，带来交通安全隐患。另外，小商小贩随时进出校园严重影响正常的教学、生活秩序。所以，你必须要同意我的观点，我们必须反对在校园里送外卖这件事！”

在低自由威胁组，被试阅读到的材料内容为“我个人不大同意准许外卖进入校园。我不同意，只是我个人觉得现在的高校食堂的伙食还是很不错的，比外卖安全可靠。外卖送餐员在校园高速穿行，也带来交通安全隐患。另外，小商小贩随时进出校园影响校园正常的教学、生活秩序。当然这些只是我个人的想法，你有权表达你的观点，不用受我的影响，而且我也会尊重你的观点。”

自由威胁的操纵检验量表共 4 个问项（Dillard & Shen，2005），采用 7 级量表（其中 1 = “非常不同意”，7 = “非常同意”）。问项包括“阅读完沟通内容后，我觉得我做决定的自由受到了威胁”“阅读完沟通内容后，我认为我选择支持或反对这件事的自由受到了限制”“我认为搭档的沟通内容是为了控制我的自由”“我认为遵从搭档的想法使我感到有压力”。

因变量品牌评价的测量采用 van Horen 和 Pieters（2017）的量表，品牌评价的 5 个问项包括“该品牌产品是有趣的”“该品牌产品是有吸引力的”“是否考虑购买该品牌/产品”等。对其他相关变量的测量均采用成熟量表，量表均为 7 级量表（其中 1 = “非常不同意”，7 = “非常同意”）。心理逆反的测量来自 Hong 和 Page（1989）使用的量表，共 11 个问项，例如，“依赖别人的这个想法使我恼火”“当我不能自由独立地做决定时，我会很沮丧”等。权力感的测量量表共 6 个问项（Stapel & van der Zee，2006），例如，“我觉得我现在是有说服力的”“我觉得我现在是跋扈的”“我觉得我现在是具有支配力的”等。情绪量表（Levav & Zhu，2009）共 6 个问项，例如，“我觉得我现在是高兴的”“我觉得我现在是难过的”“我觉得我现在是悲观的”等。独特性的测量采用 Lynn 和 Harris 于 1997 年编制的独特性量表，该量表共 3 个问项，“独特对我来说很重要”“我会故意做一些事情让自己不同于周围的人”“我有独特性的需求”。完整的实验材料详见附录。

4.3.3 实验流程

参考 Nail 等（1996）的实验流程，在问卷第一页告知被试本次实验的目的是研究沟通方式的作用。被试需要对“是否应该准许外卖进入校园”这个话题发表看法，然后阅读和评论别的随机搭档对此话题的观点。被试有 5~8 分钟时间写下个人对此事的看法并提交系统，接着系统将呈现其他实验参与者的观点供被试阅读（事实上系统推送的是关于自由威胁的操纵材料）。

被试阅读完高/低自由威胁操纵材料中的一种（该材料被认为是别的实验参与者对于“是否应该准许外卖进入校园”的观点），然后被试填写对该观点的评价。

接着，被试进入一个看似完全不相关的产品意见调查研究中，要求被试对与不同群体关联的品牌进行评价。在该部分，被试先阅读关于手表品牌 Mardi 的简短材料，告知被试 Mardi 品牌手表即将推出新款，对于即将推出的新款手表，代言人是同性恋群体（规避群体组）/素食主义群体（中性群体组）/大学生群体（成员群体组）。不同关联群体组的被试对相应关联群体代言的手表做出评价。

在完成品牌评价后，要求被试填写心理逆反、独特性、权力感、情绪的测量量表，与关联群体的归属和渴望程度，以及年龄、性别等人口统计信息，最后领取相应报酬离开。

4.3.4 数据分析与结果

（1）自由威胁的操纵检验

取自由威胁操纵检验 4 个问项的均值表示被试感知自由威胁程度的得分（$\alpha = 0.85$）。单因素方差分析结果显示：高自由威胁组的被试感知到的自由威胁程度（M 高自由威胁 = 5.25）显著高于低自由威胁组的被试（M 低自由威胁 = 2.96），$F(1, 218) = 159.67$，$p < 0.01$，$\eta^2 = 0.43$。由此说明，自由威胁

操纵成功。

取关联群体操纵检验的前3个测项的平均值表示被试对关联群体的归属程度。被试对成员群体、中性群体和规避群体的归属程度有显著差异，$F(2, 215)=85.62$，$p<0.01$。两两比较的结果显示，被试对规避群体的归属程度（M规避群体 = 1.92）显著低于成员群体（M成员群体 = 5.29，$p<0.01$）以及中性群体（M中性群体 = 3.13，$p<0.01$）。取操纵检验的后两个测项的平均值表示被试对关联群体的渴望程度。被试对成员群体、中性群体和规避群体的渴望程度差异显著，$F(2, 215)=45.77$，$p<0.01$。被试对规避群体的渴望程度（M规避群体 = 2.33）显著低于成员群体（M成员群体 = 4.88，$p<0.01$）以及中性群体（M中性群体 = 3.01，$p<0.01$）。由此说明，品牌关联群体操纵成功。

此外，被试对于“规避群体”“成员群体”和“中性群体”的归属程度以及渴望程度在高（vs. 低）自由威胁情境下无显著差异（$p>0.50$）。由此说明，自由威胁的操纵并未改变被试对关联群体的归属和渴望程度。

（2）假设检验

以被试对与不同群体关联的品牌评价为因变量进行2（自由威胁：低 vs. 高）×3（关联群体：规避群体 vs. 成员群体 vs. 中性群体）的方差分析，结果发现自由威胁对与不同群体关联的品牌评价的主效应不显著，$F(1, 214)=1.02$，$p>0.50$；关联群体的主效应不显著，$F(2, 214)=0.68$，$p>0.50$；自由威胁与关联群体的交互作用显著，$F(2, 214)=15.68$，$p<0.01$，$\eta^2=0.22$。高自由威胁组被试对规避群体关联的品牌评价（$M=5.28$，$SD=1.24$）显著高于低自由威胁组（$M=4.11$，$SD=1.44$），$F(1, 214)=20.33$，$p<0.01$；高自由威胁组对与成员群体关联的品牌评价（$M=4.41$，$SD=1.15$）显著低于低自由威胁组（$M=5.36$，$SD=1.35$），$F(1, 214)=10.87$，$p<0.01$；高自由威胁组对与中性群体关联的品牌评价（$M=4.78$，$SD=1.31$）与低自由威胁组（$M=4.71$，$SD=1.21$）的差异不显著，$F(1, 214)=0.18$，$p>0.50$（如图4-1所示）。由此，H4-1得到支持。

此外，分析结果表明在低自由威胁情境下，被试对规避群体关联的品牌评价（$M=4.11$，$SD=1.44$）显著低于成员群体关联的品牌（$M=5.36$，$SD=$

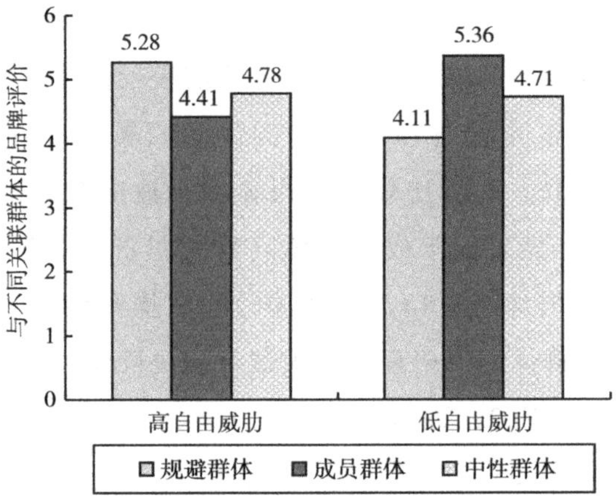

图 4-1　自由威胁对不同关联群体的品牌评价的影响

1.35, $F(1, 214) = 10.17$, $p < 0.01$）以及中性群体关联的品牌（$M = 4.71$, $SD = 1.21$, $F(1, 214) = 3.11$, $p < 0.05$）。而在高自由威胁情境下，被试对规避群体关联的品牌评价（$M = 5.28$, $SD = 1.24$）显著高于成员群体关联的品牌（$M = 4.41$, $SD = 1.15$, $F(1, 214) = 7.21$, $p < 0.01$）以及中性群体关联的品牌（$M = 4.78$, $SD = 1.31$, $F(1, 214) = 4.01$, $p < 0.05$）。

（3）心理逆反的中介检验

取心理逆反 11 个问项的均值作为被试心理逆反的取值（$\alpha = 0.95$）。运用 Bootstrap 程序检验心理逆反的中介作用（Hayes, 2013; Model 7），样本量选择 5000，分析结果显示在 95% 的置信区间下，心理逆反的中介检验结果中不包含 0（LLCI = -1.67, ULCI = -0.81），由此说明心理逆反的中介作用显著，且效应量为 0.55。进一步分析不同关联群体情境下，自由威胁对产品偏好影响中心理逆反的中介效应。数据结果表明对于规避群体组，心理逆反的中介效应显著，在 95% 的置信区间下不包含 0（LLCI = 0.53, ULCI = 1.46）；而对于成员群体和中性群体组，心理逆反的中介作用则不显著，Bootstrap 检验的置信区间分别为（LLCI = -0.91, ULCI = 0.12）和（LLCI = -0.47, ULCI = 0.03），该区间均包含 0。由此支持了 H4-2。

（4）排除独特性、权力感和情绪等其他可能解释

为了排除独特性、权力感、情绪等的可能解释，本研究做了进一步的数据检验。首先，分析结果表明，自由威胁操纵并未影响独特性（M 高自由威胁 =

4.61，M 低自由威胁 = 4.22，$F(1, 218) = 1.01$，$p > 0.10$）和权力感（M 高自由威胁 = 4.55，M 低自由威胁 = 4.03，$F(1, 218) = 0.43$，$p > 0.10$）。取情绪量表中前 3 个问项的均值作为正向情绪的得分（$\alpha = 0.85$），情绪量表中后 3 个问项的均值作为负向情绪的得分（$\alpha = 0.90$）；分析结果表明自由威胁操纵并未影响个体的正向情绪（M 高自由威胁 = 4.23，M 低自由威胁 = 4.61，$F(1, 218) = 1.21$，$p > 0.10$）和负向情绪（M 高自由威胁 = 5.11，M 低自由威胁 = 4.92，$F(1, 218) = 0.88$，$p > 0.10$）。

然后，将独特性、权力感、情绪、性别和年龄等作为协变量，自由威胁和关联群体为自变量，品牌评价为因变量进行协方差分析。分析结果显示，自由威胁对不同关联群体的品牌评价的主效应不显著，$F(1, 206) = 0.63$，$p > 0.50$；关联群体的主效应不显著，$F(2, 206) = 1.12$，$p > 0.50$；自由威胁与关联群体的交互作用依然显著，$F(2, 206) = 14.23$，$p < 0.01$，$\eta^2 = 0.21$；而独特性、权力感、正向情绪、负向情绪、性别、年龄等协变量对因变量的影响不显著（$ps > 0.10$）；并且高自由威胁组被试对规避群体关联的品牌评价（$M = 5.28$，$SD = 1.24$）显著高于低自由威胁组（$M = 4.11$，$SD = 1.44$），$F(1, 206) = 18.694$，$p < 0.01$。由此，排除了权力感、情绪、独特性、性别和年龄等其他的可能解释。

（5）讨论

实验 4－2 初步验证了自由威胁对规避群体关联的品牌偏好的影响以及心理逆反的中介作用，支持了研究假设 H4－1 和假设 H4－2。与低自由威胁的情况相比，在高自由威胁的情况下被试更偏好与规避群体关联的品牌，这是由于在高自由威胁的情况下，被试产生了心理逆反。本实验排除了独特性、权力感、情绪、性别和年龄的影响。为了强化研究结果的稳健性，我们在实验 4－3 中将选取不同的产品刺激物，同时，我们在实验 4－3 中增加对叙事的调节效应的分析，进一步探讨心理逆反在自由威胁和与规避群体关联的品牌偏好关系中的中介作用。

4.4　实验 4－3

实验 4－3 主要探讨增加叙事的信息传递方式后，消费者在自由威胁的情况下对与规避群体关联的品牌的偏好是否有所改变。我们在实验 4 - 1 的基础上对实验做了一些调整：首先，为了扩大研究结果的适用范围，更改了因变量的品牌信息；其次，采用不同的实验刺激材料对自变量自由威胁进行操纵；最后，将被试的产品选择作为因变量。

4.4.1 实验设计

本实验的参与者是来自 130 名在校大学生，其中男生 57 人（占 43.3%），女生 73 人（占 56.7%），所有被试均是通过招募的方式自愿参与本实验。实验采用 2（自由威胁：低 vs. 高）× 2（叙事：叙事 vs. 非叙事）的组间实验设计。

4.4.2 实验操纵与测量

对于自变量自由威胁的操纵，根据 Dillard 和 Shen（2005）使用的自由威胁操纵材料，以及有关逆反的相关研究（Quick & Stephenson，2007），本实验通过操纵被试的投票自由受到高/低威胁的方式完成。自由威胁操纵的信息分为两段，信息中的内容主要是告知学生校方考虑在校园内禁止售卖和饮用含酒精类饮品。对于高自由威胁组，在第一段信息中使用了明显威胁学生自由的信息，信息中还强调对该事件的决定权只有校方、教务处和街道办三方，而学生没有发言权和投票权。对于低自由威胁组，操纵信息中没有明显威胁自由表达的信息，并告知学生对该事件有投票权。自由威胁的操纵检验量表同实验 4 - 1。

对于叙事操控，根据以往学者对叙事的解释，叙事组的事件描述是以故事的形式展开，在描述中包括开头，中间过程和结尾，以及问题的解决方式（Kreuter et al.，2007）。而非叙事信息采用一个更加客观的语调，依赖的是有理由的论证和作为证据支持的主题事实描述（Gardner & Leshner，2016），缺乏一个特定的故事信息。叙事的操纵检验问项是“我认为这个信息是以一种叙事的呈现方式展示的”（其中 1 = “非常不同意”，7 = “非常同意”）

(Kreuter et al. , 2007; Gardner & Leshner, 2016)。

本实验关于心理逆反、独特性、权力感和情绪的测量与实验 4－1 相同。

4.4.3 实验流程

被试被随机分配到 4 个不同的实验组。首先给被试阅读自由威胁（低 vs. 高）以及叙事（叙事 vs. 非叙事）的实验操纵材料，接着进入一个不相关的产品选择环节。被试先阅读关于 *Mardi* 品牌的简短材料，*Mardi* 品牌即将推出新产品，对于其新款产品一个是同性恋群体为其宣传，另一个则是大学生群体。我们选取了两款在颜色、材质、价格方面都接近，但是外观有细微区别的背包作为产品刺激物。被试需要在观察产品图片以及相应的产品描述后，对由不同群体宣传的两款背包做出组内选择。

最后，要求被试填写心理逆反、独特性、权力和情绪的量表、与关联群体的态度以及自由威胁的操纵检验，最后完成人口统计信息，随后领取相应的报酬离开。

4.4.4 数据分析与结果

(1) 自由威胁和叙事的操纵检验

取自由威胁操纵检验四个问项的均值表示被试感知自由威胁程度的取值（$\alpha = 0.88$）。以自由威胁为自变量，被试感知自由威胁程度为因变量进行单因素方差分析，结果显示高自由威胁组的被试感知到的自由威胁程度（M 高自由威胁 = 5.37）显著高于低自由威胁组的被试（M 低自由威胁 = 2.62），$F(1, 128) = 127.06$，$p < 0.01$，$\eta^2 = 0.50$。因此，本实验的自由威胁操纵成功。

以叙事操纵检验的问项均值表示被试对于叙事操纵检验的取值。取叙事为自变量，被试对于叙事操纵检验的均值为因变量进行单因素方差分析，结果显示被试认为叙事组的信息（M 叙事 = 5.17）以叙事方式呈现的程度显著高于非叙事组的信息（M 非叙事 = 3.64），$F(1, 128) = 26.98$，$p < 0.001$，$\eta^2 = 0.26$。因此，本实验的叙事操纵成功。

此外，我们检验了叙事操纵是否影响被试自由威胁感知。方差分析显示，叙事操纵对被试的自由威胁感知影响不显著，$F(1,\ 128) = 1.09$，$p > 0.10$；自由威胁与叙事二者对被试自由威胁感知的交互影响也不显著，$F(1,\ 128) = 1.71$，$p > 0.10$。由此表明叙事操纵对被试的自由威胁感知无显著影响。

（2）假设检验

在不同关联群体的品牌选择任务中，被试选择与规避群体关联的产品时被标记为1，被试选择与成员群体关联的产品时被标记为0。高自由威胁操纵组被标记为1，低自由威胁操纵组被标记为0；叙事组被标记为1，非叙事组被标记为0。

为了检验叙事在自由威胁对与规避群体关联的品牌的选择中的调节作用，我们以自由威胁（高 vs. 低）、叙事（叙事 vs. 非叙事）、自由威胁与叙事的交互项为自变量，以被试对不同关联群体的品牌选择为因变量进行 Logistic 回归分析。结果显示自由威胁对品牌选择的主效应显著：与低自由威胁组（20.6%）相比，高自由威胁组威胁（51.2%）更倾向选择与规避群体关联的品牌（$\beta = 1.45$，Wald $\chi^2 = 7.27$；$p < 0.01$），进一步验证了 H4－1。叙事与自由威胁的交互效应显著（$\beta = -1.92$，Wald $\chi^2 = 5.41$，$p < 0.05$）。对于叙事组，高自由威胁组（13.4%）选择规避群体关联品牌的比例与低自由威胁组（11.1%）之间的差异不显著（Wald $\chi^2 = 0.13$，$p = 0.75$）；在非叙事组中，高自由威胁组选择规避群体关联品牌的比例（38.8%）显著高于低自由威胁组（9.50%，Wald $\chi^2 = 8.22$，$p < 0.01$）（如图 4－2 所示）。由此，H4－3 得到支持。

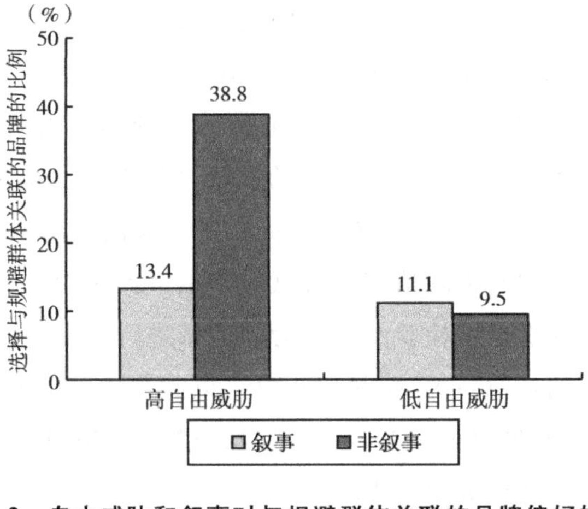

图 4－2　自由威胁和叙事对与规避群体关联的品牌偏好的影响

（3）心理逆反的中介作用

采用 Bootstrap 程序检验叙事对心理逆反中介效应的调节作用（Hayes，2013；Model 7）。以不同关联群体的品牌选择为因变量、自由威胁为自变量，叙事为调节变量，心理逆反为中介变量，样本量选择 5000，在 95% 的置信区间下，被调节的中介效应分析结果显示，自由威胁与叙事对心理逆反的交互效应显著（$\beta = -2.12$，$z = -2.19$，$p < 0.05$）。对于非叙事组的被试，心理逆反在自由威胁对不同关联群体的品牌偏好影响中的中介效应检验结果中不包含 0（LLCI = 0.39，ULCI = 2.72），即心理逆反的中介效应显著，且效应量大小为 -1.06；但对于叙事组的被试，心理逆反的中介效应检验结果中包含 0（LLCI = -2.07，ULCI = 0.93），即中介作用不显著。因此，自由威胁对被试品牌偏好的影响被心理逆反中介，心理逆反的中介作用被叙事所调节，由此支持了 H4 -4。

（4）排除独特性、权力感和情绪等其他可能解释

在本实验中，自由威胁操纵并未影响个体的独特性、权力感和正、负向情绪（$ps > 0.50$）。然后，将独特性、权力感、情绪、性别、年龄等作为控制变量，自由威胁、叙事、自由威胁与叙事的交互项为自变量，以被试对不同关联群体的品牌选择为因变量进行 Logistic 回归分析。结果显示，自由威胁对个体品牌选择的主效应显著（$\beta = 0.78$，Wald $\chi^2 = 5.03$；$p < 0.01$），叙事的主效应不显著（$\beta = -0.19$，Wald $\chi^2 = 0.58$；$p > 0.50$），但自由威胁与叙事对不同关联群体的品牌选择的交互作用依然显著（$\beta = -1.97$，Wald $\chi^2 = 6.06$，$p < 0.05$），而独特性、权力感、情绪、性别和年龄的影响都不显著（$ps > 0.10$）。由此，再次排除了独特性、权力感、情绪、性别和年龄等其他的可能解释。

（5）讨论

在叙事信息的情境下，高自由威胁与低自由威胁的个体都更倾向选择与成员群体关联的品牌。这是由于叙事性的信息使得个体对自由威胁所产生的心理逆反降低，从而对与规避群体关联的品牌的偏好降低。而在提供非叙事信息的情境下，使得被试在高自由威胁（vs. 低自由威胁）的情况下有更强的心理逆反水平，从而更偏好与规避群体关联的品牌。由此，实验 4 -3 不仅有力地证

明了 H4 - 3 和 H4 - 4，还进一步验证了心理逆反的中介作用，支持了研究结果的稳健性。

此外，有研究表明人格特质会影响逆反行为的产生，消费者自尊程度的差异和心理逆反有关。心理逆反的作用机制是否受个体自尊水平的调节？实验 4 - 4 将对该问题展开进一步探讨。

4.5 实验 4 - 4

4.5.1 实验设计

实验采用自由威胁（低 vs. 高）的组间实验设计。由于自尊变量采取量表测量的方式，实验参与者被随机分配到低与高自由威胁 2 个不同的实验组。实验被试为某大学的 136 名大学生，其中男生 65 人（占 47.8%），女生 71 人（占 52.2%）。

4.5.2 实验操纵与测量

实验中对自由威胁操纵的信息分为两段。信息中的内容主要是让被试想象自己刚刚加入一间公司，公司对新员工做出了一些规定。自由威胁的高低通过采用不同的语言表述方式呈现，在高自由威胁组使用施压式的命令、带有绝对性主张的表达方式，比如“你必须要遵守”“绝对不允许”等命令式的语句；在低自由威胁组，则使用更温和礼貌地表达，比如“建议大家…”。

本实验中采用了与实验 4 - 1 不同的自由操纵检验量表，选用 Rains 和 Turner（2007）使用的 3 个问项，分别是“在上述事件中，我认为我没有选择权”“在上述事件中，我认为我没有自由”“在上述事件中，我认为我的自由被限制了”。采用 7 点量表（其中 1 = “非常不同意”；7 = “非常同意”）。

关于自尊的测量量表共 6 个问项，分别是“我对我自己不满意”“在这个时刻，我觉得自己比别人差”“我担心别人对我的印象”“我担心自己看起来很愚蠢”“我担心自己是否被别人视为是成功的还是失败的”“我感觉不自在”（Heatherton & Polivy，1991）。采用7点量表（其中1＝“非常不同意”，7＝“非常同意”）。心理逆反、独特性、权力感和情绪的测量与实验1相同。

4.5.3　实验流程

被试都被随机分配到高或低自由威胁实验组。被试阅读完各组的实验材料以后，填写自由威胁的操纵检验量表，以及自尊测量量表。

随后，要求被试完成选择与不同群体关联的品牌的任务。实验4－3中选择的产品是休闲鞋，两款休闲鞋只在款式上略微有分别，将其中一款描述为同性恋群体设计的鞋子；另外一款是为大学生设计的鞋子，要求被试勾选更愿意选择哪一款鞋子。实验期间将这两款鞋在两个群体之间进行调整，以消除产品的呈现次序引起的结果偏差。

被试做完产品选择任务之后，填写心理逆反、独特性、权力感和情绪的测量量表。最后要求被试完成人口统计信息，领取相应的报酬离开。

4.5.4　数据分析与结果

（1）自由威胁操纵检验

取自由威胁操纵检验三个问项的均值表示被试感知自由威胁程度的得分（$\alpha = 0.82$）。单因素方差分析结果显示自由威胁的主效应显著：高自由威胁组的被试感知到的自由威胁程度（M高自由威胁＝4.95）显著高于低自由威胁组的被试（M低自由威胁＝2.64），$F(1, 134) = 138.54$，$p < 0.01$，$\eta^2 = 0.50$。因此，本实验的自由威胁操纵成功。

（2）假设检验

在不同关联群体的品牌选择任务中，被试选择与规避群体（同性恋群体）关联的产品时被标记为1，被试选择与成员群体（学生群体）关联的产品时将被标记为0。

为了检验自尊在自由威胁对与规避群体关联的品牌选择中的调节作用，我们以自由威胁（低vs.高）、自尊（低自尊vs.高自尊）、自由威胁与自尊的交互项为自变量，以被试对不同关联群体的品牌选择为因变量进行 Logistic 回归分析。分析结果显示，自由威胁对不同关联群体的品牌选择的主效应显著，与低自威胁组（16.5%）相比，在高自由威胁组的被试（49.3%）更倾向选择与规避群体关联的品牌（$\beta = -1.59$，Wald $\chi^2 = 15.10$；$p < 0.01$），该结果支持了 H4－1 的稳健性。

自尊与自由威胁的交互效应显著（$\beta = -0.77$，Wald $\chi^2 = 5.08$，$p < 0.05$）。本研究将自尊水平大于平均值加标准差的数据分为低自尊组，将小于平均值减标准差的数据分为高自尊组。对于高自尊组的被试，相较于低自由威胁（7.0%），高自由威胁时（53.5%）更倾向选择规避群体关联的品牌（$\beta = -3.42$，Wald $\chi^2 = 18.68$，$p < 0.01$）；对于低自尊组的被试，高自由威胁（19.0%）和低自由威胁（31.0%）被试对规避群体关联的品牌选择无显著差异（$\beta = 0.79$，Wald $\chi^2 = 0.95$，$p > 0.05$）（如图 4－3 所示）。由此，假设 H4－5 得到支持。

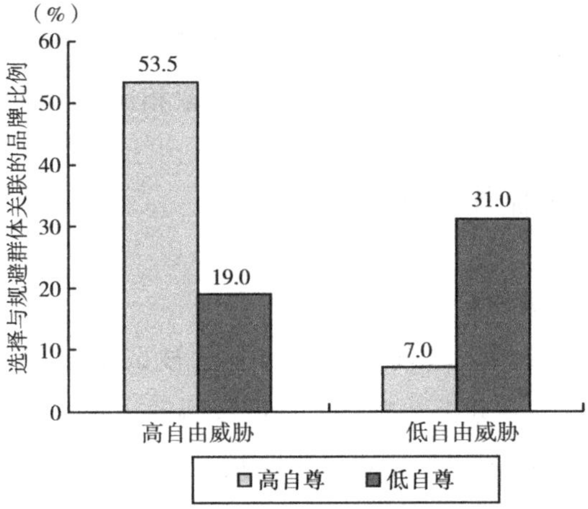

图 4－3　自由威胁和自尊对与规避群体关联的品牌选择的影响

（3）心理逆反的中介作用

采用 Bootstrap 程序检验自尊对心理逆反中介效应的调节作用（Hayes，2013；Model 7）。以自由威胁为自变量，自尊为调节变量，心理逆反为中介变量，对不同关联群体的品牌选择为因变量，样本量选择 5000，在 95% 的置信区间下，被调节的中介效应分析结果显示，自由威胁与自尊对心理逆反的交互效应显著（$\beta = -0.81$，$z = -2.89$，$p < 0.05$）。对于高自尊组的被试，心理

逆反在自由威胁对不同关联群体的品牌偏好影响中的中介效应检验结果中不包含0（$LLCI = 0.32$，$ULCI = 3.41$），即心理逆反的中介效应显著，且效应量大小为1.31；但对于低自尊组的被试，心理逆反的中介效应检验结果中包含0（$LLCI = -0.55$，$ULCI = 0.99$），即中介作用不显著。因此，自由威胁对被试品牌选择的影响被心理逆反中介，心理逆反的中介作用被个体的自尊水平所调节，由此支持了H4－4。

（4）排除独特性、权力感和情绪等其他可能解释

在本实验中，自由威胁操纵并未影响个体的独特性、权力感和正、负向情绪（$ps > 0.50$）。此外，将独特性、权力感、情绪、性别和年龄等作为控制变量，以自由威胁、自尊、自由威胁与自尊的交互项为自变量，以被试对不同群体关联的品牌选择为因变量进行Logistic回归。结果显示，自由威胁对个体品牌选择的主效应显著（$\beta = -0.94$，Wald $\chi^2 = 13.35$；$p < 0.01$），自尊的主效应不显著（$\beta = -0.26$，Wald $\chi^2 = 1.12$；$p > 0.50$），自由威胁与自尊对不同关联群体的品牌选择的交互作用依然显著（$\beta = -0.81$，Wald $\chi^2 = 5.47$，$p < 0.05$），独特性、权力感、情绪、性别和年龄的影响都不显著（$ps > 0.10$）。由此，再次排除了独特性、权力感、情绪、性别和年龄等其他的可能解释。

（5）讨论

实验4－4成功地验证了本研究的假设H4－3和假设H4－4，即在自由威胁对群体关联的品牌偏好的影响中，自尊具有调节作用。对于高自尊的被试，相比于低自由威胁的情况，在感受到高自由威胁时更容易产生心理逆反，从而更偏好与规避群体关联的品牌。对于低自尊的被试，在面对强加在他们身上的要求时，更有可能采取遵从策略，做出接受和认可的行为。因此，对于低自尊的被试，无论是高和低自由威胁的情况，被试对与规避群体关联的品牌偏好无显著差异。由此说明，不同自尊水平的被试在感受到不同程度的自由威胁时对与规避群体关联的品牌偏好是不同的。

4.6 结论与讨论

本研究通过4个实验探讨了自由威胁对与规避群体关联的品牌偏好的影

响，并解释了其内在机制以及叙事、自尊在上述影响关系中的调节作用。研究结果显示，自由威胁会正向影响人们对与规避群体关联的品牌偏好，即经历自由威胁后的个体会更偏好与规避群体关联的产品（实验4－2），其内在影响机制是自由威胁引发的心理逆反（实验4－2和实验4－3）。同时，叙事的信息传递方式可以降低心理逆反，在非叙事的情景下，被试在高自由威胁（vs. 低自由威胁）时更偏好于规避群体关联的品牌；而在叙事的情境下，高/低自由威胁被试对与规避群体关联的品牌的偏好无显著差异（实验4－3）。此外，消费者自身特质的差异也会对与规避群体关联的品牌偏好产生影响。对于高自尊的个体，在高自由威胁的情况下（vs. 低自由威胁）更倾向选择规避群体相关联的品牌；对于低自尊的个体，在高自由威胁的情况下（vs. 低自由威胁）对与规避群体关联的品牌选择无显著差异（实验4－4）。

同时，本研究通过严谨的实验设计提升了研究的效度和稳健性。首先，本研究在四个实验中采用不同的产品刺激物，从而排除了产品用途、使用时间和价格等因素的影响。其次，本研究采用不同的场景对自变量自由威胁进行操控，增强了研究结果的稳健性。

4.6.1 理论意义

本章节的理论贡献主要体现在以下三个方面：首先，丰富了参照群体的研究，尤其是对于规避群体的探讨。以往研究更多关注的是积极的参照群体对消费者态度和决策的影响。例如，消费者通过消费成员群体或者渴望群体所采用的品牌来表达自我（White et al.，2014；Dahl，Argo，& Morales，2012），而对与规避群体有关的品牌给予较低的评价（Berger & Heath，2008；White & Dahl，2006）。在一定的情境下，消费者也能对规避群体产生接近反应（approach responses）。消费者愿意从事与规避群体一致的行为，或者跟随规避群体成员做类似的事情（White et al.，2014）。Shalev 和 Morwitz（2012）发现，在某些情境下，社会身份低的使用者也能够影响社会身份高的使用者。White 等（2014）的研究表明，当消费者知道规避群体在正面行为（如处理可持续发展问题和废物利用等）上有优异的表现时，相比私下场合，在公共场合下，消费者有更高的意向参与这种正面行为。本研究发现在自由威胁情境下，面临高自由威胁的消费者（vs. 低自由威胁），为了恢复受到威胁的自由，倾向选择与规避群体有关联的品牌，进一步丰富了规避群体的相关研究。

其次，深化了心理逆反的相关研究。以往的研究将个体用以恢复自身自由的行为方式分为反向效应、关联反向效应和替代反向效应三类。消费者心理逆反的研究主要关注心理逆反的反向效应，即直接做出与威胁方向相反的行为（Brehm & Brehm，2013；Quick & Stephenson，2008）。以往关于心理逆反的研究绝大多数聚焦在心理治疗与咨询（Chesler，Harris，& Oestreicher，2009）、健康与教育（Shen，2010）和信息传播（Gardner & Leshner，2016）等领域。例如，如何降低人们对于说服信息（如禁烟、身体检查和捐赠信息）和法律信息的反抗，提升对健康行为的接纳，捐赠意愿等。本研究主要关注消费者在心理逆反被唤醒时可能采取的间接自由恢复行为，聚焦在人们的自由受到威胁时如何影响其消费领域的选择行为。本研究验证了心理逆反在自由威胁和规避群体关联的品牌偏好之间的中介作用。这是与以往不同的研究视角，不仅扩展了心理逆反的相关理论，还为如何应对自由威胁提供了新的策略。

最后，拓展了自尊理论的相关应用研究。自尊作为心理学领域研究的核心问题，一直受到学者们的广泛关注。学者们持续致力于发现和研究作为个体特征的自尊对于消费者各个方面的影响，揭示其对归因方式（Vandellen et al.，2011）和消费习惯（Aguirre - Rodriguez，Bosnjak，& Sirgy，2012）等方面的作用。虽然学者们对自尊的应用研究范围广泛，但在参照群体领域涉及较少。在以往研究的基础上，本研究阐述了自尊在自由威胁对与规避群体关联的品牌选择的影响中的调节作用。对于高自尊的个体，在感受到高自由威胁时更容易产生心理逆反，从而更倾向选择与规避群体关联的品牌，为自尊理论的相关应用提供了新的研究角度。

4.6.2 管理启示

在消费市场中，有些品牌可能会被视为是与规避群体关联的品牌，消费者往往避免与之产生关联（White & Dahl，2006，2007）。本研究的结果揭示了消费者对规避群体品牌接纳的条件，这将为品牌经理提供一定的管理参考价值。

品牌如何在保留现有客户群的基础上吸引外群体消费者对本品牌的青睐？本研究的结论认为企业可通过广告、信息推送等营销刺激来启动外群体消费者的自由威胁感知，进而增加该群体对本品牌/产品的购买行为。例如，一个品牌的原目标群体是中年人，年轻人通常将中年人视为规避群体，该品牌如何吸引年轻人的购买？通过广告来启动针对年轻人特有的自由威胁。在自由威胁情境下，年轻人可能提升对中年人关联品牌的偏好，进而实现企业扩大该品牌购买群体的目标。同时，我们发现了自由威胁与自尊的交互作用，对于高自尊的个体，在面临自由威胁时，更倾向选择与规避群体相关的产品，可以考虑在广告中同时刺激被试的自尊水平。

4.6.3 研究局限

一是实验环境的局限性。本研究采用的是实验法，这是一种模拟真实场景的实验设计，与真实的购物环境和购物场景有一定的差异，使得本研究结论的一般性具有局限性。未来可以采用真实性程度高的实验环境或者采取田野实验的方式。二是在本研究的实验设计上，在实验三中，操纵完自变量后紧接着进行了操纵检查，尽管我们已经告知被试每个研究之间是不相关的，但是也可能无法全部排除二次启动的问题。

另外，对变量的检验有待提升。在检验不同自尊水平的消费者对与规避群体关联的品牌选择是否有差异时，本文采用问卷测量的方式测量实验参与者的自尊水平。而自尊具有一定的主观性，采用问卷测量的方式会使得参与者在评定自我时受到社会期望的干扰，进而夸大对自己的评价或者有意自谦。未来的研究可以通过设置情境的方式来测量消费者的自尊水平。

第5章

模仿行为应对之一：重建感知优越感

模仿消费是日常生活中非常普遍的现象。例如，学生之间互相模仿穿搭风格、发型、兴趣等；低社会地位群体会模仿高社会地位群体的生活方式，如购买高端品牌等。以往研究表明，他人的模仿会引发被模仿者产生一些积极反应，比如对模仿者产生好感和亲善行为（Lakin & Chartrand 2003；Tanner et al.，2008）。但是，人们也有一种基本需要——即认为自己是独一无二的，需要与他人区分开来。人们有两种对立的基本需求，他们在努力与他人保持同化（即归属的需求）和与他人区分（即独特的需求）之间保持平衡。White 和 Argo（2011）认为，当消费者有较高的独特性关注时，被相似的他人模仿会产生更高的丢弃被模仿的拥有物倾向。本子研究认为，模仿意味着趋同，可能影响消费者的自我表达。他人的模仿行为会影响被模仿者对某些特定品牌（如傲慢的品牌）的偏好。

以往研究表明，人们对于他人模仿行为的反应不尽一致。对于被模仿者而言，面对他人模仿，有的消费者会心生自豪，有的消费者却是排斥态度。比如，品牌游客购买知名品牌的非核心产品（如 Prada 的钥匙扣）以实现对品牌核心使用者的模仿，品牌游客的模仿行为提升了品牌核心使用者的内心自豪感以及对模仿品牌的好感（Bellezza & Keinan，2014）。但是，也有研究发现，个体排斥他人的模仿行为。当被模仿者意识到自己的拥有物被模仿时，引发了被模仿者对拥有物的抛弃行为（White & Argo，2011）。比如，大学生意识到自己佩戴的腕带被其他学生群体使用后，将不再佩戴该品牌的腕带（Berger & Heath，2008）。

由此，本子研究推测，他人模仿的影响效应可能受到被模仿者自身特质的影响。他人模仿是被模仿者偏好傲慢品牌的重要影响因素，更重要的是，强调个体自身的自恋水平在他人模仿对傲慢品牌偏好影响中的调节作用。比如，当低自恋水平的消费者经历了他人模仿以后，可以增加他们的感知优越性，从而提升对傲慢品牌的偏好。

在营销实践中，营销人员都试图努力为品牌塑造独特的个性。这些个性通常是积极的：比如，“令人兴奋的”（Aaker，1997）、“有创造力的”（Fitzsimons et al.，2008）、“炫酷的”（Warren & Campbell，2014）。然而，越来越多的营销人员正使用傲慢的个性来展示自己的品牌（Johnson et al.，2010）。比如，服装品牌 Abercrombie & Fitch 在广告中宣称：“A&F 只为那些美丽的人!”韩国知名罐装咖啡品牌 TOP 咖啡的标语是“唯有 TOP 咖啡带给顾客最优越的生活!”这些案例表明，营销人员有意传递傲慢和自大的品牌个性，通过展示优越感、贬低他人的方式以提升品牌形象（Brown，2012）。

然而，以往研究却表明傲慢包含消极内涵，如自我夸大和不可一世（Johnson et al.，2010；Tracy & Robins，2007）。这种负面特质通常会威胁消费者的自我认知，使他们感知到自卑（Tiberius & Walker，1998）。Trabold 和 Mathur（2011）的研究发现，消费者受到傲慢负面特质的影响后，引发了不受欢迎的负面行为（比如嘲笑别人，逃学等）。在广告中使用傲慢的元素后，降低了消费者的购买意愿（Brown，2012）。此外，对于感知到自我威胁的消费者也倾向于对傲慢的品牌采取回避的态度（Munichor & Steinhart，2016）。接下来的问题是，营销人员为何要为品牌塑造一个傲慢的形象？拥有负面特质（如傲慢和自大）的品牌，到底对消费者有何独特的吸引力？以往的研究认为，可能是傲慢可以传递积极的含义，如高地位（McFerran et al.，2014；Rucker & Galinsky，2008；Sivanathan & Pettit，2010）和个人影响力（Williams & DeSteno，2009）。

本研究以傲慢特殊属性为出发点，探讨傲慢品牌传播对消费者品牌态度与行为的影响。试图解释为何一些营销人员努力为品牌塑造傲慢的形象，而一些消费者可能偏好/回避傲慢的品牌。通过四个实验探讨在何种情境下，以及为何消费者偏好/回避傲慢的品牌。以期在以下三个方面做出贡献：第一，从傲慢品牌积极和消极的双重属性出发，探索消费者对傲慢品牌偏好以及回避的原因以及发生的条件，丰富关于傲慢品牌的相关研究；第二，本研究聚焦于有意识的模仿行为，拓展了以往关于模仿行为的研究，进一步探索他人的模仿行为可能导致的新的下游行为；第三，本研究丰富了关于自我认知，特别是自我威胁对消费者行为影响的文献（Gao et al.，2009；Shrum et al.，2014；Sivanathan & Pettit，2010）。尽管傲慢的品牌被消费者高度认可，但是经历了自我认知威胁的消费者似乎不会使用它们来弥补不利的自我认知。

5.1 研究假设的提出

5.1.1 理论回顾

（1）傲慢品牌

《牛津英语词典》对“傲慢（arrogance）”的定义是“对自己的重要性或能力进行夸大（having or revealing an exaggerated sense of one's own importance or abilities）”。这种特征与自夸和傲慢有关（Carlson，2013），而且被认为是属于比较负面的内涵（Tracy & Robins 2007）。傲慢可以被看作是一组行为，通过语言或非语言的方式表达出一种自以为相对于他人的优越感（Hareli & Weiner，2000；Johnson et al.，2010）。傲慢的人不仅相信自己的品质、能力或成就是出类拔萃的，而且在与他人交往时也力图将自己优于他人的信念传递给他人（Tiberius & Walker，1998）。本研究借鉴以往的文献，将傲慢品牌定义为夸大式地传递自身的优越性，通常通过贬低他人以强调自身优越性的品牌。

傲慢与自信的区别在于，傲慢包含了对他人的优越感，而这种优越感导致他人感到自卑，而不仅仅是对自身技能或能力的效能感（Bearden et al.，2001）。傲慢与骄傲或自恋的不同之处在于，傲慢只存在于人际关系中，因为它必然涉及使他人感到自卑的外在表现（Johnson et al.，2010）。相比之下，自恋和骄傲是个体的一种内在状态，可以不与他人比较而独立存在（Morf & Rhodewalt，2001）。

以往的研究表明，傲慢包含积极和消极双重属性。从积极的一面看，傲慢就像骄傲一样，可能是高社会地位的信号（McFerran et al.，2014；Shariff & Tracy，2009）和个人影响力的象征（Williams & DeSteno，2009）。有研究表明，傲慢或骄傲可能会让一个人更容易被人记住：比如个体更有可能回忆起那些表现出自我提升（而不是谦虚）的陌生人（Tice et al.，1995）。当骄傲表现为支配、过度自信或攻击性时，傲慢的消极一面则凸显出来（Cheng et al.，2010；McFerran et al.，2014；Tracy & Robins，2007）。

营销人员在塑造品牌个性的时候通常会使用一些积极的个性：比如“令人兴奋的”（Aaker，1997）、“有创造性的”（Fitzsimons et al.，2008）、“炫酷的”（Warren & Campbell，2014）。但如同人一样，品牌也有可能拥有负面属性，比如“傲慢”。虽然关于傲慢品牌的研究还很缺乏，但是已经有一些关于傲慢品牌及其影响的研究。比如，Brown（2012）研究发现，在广告中使用傲慢元素后，降低了消费者的购买意愿，特别是对于不使用广告产品的人。Munichor 和 Steinhart(2016）的研究结果发现，当消费者感到受到个人威胁时，即使他们认同傲慢的品牌代表着声望和高价值，但是他们倾向于回避傲慢的品牌。在品牌传播中，傲慢的形象可能是一把双刃剑，消费者可能会将傲慢的品牌赋予高品质和高地位，也可能会对傲慢的品牌产生反感。

（2）他人模仿以及被模仿者的反应

模仿是人的基本行为之一（Chartrand & Bargh，1999）。行为模仿是一种普遍存在的现象（Chartrand & Dalton，2009）。模仿可以是无意识的模仿，比如个体经常会自动模仿互动伙伴的非语言行为（如手势和面部表情）和言语行为（如说话模式和口音）（Chartrand & Bargh，1999；Chartrand et al.，2005；Dimberg et al.，2000）。有些模仿却是个体有意识的行为（Johnston，2002；Tanner et al.，2008）。模仿对社会和个体具有重要影响。例如，模仿可以增加社会互动行为（Chartrand & Bargh，1999），使得被模仿者更加喜欢模仿者，以及增加被模仿者的亲社会行为（Van Baaren et al.，2004a）。Lakin 和 Chartrand（2003）发现，模仿他人的行为能够实现归属需求和被他人喜欢。

对于被模仿者而言，模仿可以促进被模仿者对模仿者的亲社会情感，例如，对模仿者的亲善、归属和亲近行为（Chartrand & Bargh，1999）。Van

Baaren 等（2004b）发现，被模仿者更愿意帮助和友好对待模仿者，甚至愿意帮助与模仿没有关联的他人。例如，捡起丢在地上的笔、更高的捐款意愿等。这表明被模仿者不仅更加喜欢模仿者，也增加了被模仿者的亲社会行为。

在消费领域，Tanner 等（2008）的研究表明，消费者的某项消费被他人模仿后，增加了消费者对被模仿消费产品的正面态度。其潜在的影响机制在于，他人模仿使得被模仿者亲社会性行为增加，亲社会性进而正面影响了被模仿者对产品的态度。Bellezza 和 Keinan（2014）研究了品牌的非核心购买者（non - core users）对核心购买者（core users）的影响。他们将非核心购买者分为两类：一类是声称与核心购买者归属于同一个群体的品牌移民者（brand immigrants）；另一类是并没有声称与核心购买者归属于同一个群体的品牌旅游者（brand tourist）。当非核心购买者被感知为品牌旅游者而非品牌移民者时，非核心购买者对目标商品的购买增加了核心购买者对目标商品的积极态度，原因是增强了核心购买者的自豪感（pride of core - users）。另外，当核心购买者对这个品牌有很强的情感，例如核心购买者的品牌爱国性（brand patriotism）越高，品牌旅游者对核心购买者的影响越大。因此，如果非核心购买者不影响核心购买者的群体性，非核心购买者（如品牌旅游者）的购买行为对核心购买者就是正面影响。

虽然以往的研究表明行为模仿会产生积极的影响，但在某些情境下，模仿也会产生消极的结果（Dalton et al.，2010）。关于模仿积极效应的研究主要集中在被模仿个体并未意识到的模仿行为（Chartrand & Bargh 1999；Chartrand et al.，2005；Lakin et al.，2003；Tanner et al.，2008；Van Baaren et al.，2004a）。在某些条件下，模仿也可能会导致负面后果，比如被模仿者感知到了他人的模仿行为。White 和 Argo（2011）认为，当消费者有较高的独特性关注时，相较于被不相似的他人模仿，消费者意识到自己被相似的他人模仿后，对自己的拥有物产生了更高的丢弃倾向。这是由于被他人模仿，使得被模仿者感知到了独特性威胁。尤其当产品是象征性产品时，独特性关注较高的消费者被相似的他人模仿后，对该产品丢弃的意愿更明显。

根据最优差异化理论（Brewer，1991），人有两种对立的基本需求，人们在努力与他人保持同化（即归属的需求）和与他人区分（即独特的需求）之间保持平衡。实现最佳平衡的一种方式是通过成员身份；归属的需要可以通过对成员群体的认同来满足，而独特性的需要可以通过区分成员群体和规避群体来满足（Campbell，1991；2003）。如果这种平衡被打破（即，人们的独特性或归属感在某种程度上被破坏），人们将表现出允许恢复两种动机之间的最优平衡的反应（Pickett & Brewer，2001）。品牌可以帮助消费者融入他人（获得归属感），也可以满足消费者的独特性需求。当消费者依赖品牌来实现这些目标时，取决于自身归属感和独特性需求未能得到满足的程度（Rucker & Galinsky，2009）。

（3）自恋和自恋型消费者

在社会心理学领域，自恋者及其社会关系的话题已得到广泛地研究。自恋包含对自我的浮夸的看法，强烈的权利感和优越感，缺乏同理心，需要社会的赞美，以及展示主导的、迷人的、自夸的、冲动的和侵略性行为的倾向（Campbell & Campbell，2009）。自恋者可能傲慢且好斗，但他们普遍受欢迎（Leckelt et al.，2015），有足够的魅力和幽默（Back et al.，2013）。自恋者对其他自恋者的评价是积极的，因为他们认为自恋者和自己相似（Wallace et al.，2015；Maaß et al.，2016；Burton et al.，2017）。

此前的研究表明，自恋型消费者倾向利用品牌进行自我提升和影响他人（Sedikides et al.，2007），并突显自己的与众不同（Lee et al.，2013）。自恋者更关心产品的表现力而非产品的实用性功能价值，他们更偏好选择新潮的和令人印象深刻的产品。这是源于自恋者认为他们的自我价值取决于从他人获得赞赏，而非与他人建立持久的关系纽带或获得真正的社会认可（Cisek et al.，2014）。自恋者公开表示他们对追求财富和社会地位更感兴趣，而非追求从属关系和集体努力（Kasser & Ryan，1996）。具体地说，自恋者的特征是渴望自我强化和自我提升，并将一些夸大的自我信念（例如，支配性、独特性、地位和自主性）作为他们自我身份的中心（Campbell & Foster，2007；Sedikides et al.，2007）。

5.1.2 研究假设

（1）他人的模仿和自恋对傲慢品牌偏好的影响

根据最优差异化理论，人们在努力与他人保持同化（即归属的需求）和与他人区分（即独特的需求）之间保持平衡。比如，人们的独特性或归属感在某种程度上被破坏了，人们会表现出在这两种动机之间恢复最佳平衡的反应（Brewer 1993；Pickett & Brewer，2001）。由于拥有物被视为自我的延伸（Belk，1988）。White 和 Argo（2011）研究发现，拥有较高的独特性需求的消费者，会直接抛弃被模仿的物品，以应对相似的人的模仿行为带来的独特性威胁。

此外，Bellezza 和 Keinan（2014）研究了品牌的非核心购买者（non - core users）对核心购买者（core users）的影响。他们将非核心购买者分为两类：一类是声称与核心购买者归属于同一个群体的品牌移民者（brand immigrants）；另外一类是没有声称与核心购买者归属同一个群体的品牌旅游者（brand tourist）。当非核心购买者被感知为品牌旅游者而非品牌移民者时，非核心购买者对目标品牌的购买行为使得核心购买者对该品牌的态度更加积极，原因是非核心购买者对目标品牌的购买行为增强了核心购买者的内心自豪感（pride of core - users）。他人的模仿，一方面代表着社会认可，另一方面对模仿者的独特性可能构成强烈的威胁。

Lee 等（2013）证明自恋型消费者的决策主要受到要将自己与他人明显区分开来的需求所引导。自恋者通过购买稀缺的、独特的和可定制的商品来实现这一目标。他们把获得这些物品视为一个验证、维持和提升他们积极自我形象的机会。对于高自恋水平的消费者来说，他们的独特性需求更高，他们会努力避免看起来与他人过于相似（Lynn & Snyder，2002）。自恋者倾向把自己和地位高的人联系在一起（Morf & Rhodewalt，2001），更倾向于将注意力集中在具有较高声望和排他性的产品上（Sedikides et al.，2011）。对于高自恋水平的消费者而言，他人的模仿一方面有社会认可的成分，但是另一方面却对自身的独特性构成了威胁。人们有动机去保护、维持或增强自我的积极性，因此当他们经历自我威胁时，他们会采取行动来对抗和最小化自我威胁（Lee & Shrum，2012）。此时，高自恋的个体需要傲慢品牌传递的优越性实现自我展示，达到与他人进行区分的目的。傲慢的品牌可能被他们视为一种补偿自我怀疑的应对策略。所以，不管有无他人的模仿，高自恋个体对傲慢品牌的偏好均较高。对于低自恋者而言，他人的模仿在一定程度上意味着别人对自己的认可，有助于增强内心的自豪感，进而提升自我认知。通过不同的方式提升自我认知，可以减少自我保护的需要，更可能被傲慢品牌所传递的优越性的内涵所吸引（Dalton & Huang，2014；Gao et al.，2009；Lee & Shrum，2012）。此外，在归属需求得到满足以后，需要满足其独特性需求以实现两者之间的最佳平衡。相对于对照组，当低自恋水平的消费者经历了他人的模仿以后，增加了他们对傲慢品牌传递的优越性的感知，进而增加对傲慢品牌的偏好。

他人模仿（vs. 无模仿）是导致消费者偏好傲慢品牌的重要影响因素，更重要的是，本研究强调个体的自恋水平在他人模仿对傲慢品牌偏好影响中的调节作用。我们预测，相对于控制组，他人模仿增加了低自恋消费者（而非高自恋消费者）的自豪感，提升了感知的优越性，进而更青睐拥有傲慢个性的品牌，因为傲慢品牌可以展示他们的优越性。由此，提出假设：

H5-1：有无他人模仿与自恋水平在傲慢品牌偏好的影响中存在交互作用。具体而言，与无模仿组相比，他人模仿将显著提升低自恋消费者对傲慢品牌的偏好。

对于高自恋水平的消费者，无论有无他人模仿，对傲慢品牌的偏好没有显著差异。

H5-2：他人模仿与自恋水平对傲慢品牌偏好的交互作用被感知优越性所中介。

（2）产品消费场景的调节作用

研究表明，消费情境影响购买决策（Choi et al.，2013；Kim，2016）。消费通常分为私人消费和公共消费（Graeff，1997）。消费者在购买私人消费的产品时更关注产品的实用性、功能性和基本需求的满足（Choi et al.，2013）。在购买公开消费的产品时，消费者更看重他人的认可和赞扬。私人消费的产品与自我形象的感知有关，通常包括舒适、有效和非炫耀性的消费（Atakan et al.，2014）。而公共消费产品则反映了令人满意的、有利的自我形象，通常包括增强的、骄傲的和炫耀性消费。

从社会学的角度来看，当人们交流时，他们倾向于分享自我提升的信息（Kim & Mcgill，2011）。为了与他人建立并保持心理和情感上的联系，使用合适的产品很重要，因为它会影响他人如何看待自己（Poppe & Linssen，

1999）。当一种产品被公开消费时，消费者有兴趣通过突出消费的行为给别人留下深刻印象。一个公开消费的产品为消费者提供了一个展示自己的机会，以建立友谊和社会认可（Kim & Han，2014）。而私人消费产品的社会属性较低。

高自恋的消费者为了证明他们浮夸的自我形象会购买高声望的产品（即豪华、独家、浮华），对产品的象征价值表现出比实用价值更大的兴趣，并通过他们的拥有物积极地将自己与他人区分开来。由于公开消费的产品可以向他人传递关于自我的信息，我们认为，当被模仿的是公开消费的产品时，更加损害一个人作为一个独特的个体的感觉。由此，我们预测，当被模仿的产品具有公开消费的属性时，相较于对照组，低自恋的消费者意识到他人的模仿行为后，会更偏好傲慢的品牌；而高自恋个体则不会存在显著的差异。当被模仿的产品是私下消费属性时，对傲慢品牌偏好的差异将消除。由此，提出假设：

H5 -3：当被模仿产品属于公开消费的产品时，相对于无模仿组，经历他人模仿的低自恋消费者对傲慢品牌的偏好显著提升；而经历他人模仿的高自恋的消费者则不存在显著的差异。当被模仿产品属于私下消费的产品时，上述差异将消除。

（3）他人模仿水平的调节作用

社会比较往往导致一个人认为自己不如别人，使得对自己的生活感到不满，威胁对自我的看法和认知（Hill et al.，2012）。在这种社会比较的背景下，自卑感很可能大量存在，消费者希望从他们受到威胁的自我中恢复过来，捍卫他们积极的自我观念（Argo，White，and Dahl，2006）。

一般来说，当人们经历自我威胁时，他们会通过寻求自我提升的机会或保护自己免受进一步的威胁来捍卫他们积极的自我观念（Alicke & Sedikides，2009）。向上的社会比较导致消费者经历自我威胁，进而增加了他们捍卫积极的自我看法的愿望。

傲慢在品牌中可以传达出积极的品质，比如高地位（Shariff & Tracy，2009；Williams & DeSteno，2009）。但是，对于自我感觉不佳的消费者，傲慢品牌传递的却是让消费者自卑的信息（Morf & Rhodewalt，2001；Robinson et al. , 2012)。对于这类消费者，可能从根本上会避免那些会带来进一步心理威胁的体验，进而回避傲慢的品牌。如果人们偏好傲慢品牌的倾向确实是因为他人的模仿行为提高了自我认知。那么当他人的模仿引发了被模仿者向上的社会比较时（比如被模仿者购买的是“回力”品牌的产品，而模仿者购买了更高端的“耐克”品牌），我们推测，此时这种更高水平的模仿行为将导致被模仿者经历自我威胁，进而倾向回避傲慢的品牌。

首先，由于高自恋者的情感和自尊水平比低自恋者波动更大（Zuckerman & O'Loughlin, 2009; Zeigler - Hill et al. , 2010）；其次，与低自恋者相比，高自恋者的内隐自尊较低（Gregg & Sedikides, 2010）。那么，面对他人更高水平的模仿时（别人拥有比自己更高端的同类产品），高自恋者将引发强烈的自我威胁。高自恋者为了避免带来进一步心理威胁的体验（比如，让自己感知到自卑），会回避傲慢的品牌。此时，回避傲慢的品牌可能被视为一种补偿他们的自我怀疑和不安全感的应对策略。对于低自恋者而言，面临他人更高水平的模仿时，未能引发较强的自我威胁，不会对傲慢品牌采取果断回避的态度。由此，提出假设：

H5 - 4：相对于低水平的模仿，他人展开了更高水平的模仿，高自恋的消费者对傲慢品牌的偏好显著降低，而低自恋水平的消费者则不存在显著的差异。

5.2 实验 5 - 1

实验 5 - 1 的目的是验证他人模仿以及自恋水平对被模仿者偏好傲慢品牌的影响（H5 - 1）。首先测量实验参与者的自恋水平，随后随机分到有模仿组和无模仿组两种情境。因变量是对傲慢品牌的评价。我们预测，与无模仿组相比，他人模仿将导致低自恋消费者对傲慢品牌的偏好显著增加。对于高自恋水平的消费者，无论有/无他人的模仿，对傲慢品牌的偏好没有显著差异。

5.2.1 实验设计

采用2（模仿：有 vs. 无）*2（自恋水平：高 vs. 低）的实验设计。由于自恋水平（连续变量）采取量表测量的方式，实验参与者被随机分配到有模仿和无模仿组2个不同的实验组。实验的参与者人数有175人。其中男性81人，女性94人。

5.2.2 实验刺激材料

参与者被告知，他们需要评价一款新手表品牌的广告。手表广告参照自Awad和Youn（2018）的研究，傲慢的品牌名称由“ClockTime”改为“Top-Time”以强调它的优越性，让品牌的傲慢属性更加明显。广告标语自吹自擂说该手表是出自“顶级设计师”，是一个“潮流制造者”，以“卓越的质量闻名遐迩”等描述以呈现品牌的傲慢属性。

我们要求40名调研参与者对Top Time手表（傲慢品牌）和Clock Time（非傲慢品牌）的傲慢属性进行评分。对于品牌傲慢属性的感知，使用三个问项进行测量：该品牌在多大程度上认为自己比其他品牌更好?”；“该品牌在多大程度上传达了它优于其他品牌?”；以及“该品牌在多大程度上传递了它的优越性?”（Awad & Youn，2018）。参与者在这三个问项上的平均得分即品牌的傲慢指数。分析结果显示，参与者对傲慢手表Toptime傲慢属性的感知得分（$M = 5.35$，$SD = 0.95$）显著高于替代品牌Clock Time（$M = 3.27$，$SD = 0.85$，$t(39) = 9.61$，$p < 0.01$，Cohen's $d = 2.31$）。由此说明傲慢品牌的实验材料是可用的。

5.2.3 实验操纵与测量

（1）对于他人模仿行为的操纵，我们参照了White等（2011）的研究进行改编。在本研究中，对他人模仿的操纵如下：

在模仿组，参与者阅读的材料内容：

“想象一下，你最近购买了一双新款老爹鞋。你穿着新鞋参加你经常去的社团活动。来自同社团的A同学向你询问这双老爹鞋的相关信息。过几天以后，你再次参加该社团活动。你发现同社团的A同学穿着一双和你之前买的同款老爹鞋。A告诉你说：“我上次看你穿了这款老爹鞋，所以我也买了一双！”

无模仿组参与者阅读的材料内容：

“想象一下，你最近购买了一双新款老爹鞋。你穿着新鞋参加你经常去的社团活动。来自同社团的A同学向你询问这双老爹鞋的相关信息。于是你们针对这个品牌开展了交谈……”

（2）对于因变量傲慢品牌的操纵，手表广告参照自Awad和Youn（2018）的研究，傲慢品牌名称由“ClockTime”改为“TopTime”以强调它的优越性。

傲慢品牌的实验材料：

图5－1（a）

最好的Top Time，无人可超越！

Top time是钟表行业的领导者。

它以高诚信和高质量的产品而闻名，永远是潮流的创造者！

它由世界顶级设计师创造，以最高端的技术和最卓越的设计而闻名遐迩！

非傲慢品牌的实验材料：

图 5-1（b）

知名的 Clock Time，一直在前行！

Clock Time 是钟表行业的典范！

它以可靠和优质的产品著称，

由经验丰富的制表师打造，注重产品设计，以可靠的技术和新潮设计而闻名！

（3）自恋水平的测量使用自恋人格测试（Narcissistic Personality Inventory）量表（NPI-15；Schütz et al.，2004）包括 15 对题目，一个短语代表自恋的反应（如，“我非常享受成为别人关注的焦点”）；另一个短语代表非自恋的反应（如，“成为关注的焦点有时让我感到不舒服”）。选择自恋描述得 1 分，选择非自恋描述得 0 分。

（4）因变量是对傲慢品牌 Top Time 手表的评价。因变量品牌评价的测量使用 Van 等（2017）使用的量表，品牌评价的 4 个问项包括“该品牌产品是有趣的”“该品牌产品是有吸引力的”“该品牌是积极的”等。

5.2.4 实验流程

当参与者阅读完调研说明以后，要求参与者完成 NPI 量表（15 个问项），测量其自恋水平，随后参与者被随机分配到模仿类型（有模仿或控制状态）中的其中一组。

接着，参与者进入一个看似完全不相关的产品广告意见调查研究，要求参与者对一个手表品牌进行评价。在该部分，参与者先阅读关于手表品牌 Top time 的简短材料，品牌介绍中采用傲慢元素的广告标语以凸显该品牌的傲慢属性（如，最好的 Top time，没有什么可以与之媲美。Top time 是行业的领导者。以其无可挑剔的质量，引领时尚潮流。一款世界顶级设计师创造的手表，以卓越的技术质量和潮流创造者闻名遐迩！Zalstein，2012）。

在完成对品牌评价后，要求参与者填写变量操纵检查，如模仿的操纵检验和品牌傲慢的检验以及情绪、年龄、性别等人口统计信息。

5.2.5 数据分析与结果

为了确保实验参与人数的有效性，本子研究采用 G * Power 3.1 软件计算样本的统计检验力（statistical power）（Faul et al.，2009）。选择 F 检验，效应量 f 为 0.5，显著性水平 α 为 0.05，总样本数为 175，结果显示检验力为 0.99，大于最小接受值 0.8，因此样本的统计检验力通过。

（1）模仿的操纵检验

取他人模仿操纵检验的问项的得分表示参与者感知到的模仿程度。单因素方差分析结果显示：被模仿组的参与者感知到的模仿程度（$M = 6.03$）显著高于中值（$M = 4$），$t(88) = 18.72$，$p < 0.01$），且模仿组参与者感知的模仿程度（$M = 6.03$）显著高于控制组（$M = 1.87$，$F(1, 173) = 126.17$）。由此说明，本实验的模仿操纵是成功的。此外，检验了模仿操纵是否影响参与者对品牌傲慢的感知。方差分析显示，模仿组对品牌傲慢属性的感知与控制组参与者对品牌傲慢的感知不存在显著差异（$M_{模仿组} = 5.42$，$M_{控制组} = 5.79$，$F(1, 173) = 1.87$，$p > 0.10$），即模仿操纵对参与者的品牌傲慢性感知影响不显著。由此说明，他人模仿的操纵并未改变参与者对品牌傲慢属性的感知，实验条件结果的差异并非参与者对傲慢品牌的感知不同。

（2）假设检验

以参与者对傲慢品牌的评价为因变量进行 2（模仿：有 vs. 无）* 2（自恋水平：高 vs. 低）的方差分析。将自恋水平大于平均值加标准差的数据分为高自恋组，将小于平均值减标准差的数据分为低自恋组。分析结果显示，模仿与自恋水平的交互效应显著（$F(2, 98)=5.54$，$p<0.05$，$\eta^2=0.11$）。模仿对品牌评价的主效应不显著 $F(1, 98)=2.23$，$p>0.50$）；自恋水平的主效应显著 $F(1, 98)=17.1$，$p<0.05$，$\eta^2=0.23$）。表明高自恋的参与者比低自恋的个体对傲慢品牌的评价更高。进一步简单效应分析结果发现，对于低自恋水平的人，经历模仿后对傲慢品牌的评价（$M=5.19$，$SD=1.99$）显著高于在控制组的情景下（$M=4.07$，$SD=1.77$，$F(1, 98)=11.82$，$p<0.05$）。对于高自恋水平的人，是否经历模仿其对傲慢品牌的评价无显著差异（$M_{控制组}=6.55$，$SD=1.72$；$M_{模仿组}=6.22$，$SD=1.68$，$p>0.50$）（如图5－2所示）。

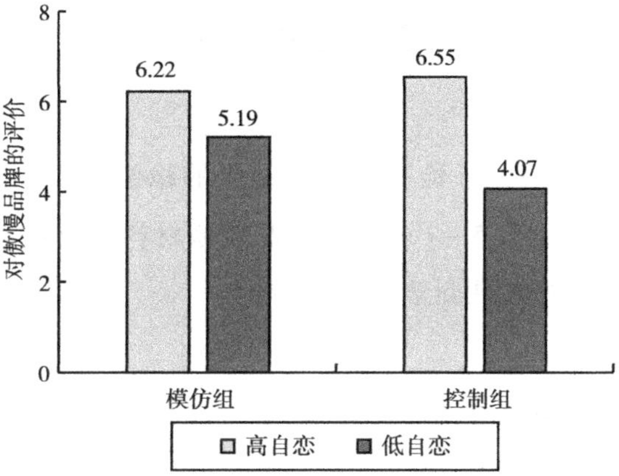

图5－2 他人模仿和自恋水平对傲慢品牌评价的影响

由此证明，自恋水平调节了模仿行为对傲慢品牌偏好的影响。具体而言，与控制组相比，经历模仿后的低自恋水平消费者对傲慢品牌的偏好程度更高。但是对于高自恋个体而言，在控制组和模仿组对傲慢品牌都给予了较高的评价，没有显著的差异。由此，验证了假设H5－1。

此外，在模型中加入实验参与者的年龄、性别和情绪状态，以及与模仿类型的交互均未改变模型的显著性。由此说明实验结果并未受到以上统计变量的显著影响。

5.2.6 讨论

实验5－1初步验证了假设H5－1。在经历了他人的模仿以后，低自恋的消费者提升了对傲慢品牌的评价，而高自恋消费者对傲慢品牌的评价没有呈现显著的差异。不管有没有他人的模仿行为，高自恋水平的消费者对傲慢的品牌都给予了较高的品牌评价，这可能是由于高自恋的个体更容易受到要将自己与他人明显区分开来的需求所引导（Lee et al.，2013）。为了强化研究结果的稳健性，在实验5－2中将选取不同的产品刺激物；对自恋水平的测量采用操纵的形式。此外，尽管实验5－1为本研究的主要假设提供了支持，但尚未检验这些影响的潜在机制。将在实验5－2中验证关于这些中介过程的假设。

5.3 实验5－2

实验5－2的目的是为了检验实验1结果的稳健性以及验证假设H5－2。在实验5－2中采用与实验5－1不同的产品刺激材料以及对自恋水平采取操纵的形式替代实验5－1中使用量表测量的方式。

5.3.1 实验设计

采用2（他人模仿：有 vs. 无）*2（自恋：自恋状态 vs. 接纳状态）的组间实验设计，实验参与者被随机分配到4个不同的实验组。实验的参与者人数有224人。因变量是对一个箱包品牌的评价。

5.3.2 实验步骤

关于自恋水平的操纵，参照De Bellis等（2016）的做法。为了诱导实验参与者的自恋状态，首先，要求参与者完成一个可视化的任务。处于自恋激活状态的参与者，被要求描述一个具体的个人经历，在这个经历中，你觉得你给某人留下了深刻的印象。在社会接受激活条件下，被指示描述一个具体的和个人经历的场合，在这个场合中，你感到你被社会接受（允许消费者回忆积极的社会经历，但没有自恋的因素）（De Bellis et al.，2016）。写完经历以后，参与者进入他人模仿操纵中的任意一组。

其次，参与者进入一个看似完全不相关的品牌意见调查研究中，要求参与者对一个傲慢的品牌进行评价以及多大程度上愿意购买等。在该部分，参与者先阅读关于箱包品牌IT的简短材料，品牌介绍中仍然是采用是傲慢的标语（类似实验5－1）。在完成品牌评价和购买意愿测量后，要求参与者填写中介变量的问项，中介变量的测量包含2个问项。参与者采用7分量表，要求参与者根据品牌的标语，完成两个问项：该产品在多大程度上使你产生了自卑感和优越感（1＝自卑，7＝优越）以及该产品在多大程度上降低和提高自我认知的（1＝降低，7＝提高）。中介变量对傲慢品牌优越感的感知以这两项的平均分计算（Cronbach's $\alpha=0.80$）（Munichor & Steinhart，2016）。

最后，参与者完成变量操纵检查。一是模仿的操纵检查，二是自恋水平的操纵检查。我们采用Sakellaropoulo和Baldwin（2007）使用的量表，该量表包含7个关于自恋状态评估的问项，比如，“我觉得我是一个特别的人”“我觉得我应该比其他人得到更多的关注”“我觉得我比别人更有能力”等。参与者使用7分量表对每个问项进行打分（1＝“非常不赞同”；7＝“非常赞同”）。实验参与者还需要完成品牌傲慢的检验以及年龄、性别等人口统计信息。

5.3.3 数据分析与结果

为了确保实验参与人数的有效性，本子研究采用G＊Power 3.1软件计算样本的统计检验力（statistical power）（Faul et al.，2009）。选择F检验，效应量f为0.5，显著性水平α为0.05，总样本数为224，结果显示检验力为0.99，大于最小接受值0.8，因此本实验样本的统计检验力通过。

（1）操纵检验

取模仿操纵检验的得分表示参与者感知到的他人模仿程度。单因素方差分析结果显示：模仿组的参与者感知到的模仿程度（$M=5.28$）显著高于中值（$M=4$），$t(103)=20.01$，$p<0.01$），且模仿组参与者感知的模仿程度（$M=5.28$）显著高于控制组（$M=1.66$，$F(1, 203)=202.01$，$p<0.01$）。由此说明，本实验的模仿操纵是成功的。此外，我们检验了自恋操纵是否成功。方差

分析结果显示，自恋激活组的自恋得分（高自恋组）显著大于接纳组（低自恋组）参与者的自恋得分（$M_{自恋组}=5.97$，$M_{接纳组}=3.88$，（$F(1,\ 203)=11.99$，$p<0.01$）。由此说明，本实验的自恋激活操纵是成功的。

此外，检验了模仿和自恋操纵是否影响参与者对品牌傲慢属性的感知。方差分析显示，模仿操纵对参与者的品牌傲慢性感知影响不显著（$F(1,\ 203)=1.12$，$p>0.10$）。自恋操纵对参与者的品牌傲慢感知不显著（$F(1,\ 203)=1.25$，$p>0.10$）。由此说明，他人模仿以及关于自恋水平的操纵并未改变参与者对品牌傲慢属性的感知。

（2）假设检验

以参与者对傲慢品牌的购买意愿为因变量进行2（模仿：有 vs. 无）＊自恋状态（自恋 vs. 社会接纳）的方差分析。结果发现，自恋状态的主效应边缘显著 $F(1,\ 203)=3.66$，$p=0.057$），模仿的主效应不显著 $F(1,\ 203)=1.72$，$p>0.50$）。模仿与自恋水平的交互效应显著（$F(2,\ 203)=4.41$，$p<0.05$）。进一步的简单效应分析发现，对于接纳激活组（低自恋组）的参与者，经历他人模仿后对傲慢品牌的购买意愿（$M=5.29$，$SD=1.83$）显著高于控制组（$M=4.43$，$SD=1.89$，$F(1,\ 200)=7.82$，$p<0.05$）。对于自恋激活组（高自恋组），无论有无模仿，他们对傲慢品牌的购买意愿无显著差异（$M_{控制组}=5.01$，$SD=1.79$；$M_{模仿组}=4.99$，$SD=1.92$；$F(1,\ 200)=1.01$，$p>0.50$）（如图5－3所示）。

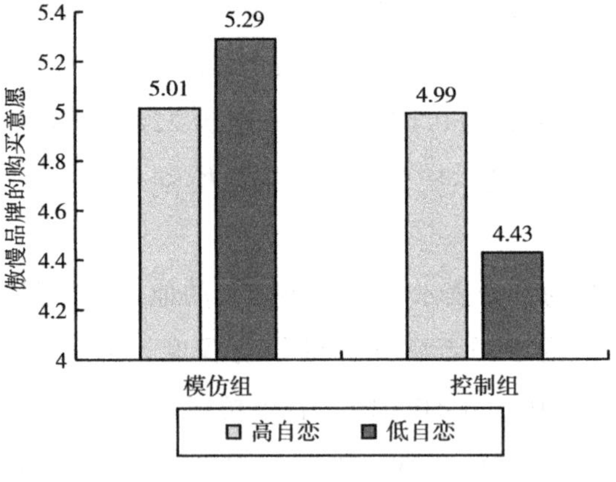

图5－3 他人模仿和自恋水平对傲慢品牌购买意愿的影响

由此证明，自恋调节模仿行为对傲慢品牌偏好的影响。具体而言，与对照组相比，经历他人模仿后的低自恋水平消费者对傲慢品牌的偏好程度显著提升。对于，自恋激活组（高自恋）的消费者无论有无他人模仿的出现，他们对于傲慢品牌均有较高的偏好。

（3）中介效应分析

以对傲慢品牌的购买意愿为因变量、模仿为自变量，自恋水平为调节变量，优越感的均值为中介变量，样本量选择5000，在95%的置信区间下，中介效应分析结果显示，对于接纳激活组（低自恋组）的参与者，模仿后的感知优越性的中介效应检验结果中不包含0（LLCI = 0.176，ULCI = 0.830），即中介效应显著；但对于自恋激活组（高自恋组）的参与者，其中介效应检验结果中包含0（LLCI = -0.523，ULCI = 0.207），即中介作用不显著。由此，假设H5-2得到了支持。

5.3.4 讨论

实验5-1和实验5-2的两项研究共同我们提出的假设提供了强有力的支持。自恋水平调节他人模仿行为对傲慢品牌偏好的影响。与控制组相比，经历他人模仿的低自恋水平消费者对傲慢品牌的偏好程度显著增加。对于高自恋的消费者而言，不论有无他人模仿的出现，他们对于傲慢品牌均有较高的偏好。最重要的是，实验5-2为这些效应背后的机制提供了证据，证明了对傲慢品牌优越性感知的中介效应。

此外，有研究表明，产品的消费情境会影响消费者的购买决策（Choi et al.，2013；Kim，2016）。消费场景通常分为私人消费和公共消费场景（Graeff，1997）。那么傲慢品牌提供的优越感是否受产品消费场景的调节？我们在后续实验对该问题展开进一步探讨。

5.4 实验5-3

本实验目的是为了探讨产品消费场景的调节作用。在本实验中，将参与者的品牌选择作为因变量。

5.4.1 实验设计

采用2（模仿：有 vs. 无）*2（消费场景：公开 vs. 私下）*2（自恋水平：高 vs. 低）的混合实验设计，前两个因素采用的组间实验，自恋水平（连续变量）采取量表测量的方式。

实验的参与者人数有262人。本实验的因变量包含2个，一个是公开场合的产品和私下场合使用的产品，要求实验参与者在每类产品的傲慢和非傲慢的2个选择中进行二选一。

5.4.2 实验刺激材料

为了选择公开场景使用的产品和私下场景使用的产品，开展了前测。我们预期服饰类、手表产品可能被视为更具有公开场景使用的属性，而洗手液、洗衣液则是更偏私下场景使用的产品。22名参与者评估了手表和洗衣液这两类产品，并按照以下标准评估每种产品："该产品在多大程度上表达了你是谁?""该产品在多大程度上给你带来愉悦的体验?""该产品在多大程度上可用于社交场合?"。参与者在这三个问项上的平均得分即产品的公开使用属性得分。分析结果显示，参与者对手表的公开使用属性的感知得分（M = 5.06，SD = 1.05）显著高于洗衣液（M = 2.11，SD = 1.26，$t(21) = 30.21$，$p < 0.01$，Cohen's $d = 3.72$）和洗手液（M = 2.56，SD = 0.94，$t(21) = 19.56$，$p < 0.01$，Cohen's $d = 2.51$）。参与者对服装的公开使用属性的感知得分（M = 6.04，SD = 0.99）显著高于洗衣液（M = 2.11，SD = 0.91，$t(21) = 23.17$，$p < 0.01$，Cohen's d = 4.13）和洗手液（M = 2.56，SD = 0.94，$t(21) = 19.56$，$p < 0.01$，Cohen's d = 3.60）。

5.4.3 实验流程

当参与者阅读完调研说明以后，要求参与者完成NPI量表，测量其自恋水平。随后参与者被随机分配到参与者被随机分配到4个不同的实验组：公开使用的产品（服装）被模仿/控制组、私下使用的产品（洗手液）被模仿/控制组。

接着，参与者进入一个看似完全不相关的产品选择环节，要求参与者对手表和洗衣液的傲慢和非傲慢两个品牌之间进行选择。在正式实验中，目标品牌（傲慢品牌）和竞争品牌（非傲慢）的出现顺序采取了随机原则，以消除呈现次序引起的结果偏差。

对于私下场景的使用产品，参与者读到一个虚构的品牌洗衣液的描述，该品牌使用了一个傲慢的口号："Shiny！采用最科学的配方，给你最洁净和最舒适的生活，因为我们就是最好的！…"并要求参与者评估该品牌的质量（1 = 低质量，7 = 高质量）。然后我们告诉参与者，一个竞争品牌（Silk），具有相似的特点和质量，也发布了一个类似的新产品。但是我们没有提供关于竞争品牌的广告宣传、口号或形象的信息。预测试中参与者（33名大学生）对目标品牌和竞争品牌的傲慢性进行评分，结果显示目标品牌（Shiny）的傲慢度（$M = 5.45$，$SD = 1.09$）显著高于竞争品牌（Silk）（$M = 3.41$，$SD = 0.94$，$t(32) = 8.65$，$p < 0.01$）。

对于公开使用的产品，参与者读到一个虚构的时尚品牌手表的描述，一个高品质的领导品牌，在推出新系列时使用了傲慢的口号："最好的Top time，没有什么可以与之媲美。Top time是行业的领导者。凭借无可挑剔的质量，引领时尚潮流，以卓越的技术质量和潮流创造者闻名遐迩… Zalstein，2012）并评估该品牌的质量（1 = 低质量，7 = 高质量）。然后我们告诉实验参与者，一个竞争品牌（Clock Time），具有相似的特点和质量，也发布了一个类似的新产品。但是我们没有提供关于竞争品牌的广告宣传、口号或形象的信息。预测试中参与者（33名大学生）认为目标品牌（Top time）的傲慢程度（$M = 6.45$，$SD = 1.02$）高于竞争品牌（Clock Time）（$M = 4.21$，$SD = 0.94$，$t(32) = 9.44$，$p < 0.01$）。

在完成相应的品牌选择后，要求参与者填写中介变量的问项、变量操纵检查，如模仿的操纵检验和品牌傲慢的检验以及年龄、性别等人口统计信息。

5.4.4 数据分析与结果

为了确保实验参与人数的有效性，本子研究采用 G * Power 3.1 软件计算样本的统计检验力（statistical power）（Faul et al.，2009）。选择 *F* 检验，效应量 *f* 为 0.5，显著性水平 α 为 0.05，总样本数为 262，结果显示检验力为 0.99，大于最小接受值 0.8，因此本实验样本的统计检验力通过。

（1）操纵检验

取模仿操纵检验得分表示参与者感知到模仿程度。单因素方差分析结果显示：模仿组的参与者感知到的模仿程度（$M = 5.03$）显著高于中值（$M = 4$），$t(57) = 17.26$，$p < 0.01$）。且模仿组参与者感知的模仿程度（$M = 5.03$）显著高于控制组（$M = 2.31$，$F(1, 159) = 135.31$）。由此说明，本实验的模仿操纵是成功的。

（2）假设检验

在产品选择环节，参与者选择傲慢的品牌时被标记为 1，选择非傲慢的竞争品牌则被标记为 0。

对于被模仿的产品是公开使用的产品（服饰），以模仿（有 vs. 无）、自恋（高自恋 vs. 低自恋）、模仿与自恋水平的交互项为自变量，以参与者对手表傲慢品牌的选择为因变量进行 Logistic 回归分析。分析结果显示，模仿与自恋水平的交互效应显著（$\beta = 1.38$，Wald $\chi^2 = 7.50$，$p < 0.05$）。本研究将自恋水平大于平均值加标准差的数据分为高自恋组，将小于平均值减标准差的数据分为低自恋组。对于低自恋组的参与者，相较于控制组（26.7%），经历他人模仿后更倾向选择傲慢的品牌（54.2%；$\chi^2(1) = 7.06$，$p < 0.05$）；对于高自恋水平的参与者，模仿组（62.5%）和非模仿组（55.6%）参与者对傲慢产品的选择无显著差异（$\chi^2(1) = 0.81$，$p > 0.05$）（如图 5－4 所示）。

此外，以模仿（有 vs. 无）、自恋（高自恋 vs. 低自恋）、模仿与自恋水平的交互项为自变量，以参与者对洗手液傲慢品牌的选择为因变量进行 Logistic 回归分析。模仿与自恋水平的交互效应仍然显著（$\beta = 1.18$，Wald = 5.95，$p < 0.05$）。我们发现了与手表产品类似的结果（如图 5－5 所示）。

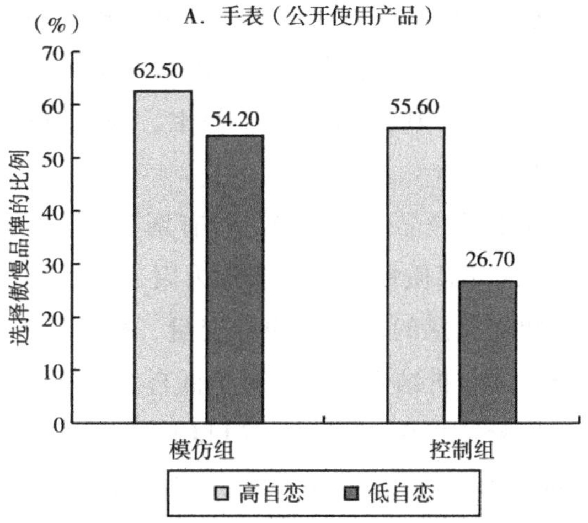

图 5－4　模仿和自恋水平对傲慢品牌偏好的影响

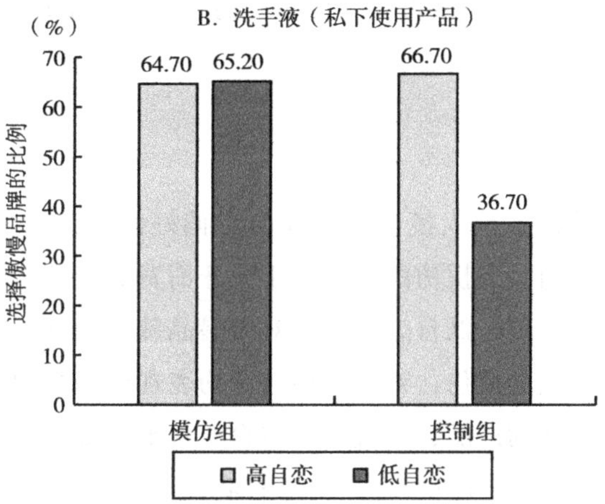

图 5－5　模仿和自恋水平对傲慢品牌偏好的影响

由此，自恋水平调节他人模仿对傲慢品牌偏好的影响。与对照组相比，经历他人模仿的低自恋水平消费者对傲慢品牌的偏好程度显著提升。而高自恋的消费者无论有无他人模仿，对傲慢品牌的偏好都比较高。

当被模仿的产品是私下使用的产品（洗衣液）时，以模仿（有 vs. 无）、自恋（高自恋 vs. 低自恋）、模仿与自恋水平的交互项为自变量，以参与者对手表傲慢品牌的选择为因变量进行 Logistic 回归分析。结果显示，对于私下场景使用的洗手液，未发现模仿和自恋水平的交互效应显著（$\beta = -0.67$，$Wald = 0.87$，$p > 0.5$）。对于公共场合使用的手表产品，模仿和自恋水平的交互效应仍然不显著（$\beta = -0.89$，$Wald = 1.01$，$p > 0.5$）。综上，假设 H5－3 得到验证。

（3）中介效应分析

分别对手表品牌和洗手液品牌的选择进行有调节的中介分析。对于手表产品（公共使用的产品），以对傲慢品牌的选择为因变量、模仿为自变量，自恋水平为调节变量，感知优越感的均值为中介变量，样本量选择5000，在95%的置信区间下，中介效应分析结果显示，对于低自恋组的参与者，模仿后的优越性感知的中介效应检验结果中不包含0（LLCI = 0.176，ULCI = 0.830），即中介效应显著。但对于高自恋组的参与者，其中介效应检验结果中包含0（LLCI = －0.523，ULCI = 0.207），即中介作用不显著。对于洗手液产品，我们发现了类似的效应。在95%置信区间下，中介检验的结果没有包含0（LLCI = 2.12，ULCI = 3.44），表明对傲慢品牌优越性的感知中介了这一效应。

5.4.5 讨论

本实验成功地验证在他人模仿对被模仿者偏好傲慢品牌的影响中，产品的使用场景具有调节作用。当模仿的产品属于公开消费的产品，低自恋的消费者意识到他人对自己的模仿后，低自恋消费者对傲慢品牌的偏好显著增加；而高自恋的消费者不管有无他人的模仿，对于傲慢品牌均表现出很高的偏好。而对于被模仿的产品属于私下消费的产品，他人模仿与自恋水平的交互效应并不显著。

此外，有研究表明，当消费者经历了自我威胁后对更容易受到傲慢消极属性的心理威胁，从而增加了傲慢品牌规避的可能性（Munichor & Steinhart，2016）。我们将在后续实验检验，如果他人的模仿行为对消费者的自我认知产生了威胁，被模仿者对傲慢品牌偏好是否发生改变？

5.5 实验5－4

本实验的目的是为了验证他人不同水平的模仿行为的调节作用。本次实验的参与者人数有171人。

5.5.1 实验设计

采用2（模仿：更高水平的模仿 vs. 更低水平的模仿）*2(自恋：高水平 vs. 低水平）的混合实验设计，由于自恋水平（连续变量）采取量表测量的方式，实验参与者被随机分配到高水平模仿和低水平模仿组2个不同的实验组。实验的参与者人数有171人。为了验证实验结果的稳健性，本次实验的产品选择了服饰品牌。

5.5.2 实验操纵与测量

为了操纵高/低不同水平的模仿行为，在正式实验前开展了一个前测。我们让参与者按照品牌地位的高端程度排序，从高到低依次写出4个运动鞋的品牌。通过25位参与者，通过25位参与者，我们发现学生们心中排名：第一是耐克，第二是阿迪达斯，第三是斐乐，第四是回力。我们拟选取耐克和回力作为本次实验中使用的品牌。我们对所选目标品牌的品牌地位进行预调研，实验参与者在品牌地位问项上进行打分，比如品牌的声望、象征成功、排他性等。前测的结果表明，消费者普遍认为耐克比回力的品牌地位更高端（$t(29)=61.5$，$p<0.01$）。

对不同水平的模仿，我们将模仿者和被模仿者使用了不同地位的品牌进行区分。

高水平模仿组，参与者阅读以下的材料：“你最近购买了一双自己非常喜欢的“回力牌”新款老爹鞋。于是，你穿着这双回力新鞋参加你经常去的社团活动。同社团的A同学说：“这种鞋很有范儿，我也要买一双!”过几天以后，你再次参加该社团活动。你发现同社团的A同学穿着一双和你款式类似的耐克Nike老爹鞋……”

低水平模仿组，参与者阅读以下的材料：“你最近购买了一双自己非常喜欢的耐克Nike新款老爹鞋。于是，你穿着这双耐克新鞋参加你经常去的社团活动。同社团的A同学说："这种鞋很有范儿，我也要买一双!"过几天以后，你再次参加该社团活动。你发现同社团的A同学穿着一双和你类似款的回力牌老爹鞋…"

5.5.3 实验流程

当参与者阅读完调研说明以后，要求参与者完成NPI量表（15个题目），测量其自恋水平；随后参与者被随机分配到两种模仿类型（更高水平的模仿或低水平模仿）中的其中一组，随后完成模仿的操纵检验。

接着，参与者进入一个看似完全不相关的产品展示环节，我们向参与者展示了一个虚拟的傲慢的时尚服饰品牌（傲慢的操纵与实验5－1类似）并测量参与者的购买意愿（Wilcox et al.，2009）。

紧接着，要求参与者填写中介变量的问项、操纵检查，品牌傲慢的检验以及控制变量（如，情绪状态、年龄、性别等人口统计信息）。

5.5.4 数据分析与结果

为了确保实验参与人数的有效性，本子研究采用G*Power 3.1软件计算样本的统计检验力（statistical power）（Faul et al.，2009）。选择F检验，效应量f为0.5，显著性水平α为0.05，总样本数为171，结果显示检验力为0.99，大于最小接受值0.8，因此本实验样本的统计检验力通过。

（1）操纵检验

取模仿操纵检验表示参与者感知到的不同水平的模仿。单因素方差分析结果显示：不同水平模仿组的参与者感知到的模仿类型存在显著差异（$M_{高水平模仿}=6.05$，$M_{低水平模仿}=2.22$；$F(1,170)=65.75$，$p<0.01$，$\eta^2=0.46$）。由此说明，本实验不同水平的模仿操纵是成功的。

（2）假设检验

以参与者对傲慢品牌的购买意愿为因变量进行2（模仿类型：更高水平模仿vs.更低水平的模仿）*自恋（高vs.低）的方差分析。结果发现，模仿类型与自恋水平的交互效应显著（$F(1, 168)=7.72$，$p=0.01$，$\eta^2=0.16$）。模仿类型的主效应不显著（$F(1, 168)=6.39$，$p=0.02$，$\eta^2=0.15$），自恋水平的主效应不显著（$F(1, 168)=1.37$，$p=0.5$）。进一步的简单效应分析表明，对于高自恋的个体，相对于他人更低水平的模仿，经历他人更高水平的模仿以后，对傲慢品牌的购买意愿显著下降（$M_{低水平模仿}=4.58$，$M_{高水平模仿}=3.06$，$F(1, 98)=8.73$，$p<0.01$；$\eta^2=0.18$）。对于低自恋的个体，经历不同水平的模仿，他们对傲慢品牌的购买意愿不存在显著的差异（$M_{低水平模仿}=3.59$，$M_{高水平模仿}=3.67$，$F(1, 98)=0.59$，$p>0.05$）（如图5-6所示）。

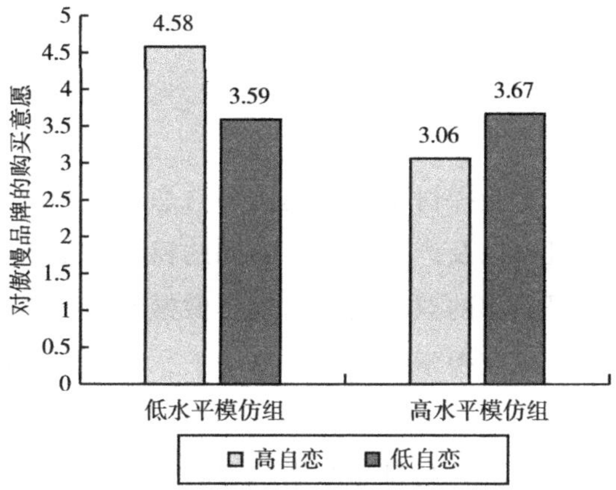

图5-6　模仿类型与自恋水平对傲慢品牌购买意愿的影响

由此证明，不同水平的模仿行为调节了模仿和自恋水平对傲慢品牌偏好的影响。具体而言，对于高自恋的个体，相对于他人更低水平的模仿，经历他人更高水平的模仿以后，他们会对傲慢采取回避的态度。而低自恋群体经历不同水平的模仿则未表现出显著的差异。由此，假设H5-4得到了支持。

5.5.5　讨论

实验5-4的结果表明，当他人更高水平的模仿行为威胁了自我认知时，消费者对于傲慢品牌采取了回避态度。这是因为，对于自我感觉不佳的消费者而言，傲慢品牌传递的信息使其感知到了自卑（Morf & Rhodewalt，2001；

Robinson et al.，2012）。这类消费者，可能从根本上会避免那些会带来进一步心理威胁的体验，进而回避傲慢的品牌。以往的研究表明，高自恋的个体更偏爱稀缺的、独特的和可定制的商品来实现与他人区分的目标（Lee et al.，2013）。他们把获得这些物品视为一个验证、维持和提升他们积极自我形象的机会。本实验发现了高自恋的个体放弃选择傲慢品牌的情景，即他人的模仿给高自恋个体的自我认知造成了威胁时，他们对傲慢品牌的偏好降低。

5.6 结论与讨论

5.6.1 结论

子研究一通过四个实验探讨了他人模仿与自恋水平对傲慢品牌的偏好的影响，并解释了其内在机制以及产品类型、不同的模仿类型在上述影响关系中的调节作用。我们从傲慢品牌的双重属性出发，傲慢的品牌同时传递着品牌的优势和消费者的劣势。本研究探索了在不同情境下，消费者对傲慢品牌的偏好和回避意愿。

对于无模仿组的消费者，高自恋水平的消费者更倾向选择傲慢的品牌，同时，他人模仿可以显著提升低自恋群体对傲慢品牌的态度（实验5-1）。其内在影响机制是经历他人模仿的个体需要傲慢品牌传递的优越性以实现自我表达（实验5-2）。同时，不同的产品类型也会调节以上影响效应，他人模仿和自恋水平对傲慢品牌的影响主要是针对那些被模仿的是公共场景使用的品牌。对于私下使用的产品，他人模仿与自恋水平的交互效应是不显著的（实验5-3）。对于经历了他人更高水平的模仿而产生自我认知威胁高自恋的消费者，基于对自卑信息的敏感性，使得他们更有可能避免傲慢的品牌，尽管这些傲慢品牌传达的是高价值（实验5-4）。

5.6.2 理论贡献

本研究丰富了关于模仿的文献，这些文献很大程度上表明被他人模仿会带来积极的结果（Chartrand et al.，2005；Lakin & Chartrand，2003；Tanner et al.，2008）。White 和 Argo（2011）发现在某些条件下，模仿也可能会导致负面后果，比如当消费者有较高的独特性关注时，相较于被那些不相似的他人模仿，消费者意识到自己被相似的他人模仿后，对被模仿的拥有物产生了更高的丢弃倾向。本文进一步拓展了以往关于模仿行为的研究，发现了模仿可能带来的新的下游行为：在有他人模仿的情境下，不同自恋水平的消费者对傲慢品牌的偏好情况。

本研究有助于更好地理解品牌特征，特别是品牌传播如何影响消费者的品牌选择。尽管已有大量文献探讨了品牌个性对消费者感知和判断的可能影响，但是品牌傲慢在这方面的关注相对较少。Brown（2012）的研究揭示了品牌傲慢个性对消费者品牌态度的负面影响。本研究扩展了关于品牌傲慢属性的文献，发现了消费者对傲慢品牌偏好以及回避的原因以及发生的条件。

此外，本研究丰富了关于自我认知，特别是自我威胁对消费者行为影响的文献（Gao et al.，2009；Shrum et al.，2014；Sivanathan & Pettit，2010）。实验1－4发现，尽管傲慢的品牌被消费者高度认可，但是经历了自我认知威胁的消费者似乎不会使用它们来弥补不利的自我认知。尽管以往的研究中，对高价值产品的偏好曾作为一种恢复自我认知的手段（Gao et al.，2009；Mazzocco et al.，2012；Rucker & Galinsky，2008）。

5.6.3 管理启示

从实践的角度来看，本研究结果有助于我们理解消费者对传达傲慢个性和形象的品牌的反应。对于营销人员来说，传递傲慢的品牌个性可能会吸引一些顾客（比如高自恋的消费者），但也可能会排斥一些消费者（低自恋的消费者），因此需要谨慎使用傲慢作为营销工具。我们的研究发现，他人的模仿行为可能是提升低自恋的消费者偏好傲慢品牌的重要因素。对那些通常表现为傲慢或冷漠的高端独家品牌的市场营销有重要的启示。

此外，为艺术画廊、现代美术馆等被视为高雅场所的品牌经理提供了一个新的视角（Pusa & Uusitalo，2014）。为了保持在文化的前沿，这些机构需要吸引不同的参观者。营销者可以利用消费者对优越感的需求进行针对性的营销。

对于营销者而言，对于拥有高自恋水平的消费者，他人模仿对傲慢品牌的偏好仅仅针对同一档次的模仿或者是更低水平的模仿（而非更高水平的模仿）。营销人员在设计营销传播时，可以一方面传达品牌的傲慢的积极内涵（高质量和高地位），同时增强消费者的自我价值感，从而减少消费者对傲慢品牌采取回避态度的可能。比如市场上的一些广告口号“因为我值得拥有”，这似乎是为了增加目标客户的自我认知，同时传达该品牌的傲慢信息（暗指消费者是独特的，值得拥有最好的）。

对于消费者而言，本研究结果提供了对许多消费者行为背后的心理过程的探索，可能帮助消费者做出更理性的购买决定（即，基于对目标产品的客观评估而不是基于自身的心理反应做出决定）。

5.6.4 研究局限

一是实验环境的局限性。本研究采用的是实验法，这是一种模拟真实场景的实验设计，但是与真实的购物场景仍有一定的差异。使得本研究结论的一般性具有局限性。未来可以采用真实性程度高的实验环境或者采取田野实验的方式。

二是对他人模仿的操纵有待多元化。虽然四个实验中我们有让实验参与者对品牌进行评价或者选择，但是对于模仿行为的操纵方式相对单一。在几个实验中，我们对于模仿的操纵都是明确的告知实验参与者你被别人模仿，但是如果消费者只是注意到他们被模仿了，这种影响也会发生。在未来的研究中，可以采取更多元化的模仿形式，进一步检验模仿影响效应的稳健性。

三是在本研究中，探讨了他人模仿行为以及被模仿者的自恋水平对傲慢品牌/产品偏好的影响。中介效应分析表明，感知的优越性会中介他人模仿和自恋水平对傲慢品牌的品牌态度。但是，无法排除是否是因为他人模仿导致被模仿者自信心增强进而导致偏好傲慢的品牌。未来的研究可以检验傲慢品牌是否激活了消费者自身的自信心，进而影响他们对傲慢品牌的态度。

第 6 章

模仿行为应对之二：重获独特性

模仿行为可以在群体内部发生，即模仿者和被模仿者同属一个群体。例如，学生之间针对服饰、发型、兴趣爱好等展开模仿。模仿者和被模仿者也可以归属不同群体。比如，国内消费者会模仿国外消费者的生活方式，如吃西餐、喝咖啡等。中产阶层会模仿精英阶层的消费模式，如购买有机食品、消费象征高地位的品牌等。中老年群体模仿年轻消费群体的穿搭方式，如热衷韩系的服饰等。

被模仿者对来自不同群体的模仿有不同的反应。个体对与渴望群体和成员群体有更积极的态度（Escalas & Bettman 2003；2005）。消费者愿意使用与成员或渴望群体一致的品牌来构建、强化或表达自我形象（Alvarez & Fournier，2016）。精英阶层为了应对来自中产阶级的模仿，会选择一些低地位群体使用的品牌/产品（如宜家 $0.99 的购物袋），从而实现与中产阶级的区分。面临自己不喜欢的群体成员的模仿行为，被模仿的消费者采取避免使用或者放弃该品牌（Berger & Heath，2008；White & Dahl，2007）。White 和 Argo（2011）的研究发现，当消费者有较高的独特性关注时，被相似的人模仿（vs. 被不相似的人模仿），将产生更强的丢弃被模仿的拥有物的倾向。

品牌帮助消费者实现各种形式的自我表达（Escalas & Bettman 2003；Swaminathan，Page，and Gurhan - Canli，2007）。品牌还可以帮助消费者融入他人，也可以帮助消费者在群体中脱颖而出。如通过独特的品牌个性与他人实现区分或者通过品牌赋予的象征性地位与他人实现区分。当消费者依赖品牌来实现这些目标时，很可能取决于他们的归属感和/或独特性需求未得到满足的程度。当个体面临来自不同群体（规避群体/成员群体/无）的模仿行为，如何影响他们的品牌偏好？尤其是消费者对不同差异化品牌偏好的影响。例如，Vans 鞋，强调突破传统，诉求创意与激情，可能会吸引希望展示自己的独特性以实现与他人区分的消费者。相比之下，梅赛德斯—奔驰不同于其他口号，它可能会吸引那些试图通过展示其优越性的消费者。

面临来自成员群体的模仿时，被模仿者此时差异化的需求可能高于社会归属需求。而面临规避群体的模仿时，个体一方面需要与规避群体实现区分，同时要与成员群体保持一定的社会联结。此时，简单的弃置当下的拥有物似乎无法解决困境，但是被模仿者可以通过使用不同差异化的品牌来解决。

本研究聚焦于消费者何时以及为何使用品牌/产品来表达他们的特定的身份。消费者有渴望从人群中脱颖而出的需求，以便向其他人表明他们是谁，之前的研究分别研究了两种形式的差异化方式（Bellezza，Gino，and Keinan，2014；Berger & Heath，2008；Dommer，Swaminathan，and Ahluwalia，2013；White & Argo，2009；White & Dahl，2006）。一方面，一些研究表明，消费者通过纵向差异化的方式在社会阶层中脱颖而出，以显示他们的地位、角色或成功比他人更优越（Ordabayeva & Chandon，2011；Vignoles，Chryssochoou，and Breakwell，2000）。为了在社会等级中实现纵向差异化的目标，消费者会购买那些表明他们比其他人更优秀的产品（Dommer，Swaminathan，and Ahluwalia，2013）。另一方面，以往的研究发现，消费者可能会在社会阶层中寻求横向差异化，以表达自己独特的特征、个性和价值观（Bellezza et al.，2014；Chan，Berger，and Van Boven，2012）。为了实现横向差异化的目标，消费者通常购买可以表明他们是独一无二的产品（Chan et al.，2012；Dommer et al.，2013；Tian，Bearden，and Hunter，2001）。

消费者可以通过使用两种不同的差异化方式将自己与他人区分开来：一种是横向差异化，另一种是纵向差异化（Tafarodi，Marshall，and Katsura，2004）。Dommer 等（2013）在此基础上提出了两种实现差异化的品牌：横向品牌和纵向品牌（horizontal brands & vertical brands）。横向品牌（horizontal brands）是基于个体的内在品质，如个体的个性、品味、特征等展示的独特，使个体有机会从群体中脱颖而出，同时保持与主流群体的联系；而纵向品牌

(vertical brands）专注于通过个人的成功、地位或职位等获得差异化。尽管品牌的象征性使用在消费者行为中一直是一个重要的话题（Belk，1988）。大量的研究表明，归属的需要促使消费者选择特定的品牌（如选择象征性的成员群体品牌）以实现与归属群体的同化（Loveland，Smeesters，and Mandel，2010；Mead et al.，2011）。相对而言，以往的研究者较少关注，消费者何时以及为何使用差异化的品牌，以实现与其他群体成员的区分。针对这些问题，我们提出，来自不同群体的模仿行为可能导致被模仿的消费者偏好纵向或横向差异化的方式。当面临成员群体的模仿，人们宣扬群体内地位的需求提升，使得人们更偏好纵向差异化品牌；当模仿来自规避群体时，个体的自我价值表达需求被激活，此时个体将更偏好横向差异化品牌。

因此，本子研究拟聚焦于来自不同群体（规避群体/成员群体/无）的模仿行为，考察来自不同群体的模仿行为的影响效应。具体而言，本子研究试图回答以下问题：第一，来自不同群体的模仿行为，是否会影响消费者对不同差异化品牌的偏好；第二，不同群体的模仿行为影响效应的心理机制，从而为模仿行为与消费者对差异化品牌购买意愿之间的因果关系提供一个有价值的解释视角；第三，探讨个体权力状态的调节作用，即对于不同权力状态的个体，他们经历来自不同群体的模仿行为后有何差异，从而为不同群体的模仿行为的影响效应确立更加丰富的营销启示。

6.1 研究假设的提出

6.1.1 理论回顾

(1）差异化的类型

在营销领域，一些品牌重点强调他们的同化作用（如金六福酒，中国人的酒），也有品牌反映了其差异化的定位（如苹果，做不一样的）。品牌可以帮助消费者实现归属，也可以帮助消费者在群体中脱颖而出。然而，目前较少有研究研究品牌在这方面的功能。

现有的文献主要划分了两种差异化的类型（Tafarodi et al.，2004）。第一种差异化主要通过与众不同或非典型性来实现区分（Tafarodi et al.，2004）。Vignoles，Chryssochoou 和 Breakwell（2000）将这种区分描述为基于差异定位的区别，是基于个体的内在品质，如个性、品位、特征等的区别。Dommer 等将其称之为横向差异化。反映这种差异化的品牌，即横向品牌。这种品牌使得个人有机会区别于其他群体，同时保持与主流群体的联系（Dommer，Swaminathan & Ahluwalia，2013）。比如，为了在群体间实现差异化，消费者通常购买能表明他们是独一无二的产品（Tian et al.，2001）。如购买具有不寻常特征的产品，如更加醒目的颜色（Bellezza et al.，2014；Chan et al.，2012）。但是，需要注意的是，横向品牌不同于规避群体品牌（Escalas & Bettman 2005；White & Dahl，2007），因为消费者对规避群体和规避品牌它们在本质上是倾向于回避的。

第二种类型的差异化，称之为纵向差异化（Tafarodi et al.，2004），侧重于通过成功、地位或地位获得差异化（Vignoles，Chryssochoou，and Breakwell，2000）。因为人们普遍认为，成功和地位越高越好，纵向分化意味着某种社会优越感。为了在社会阶层中实现纵向差异化，消费者会购买能表明他们比其他人更好的产品（Dommer et al.，2013；Han，Nunes，and Drèze，2010）。如购买比其他人拥有的更高社会地位的品牌/产品。

（2）群体的影响

品牌不仅有功能价值，还具有实现社会认同和帮助消费者进行自我表达的功能属性。而参照群体（reference group）是品牌意义的重要来源，与品牌关联的参照群体显著影响着消费者对该品牌的购买意愿（Escalas & Bettman，2005）。鉴于参照群体的影响，White 和 Dahl（2006）将参照群体分为三类：成员群体（membership groups）、渴望群体（aspirational groups）和规避群体（dissociative groups）。成员群体是消费者的归属群体，消费者是该群体中的一员；渴望群体是消费者渴望成为其成员、希望与之建立联系的群体；规避群体则是消费者希望避免与之发生关联或者联想的群体。

由于品牌可以作为一种身份象征的符号（Berger & Heath，2008）以及帮助消费者传达自我概念（Escalas & Bettman，2003）。与品牌相关的参照群体对消费者的购买意愿以及品牌态度有重要影响。以往研究表明，个体对渴望群体和成员群体关联的品牌持更积极的态度（Escalas & Bettman，2003；2005）。为了展示自己是什么样的人，消费者通常会采用品牌形象与成员群体或渴望群体一致的品牌来构建、强化或表达自我（Alvarez & Fournier，2016）。为了避免规避群体的形象和消极联想传递给他们（White & Dahl，2007），消费者往往会回避购买规避群体所采用的品牌。

（3）污名联想

“污名”是指在社会背景下被视为个人缺陷的属性或标签（Goffman，1963）。被污名化的个体被认为具有不受欢迎、不正常或令人反感的特征或属性（Ragins，2008）。当个体或某个群体与不受欢迎的特征相联系而被区别对待，由于被贴上负面的标签导致被歧视，进而正常的社会地位丧失时，即是污名化（Link & Phelan，200）。“当一个人拥有实际存在或者被认为在特定社会情境下会被贬低或者被感知是负面的特点、特性或者行为时，污名就发生了（Argo & Main，2008）”。污名不仅对个人有很强的负面影响，还会形成污名联想（stigma by association）。“像社会病毒一样，社会污名能够从一个被贴上标签的人传递到与这个人有联系的其他人。包括他的家庭、朋友、有时甚至是泛泛之交，都必须承担一定的与污名联系的鄙视（Pryor，Reeder，and Monroe，2012）”。

当一个品牌的使用者具有污名时，由于污名联想的存在，使得污名向品牌甚至是品牌相关的其他使用者转移。污名感知者往往对被污名化的个体表现出一种即时自动的厌恶（Pryor，Reeder，and Monroe，2012）。当一个品牌与污名的个体或者群体产生联系，品牌使用者会感知到关于自我的负面信息。

6.1.2 假设提出

人有两种对立的基本需求，人们在努力实现归属需求（与他人保持同化）和独特需求（与他人实现区分）之间保持平衡（Baumeister & Leary 1995；Brewer，1993；Fromkin，1977）。消费者有渴望从人群中脱颖而出的需求，以便向其他人表明他们是谁（Bellezza，Gino，and Keinan，2014；Berger &

Heath，2008）。如 Bellezza 和 Berger（2020）的研究发现，精英阶层为了应对来自中产阶级的模仿，会选择一些低地位群体使用的品牌/产品，从而实现与中产阶级的区分。当主流消费者都更喜欢有公认的明确标识的产品时，内行的消费者反而偏好微妙标识的产品以实现与主流消费群体的区分，从而便于与其他的内行人士沟通（Berger & Ward，2010）。

消费者通常对规避群体持有负面形象的刻板印象。负面刻板印象甚至能够造成某个群体的“污名化”（stigmatization），并对具有负面刻板印象的群体及其关联群体形成负面影响。污名化导致人们对某群体及其关联的群体持负面的评价（Ho & O'Donohoe，2014）。规避群体是消费者希望避免与之发生关联的群体（White & Dahl，2006）。为了避免规避群体的形象和消极联想传递给他们（White & Dahl，2007），消费者往往会回避购买规避群体所采用的品牌。比如，人们通过回避规避群体的选择以强化自身的身份和独特性，这类倾向在象征性产品领域更加明显（Berger & Heath，2007）。在食品消费方面，也存在类似的偏离行为。例如，消费者会根据不同体型（胖 vs. 瘦）的目标消费者的消费量而调整自己的食物消费量。无论是健康还是非健康的食品，当看到体型偏胖（vs. 瘦）的消费者选择大份食物时，实验参与者倾向选择更小份的食物；当看到体型偏胖（vs. 瘦）的消费者选择小分量时，实验参与者反而倾向选择更大份的食物（McFerran et al.，2010a）。

消费者往往根据其他人的选择内容对自己的消费决策进行调整，可能做出与他人同化或不同的选择（McFerran et al.，2010）。为了避免展示自己不喜欢的身份信号，人们往往会产生偏离行为（Berger & Heath，2008）。规避群体的模仿行为可能威胁到被模仿者的自我认同，阻碍目标消费者以品牌表达自我概念的目标（Argo & Dahl，2018）。此时，被模仿的个体需要进行独特的价值表达以实现与规避群体之间的区分。除了简单的弃置被模仿的物品，选择不同差异化的品牌/产品也可以应对他人的模仿。横向差异化侧重于通过个体的内在品质，如个性、品味、特征等获得差异化。反映这种差异化的品牌，即横向品牌。这种品牌让个人有机会区别于其他的群体成员（Dommer，Swaminathan & Ahluwalia，2013）。我们预测，当模仿来自规避群体时，被模仿者的自我价值表达需求被激活，他们更偏好横向品牌。综上，提出假设：

H6－1：规避群体的模仿行为将提升消费者对横向差异化品牌的偏好。

H6－2：价值表达需求在规避群体模仿行为对横向品牌偏好的影响中发挥中介作用。

当面临成员群体的模仿时，个体的消费行为也会受到影响。模仿行为意味着趋同性，让人失去独特性，可能威胁个体的独特性需求。独特性理论（Uniqueness Theory）认为，人有获得独特性的欲望，太多的相似性会导致个体负面的情绪反应（Lynn & Snyder，2002）。此外，最优独特性理论（ODT；Brewer 1991）认为，人们通过他们的群体成员身份来平衡自己同化和差异化两个对立的需求。当群体提供太多的相似性时，个体会积极地寻求差异化。独特性理论和 ODT 理论都认为独特性的需求是个体的一直内在的动力。

面临来自成员群体的模仿时，此时被模仿者的差异化需求被激活。如 White 和 Argo（2011）发现，当消费者有较高的独特性关注时，相对于被不相似的人模仿，消费者意识到自己被相似的人模仿后，对被模仿的拥有物产生了更高的丢弃倾向。在面临来自成员群体的模仿时，被模仿者的目标不是融入成员群体，而是需要在群体中强化自己的角色，比如向别人展示自己是群体中的"优秀"成员（Jetten，Branscombe，and Spears，2002）。我们预测，经历成员群体模仿的个体，将采取旨在确保他们在归属群体中的归属感或地位的行为。此时，通过横向差异化进行独特的价值表达并非一个有效的策略，因为不利于展示对群体的忠诚度（Hornsey & Jetten，2004），反而威胁其融入群体以及在群体中展示地位。

当个体希望与其他成员群体实现区分，同时不脱离与成员群体的联系时，纵向差异化策略显得更加合适。Vignoles 等（2000）认为，"地位"或位置的概念指的是一个人在社会关系或社会群体中的位置，因此预设了与该群体的归属关系。而纵向差异化（Tafarodi et al.，2004），侧重于通过成功、地位或地位获得差异化（Vignoles，Chryssochoou，and Breakwell，2000）。值得注意的是，被成员群体模仿，意味着个体已经被纳入该群体中，若要在群体中宣扬和强化自己的地位，此时纵向差异化可能更加有效（Vignoles et al.，2000）。通过垂直差异化的方式，允许个体通过地位或角色来表达他们的独特性，但同时保证他们与成员群体保持联系。当一个人根据自己在群体中的地位或角色来区分自己时，独特性和维系关系的目标不一定是相互对立的。此时展示个体的独特性在关系情境下是有意义的，它可以加强个体对该群体的归属。我们预测，被成员群体模仿的消费者更偏好纵向品牌，他们试图在成员群体中宣扬自己群体地位的愿望会中介这种效应。由此，提出假设：

H6－3：成员群体的模仿行为将提升消费者对纵向差异化品牌的偏好。

H6－4：宣扬成员群体地位在成员群体模仿行为对纵向品牌偏好的影响中发挥中介作用。

权力状态是个体对自身是否拥有权力及拥有权力多少的感受和判断（Zhang, Winterich, and Mittal, 2010）。以往的研究发现，高（vs. 低）权力状态的消费者更关注产品带给自身的体验，更关心产品的质量属性，而非产品的象征价值（如，突显的社会地位，Rucker & Galinsky, 2009）。而低权力状态通常被认为是一种不理想的状态。当人们处于低权力状态时，会通过各种方式提升自己的权力状态。比如，通过特定的消费选择来提升自己的权力感受。相对于高权力状态的个体（individuals in high－power states），低权力状态的个体（individuals in low－power states）更偏好象征社会地位的物品（Rucker & Galinsky, 2008），甚至愿意为体现身份地位的产品承担更高的价格（Dubois, Rucker, and Galinsky, 2012）。这种现象在公开场合更加明显（Rucker & Galinsky, 2009）。

此外，基于权力理论，不同水平的权力状态还会影响到消费者如何对待外界影响和如何进行社会比较。处于高权力状态的个体往往不太关心他人（Rucker, Galinsky, and Dubois, 2012），而且高权力状态的个体受其他人的影响较小（Mourali & Yang, 2013）；更富有创造性（Galinsky et al., 2008）。拥有高权力状态的个人拥有足够的动机、技能和资源恢复自我威胁，他们较高的自信心和自我确定性可以较好地应对他人的影响。相反，低权力状态的个体，以往的研究发现，可观测信号被认为是低权力状态消费者形成边界的有效方法（Hwang & Matsumoto, 2014）。由此，我们预测低权力状态（LPS）的消费者比高权力状态（HPS）的消费者更有可能通过横向和纵向品牌来实现与他人的区分。综上，提出假设：

H6－5a：权力状态调节规避群体模仿对横向品牌偏好的影响。具体而言，与控制组相比，规避群体模仿导致低权力状态（LPS）消费者对横向品牌的偏好程度更高。

H6－5b：权力状态调节成员群体模仿对纵向品牌偏好的影响。具体而言，与控制组相比，成员群体模仿导致低权力状态（LPS）消费者对纵向品牌的偏好程度更高。

6.2 实验6－1

实验6－1的目的是检验他人的模仿行为如何影响消费者对不同差异化品牌的偏好（假设H6－1a和假设H6－1b）。我们随机将实验参与者分到被规避群体模仿组和成员群体模仿组和控制组。因变量则是对两类不同差异化品牌/产品的选择。我们预测，规避群体的模仿行为将提升消费者对横向差异化品牌/产品的偏好；成员群体的模仿行为将提升消费者对纵向差异化品牌/产品的偏好。

6.2.1 实验设计

采用3（模仿群体：规避群体模仿 vs. 成员群体模仿 vs. 控制组）的实验设计。实验参与者被随机分配到规避群体模仿组、成员群体模仿组和控制组3个不同的实验组。参与实验的学生人数有146人。其中男性66人，女性80人。

6.2.2 实验操纵与测量

（1）参照Escalas和Bettman（2005）的方法实现对成员群体，规避群体的操纵。我们要求实验参与者首先输入一个符合他们认知的成员群体和规避群体。

在成员群体组，要求实验参与者填写一个成员群体。对于成员群体，研究给予的解释是“您目前属于这个群体并认为自己是这个群体中的一员。您认为自己是这个类型的人，并能很好地与这个群体的成员相处，并发现这个群体的其他成员和您很相似。”

在规避群体组，要被实验参与者填写一个规避群体的名称。对于规避群体，研究给予的解释是“您目前不属于这个群体。您认为自己不是这个群体的人，您也不想与这个群体的成员联系在一起，也不想别人将您和这个群体联系在一起。但这个群体是一个紧密联系的群体，群体成员之间的相似性很高。”

（2）对于他人模仿行为的操纵，参照了 White 等（2011）的研究进行改编。对模仿的操纵如下：在成员群体（vs. 规避群体）模仿组，参与者阅读的材料内容为“你最近在网上购买了一件自己非常喜欢的外套。于是，你穿着新衣服参加你经常去的团体活动，活动很丰富，你玩得很开心。几天以后，你再次参加该社团活动。你发现，来自（嵌入输入的成员群体/规避群体名称）群体的人，他/她竟然穿着和你几天前刚买的同款外套。他/她告诉你说：“我上次看见你穿着这件外套，所以我也跟着买了一件！”

控制组参与者阅读的材料内容为：“你最近在网上购买了一件自己非常喜欢的外套。于是，你穿着新衣服参加你经常去的团体活动，活动很丰富，你玩得很开心。几天以后，你再次参加该社团活动……”

（3）因变量：对两类差异化产品的选择。我们向实验参与者呈现两款大学的纪念 T 恤图片以及简单的文字描述。T 恤左方印有大学的标志，但在另一侧刻有两种不同的信息。纵向差异化组：Just Better；横向差异化组：Just Different 如图 6 – 1 所示。

图 6 – 1

我们招募了 58 名本校学校进行一个预调研，我们向学生参与者展示了纵向差异化或横向差异化的一件 T 恤图片以及简单的文字描述，并要求他们回答两个问题。①纵向差异化检测问项：T恤传递的信息在多大程度上表明，需要通过提高自己的社会地位来表明自己与他人的不同。即，通过突出自己在他人中的优越性和地位？②横向差异化检测问项：T恤信息在多大程度上表明一个人与其他人不同，这取决于他们作为个体的身份，即一个人与其他人不同的品质、观点和特质？数据结果表明，对于纵向差异化组产品，它的纵向差异化得分（$M=4.97$）显著大于横向差异化维度的得分（$M=3.92$，$F(1, 58)=6.33$，$p<0.01$）。对于横向差异化的T恤，它的横向差异化（$M=5.69$）得分显著大于纵向差异化得分（$M=3.40$，$F(1, 58)=32.36$，$p<0.01$）。

6.2.3 实验流程

当参与者阅读完调研说明以后，实验参与者被要求根据提示信息，输入一个符合他们认知的成员群体或者规避群体的名称。随后他们被随机分配到模仿类型（规避群体模仿 vs. 成员群体模仿 vs. 控制组）中的其中一组。

模仿操纵结束以后，实验参与者被告知进入另外一个无关的实验，要求为本校的纪念T恤设计提供建议，要求实验参与者在一件纵向差异化设计的T恤和一件横向差异化设计的T恤中选择一款他们最喜欢的。两个产品的排列位置采取了随机原则，以消除呈现次序引起的结果偏差。

在完成对品牌选择后，要求参与者填写变量操纵检查，如模仿的操纵检验和年龄、性别、可支配收入等人口统计信息。

6.2.4 数据分析与结果

为了确保实验参与人数的有效性，本子研究采用 G * Power 3.1 软件计算样本的统计检验力（statistical power）（Faul et al.，2009）。选择 F 检验，效应量 f 为0.5，显著性水平 α 为0.05，总样本数为139，结果显示检验力为0.99，大于最小接受值0.8，因此本实验样本的统计检验力通过。

（1）模仿的操纵检验

移除7个没有按要求填写的回答（如，没有按要求填写群体名称），剩下了 139 条有效的数据。取他人模仿操纵检验的问项的得分表示参与者感知到的模仿程度。单因素方差分析结果显示：被规避群体模仿组的参与者感知到的模仿程度（M = 5.57）显著高于中值（M = 4，t(46) = 9.65，$p < 0.01$），且模仿组参与者感知的模仿程度（M = 5.57）显著高于控制组（M = 2.04，t(91) = 17.78，$p < 0.01$）；成员群体模仿组的参与者感知到的模仿程度（M = 5.33）显著高于中值（M = 4，t(45) = 8.89，$p < 0.01$），且成员群体模仿组参与者感知的模仿程度（M = 5.33）显著高于控制组（M = 2.04，t(90) = 17.60，$p < 0.01$）。由此说明，本实验的模仿操纵是成功的。

（2）假设检验

以参与者对不同差异化产品的选择为因变量，模仿类型（模仿：规避群体模仿 vs. 成员群体模仿 vs. 控制组）为自变量，可支配收入作为协变量进行 Logistic 回归分析。以模仿类型为自变量，以参与者对不同差异化产品的选择为因变量进行 Logistic 回归分析。结果显示模仿类型对不同差异化产品的选择的主效应显著（$\beta = 0.465$，Wald $\chi^2 = 6.50$；$p < 0.05$）。经历规避群体模仿的个体对横向差异化产品的选择（66%）显著高于控制组的个体（47.8%，Wald $\chi^2 = 3.08$；$p < 0.05$）。而经历成员群体模仿的个体对纵向差异化产品的选择（71.1%）显著高于控制组个体（52.2%，Wald $\chi^2 = 3.67$；$p < 0.05$）（见图 6－2）。

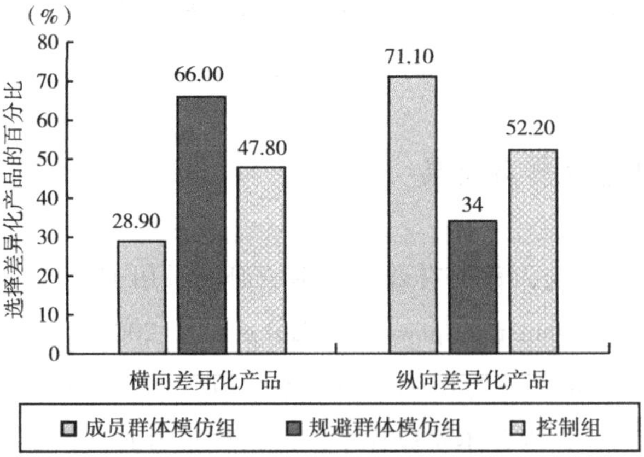

图 6－2　不同群体的模仿行为对差异化产品选择的影响

此外，在模型中加入实验参与者的年龄和可支配收入，以及与模仿类型的交互均未改变模型的显著性。由此说明，实验结果并未受到以上人口统计变量的显著影响。

6.2.5　讨论

实验 6 - 1 通过对不同群体模仿行为的操纵和实际产品的选择，初步证明了他人的模仿行为与不同差异化产品之间的影响关系。具体而言，被规避群体模仿以后，消费者提升了对横向差异化产品的选择倾向假设（H6 - 1）。被成员群体模仿以后，消费者提升了对纵向差异化产品的选择倾向假设（H6 - 3）。

在实验 6 - 1 中，为了控制一些潜在的影响因素，实验组中的产品质量是保持一致的。但是，如果在不同的产品功能情境下，消费者可能更喜欢纵向差异化的产品，比如基于高质量的考虑。而部分消费者可能更喜欢横向差异化产品，比如基于高独特性的需要。为了检验这种可能性，在实验 6 - 2 中，采取由实验参与者提名自己心目中的纵向差异化和横向差异化品牌。

6.3　实验 6 - 2

6.3.1　预实验

在主实验之前开展了一个前测，前测实验的目的在于确定正式实验中所用的品牌名称。前测实验主要包含两个部分：一是为了获得不同类型差异化品牌的提名；二是确定正式实验适用的品牌。

（1）品牌选择

为了筛选出与实验参与群体（商学院本科生和研究生）相关的横向差异化、纵向差异化和成员群体品牌，进行了一个预测试。我们招募了商学院 55 名学生（男性 47%，女性 53%）。调研过程采用 Escalas 和 Bettman（2005）的方法，要求学生参与者基于自己商学院学生的身份，列出 3 个鞋类品牌，它们分别是：①横向差异化品牌；②纵向差异化品牌；③规避群体品牌。

对于横向差异化品牌，参与者阅读到以下提示信息：

“在下面的框中，我们希望您根据自己的个人特点，输入一个鞋类品牌的名称，这个品牌使您感觉自己与您刚刚输入的群体里的其他成员不同。它可能是一个很多成员不使用的品牌，但不一定是他们不会使用的品牌。它是一个鞋类品牌，突出你自己的个人品质，比如你的能力、观点和特质，使你有别于其他群体成员。”

对于纵向差异化品牌，参与者阅读到以下提示信息：

“在下面的框中，我们希望您输入一个鞋类品牌的名称，这个品牌通过提高您在群体内的社会地位或角色，使您感觉与您刚刚输入的群体内的其他成员不同。它应该是一个鞋类品牌，突出你在群体中的优势和地位，使你不同于其他群体成员。”

对于规避群体品牌，参与者阅读到以下提示信息：

“在下面的框中，我们希望你输入一个您的规避群体成员使用的一个鞋类品牌，对于规避群体是指您目前不属于这个群体。您认为自己不是这个群体的人，您也不想与这个群体的成员联系在一起，也不想别人将您和这个群体联系在一起。但这个群体是一个紧密联系的群体，群体成员之间的相似性很高。”

将每类产品中出现频次位于前两名的品牌筛选出来。最后确定，横向差异化品牌是 Vans，纵向差异化品牌是耐克，规避群体品牌是匹克。

（2）确定正式实验的品牌

此外，招募了 48 名学生对我们筛选出来的 3 个品牌在横向差异化和纵向差异化维度进行评分（7 分量表）。评分结果显示，在横向差异化程度上，参与者对于三个品牌的差异化感知存在显著差异，$F(2, 141) = 60.94$，$p < 0.01$，$\eta^2 = 0.55$。首先，调研参与者认为 Vans 品牌的横向差异化程度（$M = 6.16$）显著高于耐克品牌（$M = 5.45$，$t(94) = 2.67$，$p < 0.01$）。Vans 品牌的横向差异化程度（$M = 6.16$）显著高于匹克品牌（$M = 3.08$），$t(94) = 9.43$，$p < 0.01$。其次，参与者对于三个品牌的纵向差异化感知存在显著差异，$F(2, 141) = 85.20$，$p < 0.01$，$\eta^2 = 0.63$。最后，参与者认为耐克的纵向差异化程度（$M = 5.79$）显著高于 Vans（$M = 4.87$），$t(94) = 2.85$，$p < 0.01$；参与者认为耐

克的纵向差异化程度（M = 5.79）显著高于匹克品牌（M = 3.16），$t(94) = 8.14$，$p < 0.01$。

6.3.2 主实验目的

实验6－2的目的是检验实验6－1结果的稳健性，检验他人的模仿行为如何影响消费者对与不同差异化品牌的偏好（假设H6－1a和假设H6－1b）。随机将实验参与者分到三个组：被规避群体模仿组、成员群体模仿组和控制组。因变量则是对两类不同差异化品牌的评价。我们预测，规避群体的模仿行为将提升消费者对横向差异化品牌的偏好；成员群体的模仿行为将提升消费者对纵向差异化品牌的偏好。

6.3.3 实验设计

采用3（模仿：规避群体模仿 vs. 成员群体模仿组 vs. 控制组）*2(品牌：横向品牌 vs. 纵向品牌）的混合实验设计。第一个因素采用的组间设计，第二个因素采用组内设计。实验参与者被随机分配到规避群体模仿组、成员群体模仿组和控制组3个不同的实验组。参与实验的学生人数有156人。其中男性67人，女性89人。

6.3.4 实验操纵与测量

（1）参照Escalas和Bettman（2005）的方法实现对成员群体，规避群体的操纵。我们要求实验参与者首先输入一个他自己认知的成员群体和规避群体。

在成员群体组，要被实验参与者填写一个成员群体。对于成员群体，研究给予的解释是“您目前属于这个群体并认为自己是这个群体中的一员。您认为自己是这个类型的人，并能很好地与这个群体的成员相处，并发现这个群体的其他成员和您很相似。”在规避群体组，要被实验参与者填写一个规避群体的名称。对于规避群体，研究给予的解释是“您目前不属于这个群体。您认为自己不是这个群体的人，您也不想与这个群体的成员联系在一起，也不想别人将您和这个群体联系在一希望起。但这个群体是一个紧密联系的群体，群体成员之间的相似性很高。”

（2）对于他人模仿行为的操纵，我们参照了 White 等（2011）的研究进行改编。在本研究中，我们对模仿的操纵如下：

在模仿组，参与者阅读的材料内容为：“你最近在网上购买了一件自己非常喜欢的外套。于是，你穿着新衣服参加你经常去的团体活动，活动很丰富，你玩得很开心。几天以后，你再次参加该社团活动。你发现，来自（嵌入输入的群体名称）群体的人，他/她竟然穿着和你几天前刚买的同一款外套。他/她告诉你说：“我上次看见你穿着这件外套，所以我也跟着买了一件！”

控制组参与者阅读的材料内容为：“你最近在网上购买了一件自己非常喜欢的外套。于是，你穿着新衣服参加你经常去的团体活动，活动很丰富，你玩得很开心。几天以后，你再次参加该社团活动……”

（3）因变量：对三个品牌的评价：耐克品牌（纵向差异化品牌），Vans 品牌（横向差异化品牌）和匹克品牌（规避群体品牌）。因变量品牌评价的测量使用 Van Horen 和 Pieters（2017）的量表，品牌评价的 5 个问项包括“该品牌产品是好的”，“该品牌产品对我有吸引力”“该品牌是积极的”等。

（4）控制变量：品牌熟悉度。鉴于个体对品牌的熟悉程度可能影响品牌评价，并且主实验中使用的品牌来自预调查中不同参与者的回答。有必要控制实验参与者对品牌熟悉程度的差异。我们采用量表的形式测量参与者对品牌的熟悉程度。比如，你对该品牌的了解度（1 = “非常不了解”，7 = “非常了解”）；你对该品牌有多熟悉（1 = “非常不熟悉”，7 = “非常熟悉”）等。

6.3.5 实验流程

当参与者阅读完调研说明以后，实验参与者被要求根据提示信息，输入一个他们认知的成员群体或者规避群体的名称。完成以上任务以后，参与者被随机被分配到模仿类型（规避群体模仿 vs. 成员群体模仿 vs. 控制组）的其中一组。模仿操纵结束以后，实验参与者对耐克品牌（纵向品牌），Vans品牌（横向品牌）和匹克品牌（规避群体品牌）进行品牌评价。

在完成对品牌评价后，要求参与者填写变量操纵检查，如模仿的操纵检验和控制变量，如品牌熟悉度以及年龄、性别、可支配收入等人口统计信息。

6.3.6 数据分析与结果

为了确保实验参与人数的有效性，本子研究采用G*Power 3.1软件计算样本的统计检验力（statistical power）（Faul et al.，2009）。选择F检验，效应量f为0.5，显著性水平α为0.05，总样本数为156，结果显示检验力为0.99，大于最小接受值0.8，因此本实验样本的统计检验力通过。

（1）模仿的操纵检验

移除了10个没有按要求填写的回答（如没有按要求填写群体名称），剩下了156条有效的数据。取他人模仿操纵检验问项的得分作为参与者感知到的模仿程度。单因素方差分析结果显示：被规避群体模仿组的感知到的模仿程度（M＝5.17）显著高于中值（M＝4，$t(52)=6.35$，$p<0.01$），且模仿组参与者感知的模仿程度（M＝5.17）显著高于控制组（M＝1.98，$t(100)=15.15$，$p<0.01$）；成员群体模仿组的参与者感知到的模仿程度（M＝5.24）显著高于中值（M＝4，$t(53)=5.25$，$p<0.01$），且成员群体模仿组参与者感知的模仿程度（M＝5.24）显著高于控制组（M＝1.98，$t(100)=12.38$，$p<0.01$）。由此说明，本实验的模仿操纵是成功的。

（2）假设检验

重复测量的方差分析结果表明，不同模仿类型和品牌类别的交互效应显著（$F(2, 153)=3.94$，$p<0.05$）。为了检验成员群体模仿和规避群体模仿对不同类型差异化品牌的偏好，分析结果以不同的品牌类型展开汇报。

（a）横向差异化品牌

以参与者对横向品牌的评价为因变量，模仿类型（模仿：规避群体模仿vs. 成员群体模仿vs. 控制组）为自变量、品牌熟悉度为控制变量进行方差分析。结果发现模仿的主效应显著（$F(2, 152)=7.96$，$p<0.05$，$\eta^2=0.10$）。

经历规避群体模仿的个体对横向差异化品牌的评价（M = 6.08，SD = 1.38）显著高于控制组的个体（M = 4.85，SD = 1.42，$F(1, 99) = 15.92$，$p < 0.05$，$\eta^2 = 0.13$）和经历成员群体模仿的个体（M = 5.15，SD = 1.57，$F(1, 104) = 9.07$，$p < 0.05$，$\eta^2 = 0.09$）。而经历成员群体模仿的个体对横向品牌的评价（M = 5.15，SD = 1.57）与控制组个体的评价无显著的差异（M = 4.85，SD = 1.42，$F(1, 100) = 0.85$，$p > 0.5$）（如图 6 – 3 所示）。

（b）纵向差异化品牌

以参与者对纵向差异化品牌的评价为因变量，模仿类型（模仿：规避群体模仿 vs. 成员群体模仿 vs. 控制组）为自变量、品牌熟悉的为控制变量进行方差分析。结果发现模仿的主效应显著（$F(2, 152) = 9.09$，$p < 0.05$，$\eta^2 = 0.13$）。经历成员群体模仿的个体对纵向品牌的评价（M = 5.89，SD = 1.41）显著高于控制组的个体（M = 5.13，SD = 1.34，$F(1, 101) = 11.69$，$p < 0.05$，$\eta^2 = 0.10$）和经历规避群体模仿的个体（M = 4.92，SD = 1.43，$F(1, 104) = 18.14$，$p < 0.05$，$\eta^2 = 0.14$）。而经历规避群体模仿的个体对纵向品牌的评价（M = 4.92，SD = 1.43）与控制组个体不存在显著的差异（M = 5.13，SD = 1.34，$F(1, 101) = 0.63$，$p > 0.5$）（如图 6 – 3 所示）。

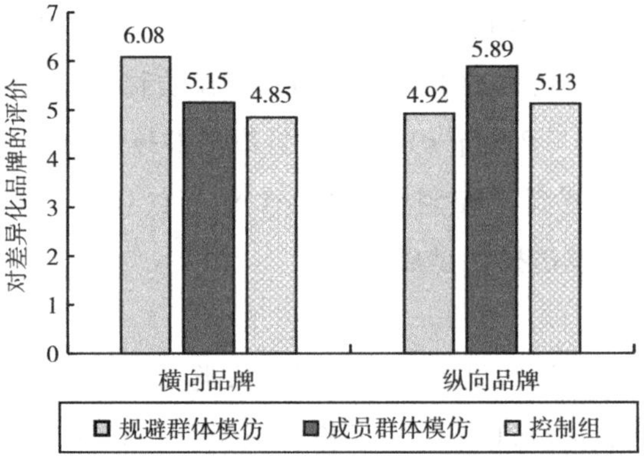

图 6 – 3　不同群体的模仿行为对差异化品牌评价的影响

6.3.7　讨论

实验 6 – 2 再次验证了假设 H6 – 1 和假设 H6 – 3。在经历了规避群体成员的模仿以后，消费者提升了对横向差异化品牌的评价。经历了成员群体成员的模仿以后，消费者提升了对纵向差异化品牌的评价。

在实验6-2中，通过预调查筛选出正式实验需要的横向差异化和纵向差异化品牌。然而，前测确定的品牌可能无法准确地反映正式实验中部分实验参与者心目中的水平和纵向差异化品牌。为了强化研究结果的稳健性，在实验6-3中，要求参与者写出他们心目中认知的水平和纵向差异化品牌名称。此外，尽管实验5-1和实验5-2为研究的主要假设提供了支持，但尚未检验这些影响的潜在机制。在实验5-3中将验证关于这些中介过程的假设。

6.4　实验6-3

本实验的目的是检验实验6-1和实验6-2结果的稳健性以及验证价值表达需求和宣扬群体内地位需求的中介作用（假设H6-2和假设H6-4）。在本实验中，由实验参与者自己填写出他们认知的横向差异化和纵向差异化品牌。因此，每一个品牌对参与者来说都具有代表性。

6.4.1　实验设计

采用3（他人模仿：规避群体模仿 vs. 成员群体模仿 vs. 控制组）*2（品牌：横向品牌 vs. 纵向品牌）的组间实验设计，实验参与者被随机分配到6个不同的实验组。参与实验的学生人数为320人。因变量是品牌评价和购买意愿。同时，我们测量了中介变量：价值表达需求和宣扬群体内地位的需求。

6.4.2　实验步骤

关于模仿群体的操纵，采用Escalas和Bettman（2005）的方法，要求他们写出自己所属的群体名称，提示信息如下：在下面的框中，我们希望你输入你所属的一个群体的名称，你感觉自己是该群体中的一员。你觉得你就是这种类型的人，并且你能和这些人相处得很好。这个群体应该是一个紧密联系的群体，由彼此非常相似的个体组成。

写完群体名称以后，实验参与者将看到不同品牌的解释语（同实验 2-1 的前测），并要求他们填写分别具有横向差异化、纵向差异化和成员群体特质的服饰类品牌。待他们写出三类不同的品牌后，我们告诉参与者本部分的实验结束，接下来请完成另外一个关于大学生的可视化任务（实际是模仿操纵任务）。本实验的模仿操纵任务与实验 6-1 类似，我们将情境材料中被模仿物更换为香水。

模仿操纵结束以后，实验参与者对纵向品牌或者横向品牌中的其中一个品牌进行品牌评价。在完成对品牌评价后，要求参与者填写中介变量的问项，价值表达需求的问项有 4 个（如"这个品牌反映了我心目中的自己""这个品牌帮助我传达我独特的自我看法、观念等""这个品牌帮助我进行自我表达""这个品牌帮助我进行自我定义。$\alpha=0.89$）；宣扬群体内地位包含 4 个问项（"这个品牌是群体地位的象征""这个品牌帮助我适应群体内的社交场合""我喜欢群体内的其他人看到我使用这个品牌""当群体内其他成员知道我在使用这个独特的品牌时，我很开心"；$\alpha=0.84$，Wilcox, Kim & Sen, 2009）。

为了检验个体对产品的质量需求是否是替代性解释。我们要求实验参与者完成质量追求量表，该量表包含 3 个问项（如"产品质量对我来说很重要""我很注重产品质量""我寻找并购买高质量的产品" Ailawadi, Pauwels, and Steenkamp, 2008）。最后是变量操纵检查，如模仿的操纵检验、群体认知后测、年龄、性别和可支配收入等人口统计信息。

6.4.3 数据分析与结果

为了确保实验参与人数的有效性，本子研究采用 G * Power 3.1 软件计算样本的统计检验力（statistical power）（Faul et al., 2009）。选择 F 检验，效应量 f 为 0.5，显著性水平 α 为 0.05，总样本数为 291，结果显示检验力为 0.99，大于最小接受值 0.8，因此本实验样本的统计检验力通过。

（1）操纵检验

移除了没有按要求填写的回答（如没有按要求填写所属群体的名称，未填写真实的品牌，猜到了实验目的等），最后剩下了291条有效的数据。取他人模仿操纵检验的问项的得分表示参与者感知到的模仿程度。单因素方差分析结果显示：被规避群体模仿组的参与者感知到的模仿程度（M = 5.38）显著高于中值（M = 4，t(99) = 11.97，p < 0.01），规避群体模仿组参与者感知的模仿程度（M = 5.17）显著高于控制组（M = 1.98，t(198) = 18.4，p < 0.01）；成员群体模仿组的参与者感知到的模仿程度（M = 5.25）显著高于中值（M = 4，t(90) = 8.93，p < 0.01），且成员群体模仿组参与者感知的模仿程度（M = 5.25）显著高于控制组（M = 1.98，t(189) = 16.06，p < 0.01）。由此说明，本实验的模仿操纵是成功的。

（2）假设检验

方差分析结果表明，模仿类型的主效应边缘显著（F(2，285) = 2.93，p = 0.051），品牌类别的主效应不显著（F(2，285) = 2.81，p > 0.5），但模仿类型和品牌类别的交互效应显著（F(2，285) = 6.948，p < 0.05，η^2 = 0.08）。本子研究试图检验成员群体模仿和规避群体模仿对不同类型差异化品牌的偏好。由此，分析结果以不同的品牌类型展开汇报。

（a）横向差异化品牌

以参与者对横向品牌的评价为因变量，模仿类型（模仿：规避群体模仿 vs. 成员群体模仿 vs. 控制组）为自变量、品牌熟悉度为控制变量进行方差分析。结果发现模仿的主效应显著（F(2，285) = 5.66，p < 0.01，η^2 = 0.06）。经历规避群体模仿的个体对横向差异化品牌的评价（M = 5.56，SD = 1.31）显著高于控制组的个体（M = 4.85，SD = 1.49，F(1，196) = 7.81，p < 0.05，η^2 = 0.04）和经历成员群体模仿的个体（M = 4.83，SD = 1.37，F(1，187) = 9.73，p < 0.05，η^2 = 0.05）。而经历成员群体模仿的个体对横向品牌的评价（M = 4.83，SD = 1.37）与控制组个体的评价无显著的差异（M = 4.87，SD = 1.49，F(1，185) = 0.1，p > 0.5）。由此，假设H6 - 1得到支持（如图6 - 4所示）。

我们预测，个体的价值表达需求提升了消费者对横向差异化的品牌的偏好。数据显示，经历规避群体模仿的个体的价值表达需求显著高于控制组的个体（b = -0.829，t(100) = -3.99，p < 0.01）。采用Bootstrap的Model 4进行中介效应检验，将模仿类型作为自变量，价值表达需求作为中介变量，品牌评价作

为因变量，样本量选择5000。在95%置信区间下，中介检验的结果没有包含0（LLCI = −0.29，ULCI = −0.02），表明个体的价值表达需求中介效应显著。具体而言，对于价值表达需求路径，规避群体的模仿行为激发了被模仿者的价值表达需求，进而提升了对横向差异化品牌的评价。由此，假设H6−2得到了支持。

此外，检验了宣扬群体内地位和对产品质量的追求是否在规避群体模仿对横向差异化品牌偏好的影响中发挥中介作用。在95%置信区间下，中介检验的结果包含0（LLCI = −0.304，ULCI = 0.10），表明宣扬群体内地位的中介效应不显著。在95%置信区间下，中介检验的结果包含0（LLCI = −0.603，ULCI = 0.19），表明对产品质量的追求的中介效应不显著。

（b）纵向差异化品牌

以参与者对纵向差异化品牌的评价为因变量，模仿类型（模仿：规避群体模仿 vs. 成员群体模仿 vs. 控制组）为自变量、品牌熟悉的为控制变量进行方差分析。结果发现模仿的主效应显著（$F(2, 285) = 4.87$，$p < 0.05$，$\eta^2 = 0.04$）。经历成员群体模仿的个体对纵向品牌的评价（$M = 5.75$，$SD = 1.27$）显著高于控制组的个体（$M = 5.07$，$SD = 1.39$，$F(1, 196) = 7.48$，$p < 0.05$，$\eta^2 = 0.04$）和经历规避群体模仿的个体（$M = 5.15$，$SD = 1.13$，$F(1, 187) = 7.16$，$p < 0.05$，$\eta^2 = 0.038$）。而经历规避群体模仿的个体对纵向品牌的评价（$M = 5.15$，$SD = 1.1$）与控制组个体不存在显著的差异（$M = 5.07$，$SD = 1.39$，$F(1, 185) = 0.2$，$p > 0.5$）。由此，假设H6−3得到支持（如图6−4所示）。

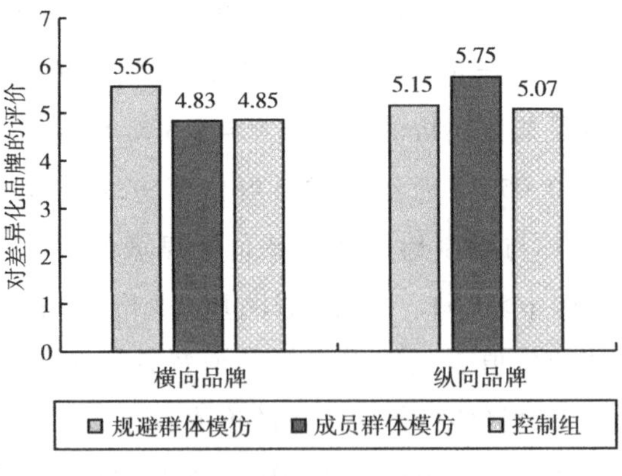

图6−4　不同群体模仿行为对差异化品牌评价的影响

我们预测，个体为了宣扬自己群体内地位，将提升消费者对纵向差异化的品牌的偏好。数据显示，经历成员群体模仿的个体，他们宣扬群体内地位的倾向显著高于控制组的个体（$b = 0.95$，$t(100) = 3.65$，$p < 0.01$）。采用Bootstrap的Model 4进行中介效应检验，将模仿类型作为自变量，价值表达需求作为中介变量，品牌评价作为因变量，样本量选择5000。在95%置信区间下，中介检验的结果没有包含0（LLCI = 0.01，ULCI = 0.51），表明宣扬群体内地位的中介效应显著。具体而言，对于宣扬群体内地位路径，成员群体的模仿行为激发了被模仿者的宣扬群体内地位的需求，进而提升了对纵向差异化品牌的评价。由此，假设H6-4得到了支持。

此外，检验了价值表达需求和对产品质量的追求是否在成员群体模仿对纵向差异化品牌偏好的影响中发挥中介作用。在95%置信区间下，中介检验的结果包含0（LLCI = -0.166，ULCI = 0.125），表明个体的价值表达需求的中介效应不显著。在95%置信区间下，中介检验的结果包含0（LLCI = -0.365，ULCI = 0.21），表明个体对产品质量的追求的中介效应不显著。

6.4.4 讨论

三个实验研究为本子研究提出的研究假设提供了强有力的支持。即不同的模仿类型影响消费者对不同类型差异化品牌的偏好。与对照组相比较，经历了规避群体模仿的个体对横向差异化品牌的偏好显著增加。而成员群体成员的模仿行为则促使个体更偏好纵向差异化的品牌。更重要的是，实验6-3为这些效应背后的机制提供了证据。价值表达需求的提升会影响个体对横向差异化品牌的偏好，因为他们需要与规避群体成员进行价值感的区分。而宣扬群体内地位的愿望则提升了个体对纵向差异化品牌的偏好。

此外，以往的研究表明，在高权力状态的个人（individuals in high-power-states）往往不太关心他人（Rucker，Galinsky，and Dubois，2012），他们受周围人的影响较小。而处于低权力状态的人则更容易受他人的影响（Mourali & Yang，2013）。低权力状态的消费者试图通过提升自己的地位或贬低上级的地位来改变现有的地位等级（Atwater et al.，2009）。我们预测，低权力状态（LPS）的消费者比高权力状态（HPS）的消费者更有可能通过横向和纵向品牌以实现与他人的区分。在实验6－4，检验不同的权力状态是否会调节他人模仿行为对两类差异化品牌的偏好。

6.5 实验6－4

实验6－4的目的是为了验证假设权力状态的调节作用（假设H6－4a和假设H6－4b）。在本实验中，我们选取的实验品牌是一个虚拟品牌，因变量是让实验参与者对该品牌的两种差异化的产品进行二选一的操作。这样做的目的是为了控制混乱和其他的替代解释，如感知的品牌质量。不同组别的实验刺激材料在产品、品牌、价格和质量评级上保持不变。我们通过改变产品描述来操纵产品的横向差异化是和纵向差异化，这与产品通常在广告中使用的描述来实现其定位是一致的。

6.5.1 实验设计

采用3（模仿：规避群体模仿 vs. 成员群体模仿 vs. 控制组）*2（权力状态：高 vs. 低）的实验设计。由于权力状态和他人的模仿行为均采取情境操纵的方式，实验参与者被随机分配到6个不同的实验组。实验的参与者人数有288人。其中男性132人，女性156人。

6.5.2 实验操纵与测量

（1）关于权力状态的操纵，采用了Rucker等（2011）提出的方法来启动权力状态。在采用这种方法时，我们告诉参与者，他们正在参与一项关于记忆的研究。他们的任务是回忆并描述控制他人（即高权力状态）或被他人控制（即低权力状态）的特定情境。

在高权力状态组，参与者被要求回忆一个他们强烈影响他人的情境。比如，你处于领导者地位，可以影响你团队的其他成员。这种情况有以下三个特点。第一，你可以对别人有很大的影响，但他们不可能对你有很大的影响。第二，你可以从别人那里得到你想要的，但别人不能从你那里得到他们想要的。第三，你可以评价别人，但是别人没有机会评价你。

在低权力状态组，要求参与者回忆一个被他人强烈影响的情境。例如，你处于被领导的位置，受到领导者的影响。这种情况有以下三个特点。第一，别人可以对你有很大的影响，但你不能对别人有很大的影响。第二，别人可以从你那里得到他们想要的，但你不能从别人那里得到你想要的。第三，别人可以评价你，你却没有机会去评价别人。

（2）他人模仿行为的操纵同实验 6－1。

（3）因变量测量，要求实验参与者想象正在考虑购买一个虚构的品牌 Setia 的运动鞋，并要在该品牌的两条产品线中进行选择：一条纵向差异化的产品线和一条横向差异化的产品线。关于两条产品线的描述如下：

Setia H 系列：通过提供奢华和上等的运动鞋挑战了行业规范。与普通的服饰系列不同，这个系列的款式时髦、优雅，有时还很奢侈。这个系列的价格平均为 100 美元起，并且它们得到了专业产品评级杂志《消费者报告》（Consumer Reports）94 分的评分（满分 100 分）。

Setia X 系列：该系列打破以往保守的行业标准，提供了前卫和独特的运动鞋。与普通的服饰系列不同，这个系列的与众不同之处在于它的不平常、时髦，有时还很古怪。这个系列的价格平均为 100 美元起，它们得到了专业产品评级杂志《消费者报告》（Consumer Reports）94 分的评分（满分 100 分）。

6.5.3 实验流程

首先，当参与者阅读完调研说明以后，进行权力状态操纵，参与者有 5 分钟左右的时间回忆和写下情况，然后他们被要求回答与操纵检查有关的问题。

其次，完成权力状态操纵以后，实验参与者被要求根据提示信息，输入一个他们认知的成员群体或者规避群体的名称。随后被随机分配到模仿类型（规避群体模仿 vs. 成员群体模仿 vs. 控制组）中的其中一组（同实验 6－1）。

最后，模仿操纵结束以后，实验参与者被告知进入另外一个无关的实验。想象你们正在考虑购买一个虚构的品牌 Setia 的运动鞋，并要在该品牌的两条产品线中进行选择：一条纵向差异化的产品线和一条横向差异化的产品线。

两个产品线的排序采取了随机原则，以消除呈现次序引起的结果偏差。完成对不同差异化产品线的选择后，实验参与者填写变量操纵检查，如使用权力感量表来测量实验参与者当下的权力状态情况（Anderson & Galinsky，2006）。比如，在我与他人的关系中，“我的想法和意见经常被忽视。”“即使我表达我的观点，也不会有多大影响。”“我认为我有很强的力量”等（1 = “非常不赞同”，7 = “非常赞同”）。以及模仿的操纵检验和年龄、性别、可支配收入等人口统计信息。

6.5.4 数据分析与结果

为了确保实验参与人数的有效性，本子研究采用 G * Power 3.1 软件计算样本的统计检验力（statistical power）（Faul et al.，2009）。选择 *F* 检验，效应量 f 为 0.5，显著性水平 α 为 0.05，总样本数为 259，结果显示检验力为 0.99，大于最小接受值 0.8，因此本实验样本的统计检验力通过。

（1）模仿的操纵检验

移除了没有按要求填写的回答（如没有按要求填写群体名称，没有按要求描述权力状态情境等），剩下了 259 条有效的数据。取他人模仿操纵检验的问项的得分表示参与者感知到的模仿程度。单因素方差分析结果显示：不同实验组的实验者感知到的模仿程度存在显著差异（$F(2, 256) = 267.79$，$p < 0.01$，$\eta^2 = 0.64$）。具体而言，被规避群体模仿组的参与者感知到的模仿程度（$M = 5.51$）显著高于中值（$M = 4$，$t(86) = 11.91$，$p < 0.01$），且模仿组参与者感知的模仿程度（$M = 5.51$）显著高于控制组（$M = 1.84$，$t(171) = 20.649$，$p < 0.01$）；成员群体模仿组的参与者感知到的模仿程度（$M = 5.43$）显著高于中值（$M = 4$，$t(85) = 12.69$，$p < 0.01$），且成员群体模仿组参与者感知的模仿程度（$M = 5.43$）显著高于控制组（$M = 1.84$，$t(169) = 21.52$，$p < 0.01$）。由此说明，本实验的模仿操纵是成功的。

（2）假设检验

为了检验权力状态变量在他人模仿行为对不同差异化产品选择中的调节作用，以模仿类型、权力状态（低 vs. 高）、模仿类型与权力状态的交互项为自变量，以参与者对不同差异化产品的选择为因变量进行 Logistic 回归分析。分析结果显示，模仿类型对不同差异化产品选择的主效应显著（$\beta = 0.79$，Wald $\chi^2 = 4.10$；$p < 0.05$）。更重要的是，权力状态与模仿类型的交互效应显著（$\beta = 0.67$，Wald $\chi^2 = 4.78$，$p < 0.05$）。我们的假设是检验他人的模仿行为（成员群体模仿/规避群体模仿）和权力状态（高权力状态 vs. 低权力状态）对不同类型差异化产品的偏好。我们将按照不同类型的差异化产品展开分析。

（a）横向差异化产品

对于横向差异化的产品，以模仿类型（规避群体模仿 vs. 控制组）、权力状态（高 vs. 低）、模仿与权力状态的交互项为自变量，以参与者对横向差异化产品的选择为因变量进行 Logistic 回归分析。

对于低权力状态组的参与者，相较于控制组（35.3%），经历规避群体模仿后更倾向选择横向差异化的产品（57.5%；$\beta = 1.09$，Wald $\chi^2 = 4.36$，$p < 0.05$）；对于高权力状态组的参与者，规避群体模仿组（45.3%）和控制组（40.0%）参与者对横向差异化产品的选择无显著差异（$\beta = 0.37$，Wald $\chi^2 = 1.06$，$p > 0.5$）（如图 6－5 所示）。由此，假设 H6－5a 得到支持。

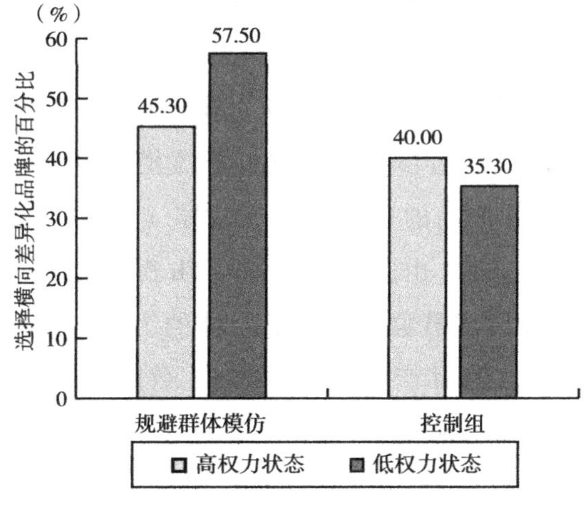

图 6－5 不同群体模仿和权力状态对横向品牌选择的影响

我们预测，由于个体的价值表达需求提升了消费者对横向差异化产品的偏好。数据显示，经历规避群体模仿的个体的价值表达需求显著高于控制组的个体（$b = -0.829$，$t(100) = -3.99$，$p < 0.01$）。采用 Bootstrap（Model 7）进行有调节的中介效应检验，将模仿类型作为自变量，价值表达需求作为中介变量，产品选择作为因变量，样本量选择 5000。在 95% 置信区间下，中介检验的结果没有包含 0（LLCI = -0.29，ULCI = -0.02），表明个体价值表达需求的中介效应显著。对于价值表达需求路径，规避群体的模仿行为激发了被模仿者的价值表达需求，进而提升了对横向差异化品牌的评价。对于低权力状态组的参与者，在 95% 置信区间下，中介检验的结果没有包含 0（LLCI = -0.96，ULCI = -0.10），即个体价值表达需求的中介效应显著。对于高权力状态组的参与者，在 95% 置信区间下，中介检验的结果则包含 0（LLCI = -0.13，ULCI = 0.47），即个体价值表达需求的中介效应并不显著。

此外，检验了宣扬群体内地位是否在规避群体模仿对横向差异化品牌偏好的影响中发挥中介作用。在 95% 置信区间下，中介检验的结果包含 0（LLCI = -0.02，ULCI = 0.36），表明宣扬群体内地位的中介效应不显著。

（b）纵向差异化产品

对于纵向差异化的产品，我们以模仿（成员群体模仿 vs. 控制组）、权力状态（高 vs. 低）、模仿与权力状态的交互项为自变量，以参与者对纵向差异化产品的选择为因变量进行 Logistic 回归分析。

对于低权力状态组的参与者，相较于控制组（47.1%），经历成员群体模仿后更偏好纵向差异化的产品（67.9%；$\beta = 0.72$，Wald $\chi^2 = 3.41$，$p < 0.05$）；对于高权力状态组的参与者，成员群体模仿组（68.8%）和控制组（60.0%）对纵向差异化产品的选择无显著差异（$\beta = 0.40$，Wald $\chi^2 = 1.17$，$p > 0.5$）（如图 6-6 所示）。由此，假设 H6-5b 得到支持。

我们预测，由于经历成员群体模仿后个体的为了宣扬自己在群体内的地位，使其对纵向差异化的产品产生更多的偏好。数据显示，经历成员群体模仿的个体，他们宣扬群体内地位的倾向显著高于控制组的个体（$b = 4.70$，$t(169) = 33.64$，$p < 0.01$）。采用 Bootstrap 的 Model 7 进行有调节的中介效应检验，将模仿类型作为自变量，宣扬群体内地位作为中介变量，品牌评价作为

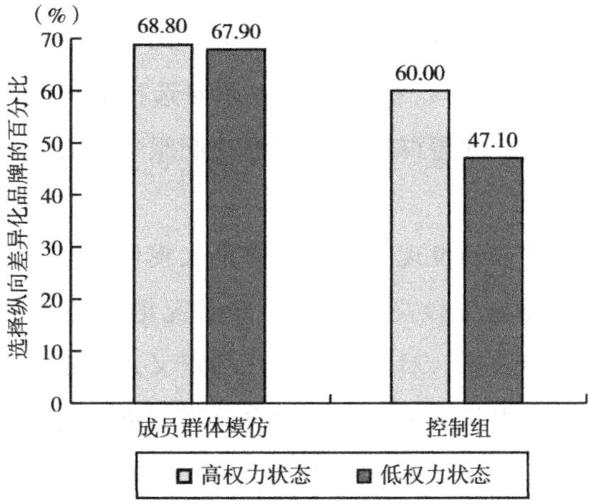

图6-6 不同群体模仿和权力状态对纵向品牌选择的影响

因变量，样本量选择5000。在95%置信区间下，中介检验的结果没有包含0（LLCI =0.01，ULCI =0.51），表明宣扬群体内地位的中介效应显著。具体而言，对于宣扬群体内地位路径，成员群体的模仿行为激发了被模仿者的宣扬群体内地位的需求，进而提升了对纵向差异化品牌的评价。对于低权力状态组的参与者，在95%置信区间下，中介检验的结果没有包含0（LLCI = -0.56，ULCI = -0.04），即宣扬群体内地位的中介效应显著。对于高权力状态组的参与者，在95%置信区间下，中介检验的结果则包含0（LLCI = -1.03，ULCI =0.12），即宣扬群体内地位的中介效应并不显著。

此外，检验了个体价值表达需求是否在成员群体模仿对纵向差异化产品偏好的影响中发挥中介作用。在95%置信区间下，中介检验的结果包含0（LLCI = -0.37，ULCI =0.26），表明个体价值表达需求的中介效应不显著。

6.5.5 讨论

实验6-4成功地验证了本研究的假设H6-5a和假设H6-5b，即在他人模仿行为对不同差异化品牌的偏好的影响，个体的权力状态水平具有调节作用。对于低权力状态组的参与者，经历成员群体模仿后（vs. 控制组）更倾向选择纵向差异化的产品。对于高权力状态组的参与者，成员群体模仿组和控制组参与者对纵向差异化产品的选择无显著差异。同时，低权力状态的个体，经历规避群体成员的模仿后（vs. 控制组）更倾向选择横向差异化的产品。对于高权力状态组的参与者，规避群体模仿组和控制组参与者对横向差异化产品的选择无显著差异。

一个有趣且出乎意料的发现是，在没有他人模仿的情况下，高权力状态的个体表现出对纵向差异品牌较高的偏好。本研究把横向差异化定义为基于个性、品味、特征等的差异化。对纵向差异化的定义是基于一个人的地位或者角色的差异化。由于高权力状态的个体认为自己拥有更多的资源、相信自己更有能力（r，Gruenfeld，and Anderson，2003）。个人认为财产是一种自我延伸，并使用它们来代表他们的身份（Belk，1987），他们可能认为纵向差异化的品牌是身份的象征。

6.6 结论与讨论

6.6.1 结论

子研究二展开了4个层层递进的实验研究，通过更换产品、变换因变量测量等方式以增强实验结果的稳健性。实验6－1和实验6－2主要为了验证主效应，我们通过预调研的形式，筛选出了正式实验的不同差异化的产品和品牌。为了增强实验结果的有效性，在实验6－3中，我们直接让被试填写他们心目中的差异化的品牌，由此，每一个品牌对参与者来说都具有代表性。在实验6－4中，选取的实验品牌是一个虚拟品牌，因变量是让实验参与者对该品牌的两种差异化的产品进行二选一的操作。这样做的目的是为了控制混乱和其他的替代解释，如感知的品牌质量。

本研究探讨了来自不同群体模仿行为对不同差异化产品偏好的影响，以及个人价值表达需求和宣扬群体内地位的心理机制。更重要的是，本研究还揭示了个人的权力状态水平对以上影响效应的调节作用。

本子研究的主要结论如下：来自规避群体的模仿行为将提升被模仿的消费者对横向差异化品牌的偏好。而成员群体的模仿行为将提升被模仿的消费者对纵向差异化品牌的偏好（实验6－1和实验6－2）。其内在影响机制是经历来自规避群体模仿的个体需要横向差异化品牌传递的独特性以实现自我的价值表达，而经历来自成员群体模仿的个体需要纵向差异化品牌传递的优越性以宣扬自己在群体内的地位（实验6－3）。同时，个体不同的权力状态水平会调节以上效应（实验6－4）。

6.6.2 研究贡献

首先，本研究丰富了关于模仿的文献，尤其是关于规避群体和成员群体模仿行为的探讨。以往的文献表明，为了表明自己是什么类型的人，消费者会采用品牌形象与成员群体或者渴望群体一致的品牌（Alvarez & Fournier，2016）。当个体意识到规避群体与自己有相似的拥有物或者消费行为时，通常给予该拥有较为负面的评价（Berger & Heath，2008）。尤其当拥有物可以推断出使用者的社会身份时，消费者对其的回避态度更为强烈（Berger & Rand，2008）。White 和 Argo（2011）发现，当消费者有较高的独特性关注时，相较于被不相似的他人模仿，消费者意识到自己被相似的他人模仿后，对被模仿的拥有物产生了更高的丢弃倾向。当一个人或者一个群体的消费行为被别人模仿以后，除了最直接，较极端的方式，如简单地丢弃该物品。我们试图探索是否还有别的途径应对他人的模仿行为？模仿别人的行为可能发生当个体观察到了其他人的消费行为（Ferarro，Bettman，and Chartrand，2009）以及在其他人面前进行消费时（Ramanathan & McGill，2007），进而观察者产生一致的产品偏好和消费行为。本研究进一步拓展了以往关于模仿行为的研究，发现了来自不同群体模仿行为可能带来的新的下游行为，被来自不同群体的模仿行为，消费者可能采取不同的差异化品牌进行应对。

其次，尽管研究表明，品牌和产品有助于满足归属感的需求（Loveland，Smeesters，and Mandel，2010；Mead et al.，2011）。本研究表明，品牌的功能不仅于此，它同样可以帮助消费者在群体中脱颖而出。在本研究中，我们确定了两种不同差异化类型的品牌，横向品牌和纵向品牌，以及导致对这些品牌的偏好增加的条件。我们的研究结果表明，横向品牌和纵向品牌也可以有效地与规避群体品牌或规避品牌实现区分。

最后，本研究对消费者行为中的认同理论（Identity Theory）和最优差异化理论（Optimal Distinctiveness Theory）都有一定的贡献。研究证明了消费者使用品牌来表达身份的情境，无论是群体成员身份还是个体的差异化身份。Reed（2004）认为，身份表达的重要性取决于情境线索，情境线索使得个体身份更加显著或重要。个体对自我的解释（Escalas & Bettman，2005；Swaminathan et al.，2007）和参照群体的类型（White & Dahl，2007）同样会影响身份表达。同时，在本研究的实验 6 - 2 ~ 实验 6 - 4 中，发现个体的权力状态在纵向和横向差异化品牌偏好中的调节作用。结合这些观点，对于低权力状态的消费者来说，差异化实际上是另一种实现归属感的策略。经历规避群体模仿后的横向差异化似乎是由一种内心的愿望驱动的，即通过更独特的品牌来实现与规避群体的身份区分，而经历成员群体模仿后的纵向差异化策略是低权力状态消费者在成员群体中确定个人群体地位，以保护自己在群体中归属感的结果。这种基于位置的差异化只有在关系背景下才显得有意义（Vignoles et al.，2000）。个体的归属感和独特性的目标并不总是对立的，归属感的目标实际上可能引发一些看似矛盾的行为。

6.6.3 管理启示

消费者何时以及为何使用品牌从参照群体中脱颖而出？哪些消费者更愿意使用水平或者纵向差异化的品牌以实现与其他人的区分？这些问题的答案对营销人员具有重要的意义。

从实践的角度来看，本研究结果有助于我们理解消费者对传达不同个性和形象的品牌（横向差异化品牌和纵向差异化品牌）的反应。研究结果表明，来自不同群体的模仿行为可能是提升消费者偏好横向差异化品牌或者纵向差异化品牌的重要因素。对那些采用不同差异化品牌策略的市场营销者有重要的启示。营销者可能想要考虑的是，当消费者无法通过继续持有拥有物或者丢弃拥有物来满足他们的特定需求时，可能产生什么后果。消费者拥有的东西被其他人复制了，或者如果一个产品变得太容易获得或者太普通，它可能无法吸引消费者甚至被直接抛弃（Berger & Heath，2007，2008；Granovetter & Soong，1986）。根据研究发现，企业可根据自己的品牌差异化定位，通过广告、信息推送等营销刺激来启动消费者的被不同群体（规避群体/成员群体）模仿的感知，进而增加对特定差异化产品的购买行为。

第 7 章

模仿行为应对之三：扩展身份

模仿消费有不同的形式。个体在模仿特定群体的消费行为时，可以购买与目标群体使用的相同品牌（如指定购买苹果最新出的手机型号）；也可以是购买目标群体所使用品牌的非核心产品。如一些消费者购买高端品牌的平价产品线的商品（非核心产品）成为拥有知名品牌的象征。对于被模仿的群体而言，他人不同形式的模仿，对自身的影响是否有差异？

已有的研究发现，对于他人不同形式的模仿，被模仿者有不同的反应。品牌游客的非核心模仿行为提升了品牌核心使用者内心的自豪感，而品牌移民者的模仿却增加了被模仿者的愤怒情绪（Bellezza & Keinan，2014）。当主流消费者都争相购买有公认的明确标识的产品时，内行的消费者反而偏好只有微妙标识的产品（Berger & Ward，2010）。比如，某些高地位品牌的核心使用者偏好细微品牌标识的产品设计。我们预测在模仿情境下，越复杂的品牌可能越有效。经历模仿的消费者对复杂品牌的评价更高，这是因为复杂的品牌可以帮助消费者扩大他们的身份和自我概念。他人的模仿是消费者偏好复杂品牌的重要影响因素。更重要的是，我们强调个体的自我概念清晰度在他人模仿对复杂品牌偏好影响中的调节作用。比如，对于拥有不同水平自我概念清晰度的消费者，经历了他人不同形式的模仿后，他们对复杂品牌的偏好是否呈现差异。

以往的营销理论认为，设计一个相对简单、单一的品牌，拥有独特的销售主张的品牌更能成功。对于建立复杂的、包含多种不同功能、抽象和象征意义的品牌，存在反对的主张（Keller，2007）。但是在营销实践中，品牌被赋予了更多的品牌内涵，品牌的设计越来越具有抽象和象征意义。例如，品牌的设计具有人格特征（如 Jeep 是冒险的，而宝马是上流阶层的）和价值（如 Toyota 是有环保意识的）。比如，从简单的设计（可口可乐：清爽的味道）到复杂的设计（可口可乐：清爽的、快乐的、刺激的、酷的）。品牌的复杂性，即一个品牌在多大程度上体现了多种人格特征和价值（Rodas & Torelli，2017）。复杂品牌在商业市场中是否有竞争力？以往的营销理论认为，品牌越复杂，效果就越差。但是研究发现，实体论消费者偏爱具有吸引力个性的品牌来传达自身的积极品质，从而增强符合品牌个性的自我认知（Park & John，2010）。如果一个品牌被赋予了更多的积极品质，那么消费者是否更偏爱这类品牌？目前较少有研究探讨品牌在这方面的功能。

尽管以往的研究表明，他人的模仿行为会导致被模仿者产生一些积极的反应，比如对模仿者产生好感和亲善行为（Lakin & Chartrand，2003；Tanner et al.，2008）。但是，人们也有另外一种基本的需要，那就是渴望从人群中脱颖而出的需求，向其他人表明他们是谁，实现与他人的区分（Bellezza，Gino，and Keinan，2014；Berger & Heath，2008；Dommer，Swaminathan，and Ahluwalia，2013；White & Argo，2009；White & Dahl，2006）。人们在努力与他人保持同化（即归属的需求）和与他人区分（即独特的需求）之间保持平衡。当消费者有较高的独特性关注时，被相似的他人模仿会产生更高的丢弃被模仿的拥有物的倾向（White & Argo，2011）。

消费者使用产品来创造、维持和与他人沟通他们的自我认同（Belk 1988）。然而，企业面临一个现实的问题，即大多数品牌都有一个庞大的客户基数。由此，提高了品牌使用者可能感知到别人模仿自己的风险（Berger & Heath，2007，2008；Berger & Rand，2008）。当这种情况发生时，消费者如何反应？我们探索品牌复杂性的程度，一个品牌体现多种人格特征和价值作为一个新的构念。我们预测，在面临他人核心模仿（vs. 非核心模仿）的情境下，被模仿者可能更偏爱复杂的品牌。这是受消费者自我扩张需求的驱动，并受个体的自我概念清晰度所调节。

因此，本子研究聚焦于不同形式（核心模仿/非核心模仿）的模仿行为，考察他人不同形式的模仿行为的影响效应。具体而言，本子研究试图回答以下问题：第一，不同形式的模仿行为，是否影响消费者对复杂品牌的偏好；第二，不同形式的模仿行为影响效应的心理机制，从而为模仿行为与消费者对复杂品牌购买意愿之间的因果关系提供一个有价值的解释视角；第三，探讨个人概念清晰度的调节作用，即对于不同自我概念清晰度的个体，他们经历他人不同形式的模仿行为后有何差异，从而为不同形式的模仿行为的影响效应确立更丰富的营销启示。

7.1 研究假设的提出

7.1.1 理论回顾

（1）品牌个性及其维度

Aaker（1997）认为，品牌个性是与品牌使用者相关联的人类特征的集合。虽然品牌是无生命的物体，但消费者往往认为它们具有人类的特征（Aaker，1997）。基于消费者的需求，企业努力打造满足消费者需求的品牌，在品牌的塑造过程中，企业不仅赋予品牌特定的功能属性，而且赋予品牌特定的内涵，从而使品牌具有特殊的个性，这些品牌个性可能是消费者喜欢的，企业通过品牌实现和消费者的互动。品牌个性特征可以是年轻、冒险的、运动的、精力充沛或富有经验的。例如，人们可以用下面的词来描述一些熟知的品牌：软饮料 Coca Cola 是酷的、Pepsi 是青春活力的（Aaker，1997）。

Aaker 教授设计出了认可度较高的品牌个性结构模型“大五”模型。Aaker 在美国选择了 37 个知名品牌作为研究对象，并从 309 个形容词中筛选出 114 个形容词用于在实验中让实验者用这些形容词描述特定的品牌个性，多次实验之后通过对 631 个有效样本的研究，将 114 个形容词缩减到 42 个形容词。通过归纳总结，最终将 42 个形容词分成 5 个维度。这 5 个维度包括：真诚的、兴奋的、有能力的、富有教养的以及强韧的。

（2）品牌个性对品牌态度的影响

Lucarelli 和 Hallin（2014）认为，品牌认同应该是动态的，并且能够随着时间的推移而变化，从而与个人认同更加一致。品牌是在众多制定身份之间发展的复杂社会关系的体现（Lucarelli & Hallin，2014）。在营销领域，我们发现品牌被赋予了更多的品牌内涵，品牌的设计越来越具有抽象和象征意义。例如，品牌的设计更富有个性（如 Jeep 是冒险的、而宝马是上流阶层的）和价值（如 Toyota 是有环保意识的）。同时，品牌从简单的设计（可口可乐：清爽的味道）到复杂的设计（可口可乐：清爽的、快乐的、刺激的、酷的）。参照 Rodas 和 Torelli（2017）两位学者的定义，本研究中所指的品牌复杂性，即一个品牌在多大程度上体现了多种人格特征和价值。

以往的研究认为，洞悉品牌个性很重要，因为消费者选择的品牌通常具有他们可以接受的个性（Aaker，1999）。一个成功的品牌个性有助于该品牌与其竞争对手实现差异化（Aaker，1997），可以提高品牌资产（Keller，2007），增加品牌偏好和使用（Fournier，1998）。消费者往往偏爱具有吸引力的品牌，试图肯定和增强自己的自我意识（Escalas & Bettman，2003；Gao，Wheeler，and Shiv，2009；Swaminathan，Stilley，and Ahluwalia，2009）。谢毅和彭泗清（2012）比较了品牌个性的不同维度在不同行业中的影响力。结果证实，品牌个性对品牌态度及消费者购买意愿均有显著的积极影响。Sung 和 Kim（2010）的研究结果表明，品牌个性对品牌忠诚有正向影响，即品牌个性有助于消费者形成品牌忠诚。此外，品牌个性与消费者自我概念一致性对品牌忠诚有正向影响。

（3）自我扩展

自我扩展模型认为，个体通过建立新的视角、获得新的身份、知识和获得新的社会角色，从根本上推动着自我扩展（Aron & Aron，1996；Aron，Aron，and Norman，2004）。如人们可以通过建立自己的新爱好或兴趣来拓展人际关系之外的自我（Mattingly & Lewandowski，2014）；也可以通过增加新奇有趣的经历进行自我扩展（Aron，et al.，2013；Mattingly & Lewandowski，2013b）。最初的自我扩展是在恋爱关系的背景下被研究的。在这种关系中，恋爱双方分享观点、身份和资源，以及分享具有挑战性和/或有趣的新奇经历（Fraley & Aron，2004）。学者们围绕这一主题研究者进行了大量研究，主要探讨了关系中的自我扩展对关系质量的影响。研究结果发现，个体在一段亲密关系中体验到的自我扩展的程度越高，他们对这段关系的满意度水平和承诺水平也越高

（Aron et al.，2000；Mattingly，Mcintyre，and Lewandowski，2012）。随后的研究将自我扩展延伸到了非人际关系的情境（Mattingly & Lewandowski，2013a，2013b；Xu et al.，2010）。如个体可以在阅读小说中实现自我扩展，这是由于小说中的任务角色给阅读者增加了新奇感和个人成长感，而且这种自我扩展丰富了个体的理想自我（Shedlosky - Shoemaker，Costabile，and Arkin，2014）。最新的研究将自我扩展理论延伸到消费者 - 品牌关系，强调自我扩展也可以发生在个人和品牌之间的互动。例如，发展品牌浪漫（Patwardhan & Balasubramanian，2011）。这种以新颖的内容扩展自我的行为是自我扩展的基础特征（Aron et al.，2013）。此外，研究发现，当个体在完成新目标后会经历自我成长的感觉，当个体在自我概念中添加某些新的观点、身份和资源时，通常也会发生自我扩展。如在工作经历中、使用手机、使用网络的过程中都会发生自我扩展（McIntyre et al.，2014）。

自我扩展不仅会影响个体的关系质量，同时对个体的自我认知也有着直接的影响。通过促进自我扩展能够显著的缓解个体的负面情绪，有助于心理健康（Hoffner，Lee，and Park，2016）。自我扩展使个体的自我概念得以扩展和丰富，如拥有较高自我扩展水平的个体，能体验到更高的效能感以及自尊水平，在困难任务中也愿意付出更多的努力（Mattingly & Lewandowski，2013a；2013b）。当个体失去具有自我扩展性的工作时，不仅会导致其自我概念维度数量的减少，还会导致其对自我评价的降低（Gray et al.，2020）。

7.1.2 假设提出

消费者的自我形象或自我概念包含多个维度，例如，现实自我概念和理想自我概念、社会自我概念和理想社会自我概念。理想自我概念是指消费者如何看待自己，而社会自我概念是指个人希望别人如何看待自己（Sirgy，1982）。随着个体生活经验的丰富以及认知能力的发展，自我概念内容变得越来越抽象，个体的自我认知会变得更加丰富化、抽象化和多元化（凌辉等，2016）。个体的自我认知和知觉是一个多维度的复杂结构，并且按照一定的层次组织成一个有机整体（Gallagher，2000）。

品牌为消费者提供了广泛的机会来表达他们是谁，他们想成为谁。以往的研究表明，品牌是消费者构建或展示他们身份或自我概念的一种方式（Carroll & Ahuvia，2006）。具有独特和吸引人的个性的品牌更有助于消费者实现这一目标。消费者在试图表达、肯定或增强自我意识时，会被具有鲜明个性的品牌所吸引（Aaker，1999；Escalas & Bettman，2003；Gao et al.，2009）。品牌个性越独特且有助于消费者进行自我表达，越能激发消费者的购买意愿（Usakli & Baloglu，2011）。实体论消费者使用具有吸引力个性的品牌来传达自我的积极品质，从而增强与品牌个性相关的自我认知（Park & John，2010）。

基于自我概念和自我一致性的理论，消费者更喜欢他们认为与自己相似的品牌（Malhotra，1988）。品牌自我一致性（即品牌个性、形象与个人自我概念之间的匹配）是关系品牌成功的重要变量，如消费者品牌识别（Stokburger - Sauer，Ratneshwar，and Sen，2012）、客户满意度（Nam，Ekinci，and Whyatt，2011）和客户忠诚度（Kressmann et al.，2006）。研究发现，品牌的感知个性与消费者自身个性之间的一致性越强，消费者就越有可能购买该品牌（Usakli & Baloglu，2011）。

现实生活中存在多种多样的消费模仿，本研究主要关注（1）形式模仿。形式模仿是指某个群体对另一特定群体消费偏好的模仿，主要是对目标对象整体的消费偏好与风格的模仿，并不指向具体的品牌与产品。（2）核心模仿。某个群体对另一群体使用的具体品牌或产品进行模仿。面临他人的核心模仿，过多的相似性促使消费者需要寻求多样化与独特的选择来进行自我表达，从而实现与其他群体区分的目的。由于复杂的品牌被赋予了更多的更丰富的个性，我们预测，在模仿的情景下，经历他人核心模仿的消费者可能更偏好复杂的品牌。由此，提出假设：

H7 - 1：相对于非核心模仿组的个体，经历核心模仿的个体更偏好复杂的品牌。

在日常生活中，个人追求自我扩展的策略是很常见的（Baumeister et al.，1998）。个体通过多种方式推动着自我扩展，比如建立新的视角、获得新的身份、知识和获得新的社会角色（Aron & Aron，1996；Aron，Norman，and Aron，1998）。如人们可以通过建立新的兴趣爱好以拓展人际关系之外的自我（Mattingly & Lewandowski，2014）；也可以通过增加新奇有趣的经历进行自我扩展（Aron，et al.，2013；Mattingly & Lewandowski，2013b）；自我扩展也可以发生在个人和品牌之间的互动。例如，发展品牌浪漫（Patwardhan & Balasubramanian，2011）。通过拥有一个品牌获得新奇和令人兴奋的体验，可以扩大自我概念的内容，以及新的视角（Reimann & Aron，2009）。如一个品牌允许拥有更广泛、更丰富的自我概念，已被证明对具有成长心态的消费者更具吸引力（Mattingly & Lewandowski，2014）。

越来越多的研究表明，个人自我概念内容（即他们所有的自我信念）的增加会导致一系列积极的结果。如改善恋爱关系的质量，自我概念越多的人解决问题的自我效能越高（Mattingly & Lewandowski，2014）；在困难的任务上投入更多的认知和体力（Mattingly & Lewandowski，2013a；Xu，et al.，2010）；拥有更高的自尊（Aron et al.，1995）。

Aron 等（2006）的研究表明，当个体之间的相似度太高时，个体会采取自我扩展的行为。我们预测，面临他人的核心模仿（vs. 非核心模仿行为），个体的自我扩展需求提升，进而偏好复杂的品牌。这是由于复杂的品牌包含丰富的品牌个性，能为消费者提供新奇和愉悦的体验，为消费者提供扩展和加强自我意识的途径。由此，提出假设：

H7-2：自我扩展需要在模仿行为对复杂品牌偏好的影响中发挥中介作用。

根据 Campbell（1990）对自我概念清晰度（Self-Concept Clarity）的定义，是指个体清晰地、自信地对自我概念的内容（即知觉到的个人属性）进行界定。它倾向于整合关于自我的相关内容，力求在外部条件变化以及多重自我角色转换中保持个体对于自己角色的清晰稳定的认知，而整合多重自我的结果就是拥有连续性、稳定性和完整性的自我概念。

研究表明，自我概念清晰度是一种积极和稳定的自我感知，也是一种积极的个体资源（Noyman-Veksler et al.，2013）。自我概念清晰度在一定程度上可以显著正向预测个体的自尊水平（Lee-Flynn et al.，2011）；较高的自我概念清晰度在一定程度上可以有效地减少来自外界的压力（Ritchie et al.，2011）。Noyman-Veksler 等（2013）的研究发现，自我概念清晰度是对自我感知保持一种积极稳定的水平，是一种应对外部刺激的积极的个体资源。Campbell（1990）指出，高水平自我概念清晰度的个体对外部线索的依赖较少，不易受那些与自我概念不一致的外界负面态度影响，他们可以更好地应对外界环境。较高的自我概念清晰度个体将自我作为决策的基础，更容易找到与自己确信地信念的验证反馈，因而有着更强的自我调控能力，对自我信念改变也有更强的抗性（Setterlund & Niedenthal，1993）。Boyce（2008）的研究发现，自我概念清晰度水平较低的个体对自己掌控生活的能力持怀疑态度，在生活中经历更多的无力感，并对生活的价值存在诸多困惑和疑问，对生活倾向消极的判断和迷茫。此外，当低自我概念清晰度个体受到外部的消极刺激后，会对自己存在意义产生怀疑，并对于"自己到底是一个什么样的人"进行反复的质疑，进而更可能产生焦虑和抑郁等不良情绪（Bigler，Neimeyer，and Brown，2001）。由此，我们推论低自我概念清晰度的个体比高自我概念清晰度的消费者更有可能通过复杂品牌来实现自我扩展。由此，提出假设：

H7－3：自我概念清晰水平调节模仿行为对复杂品牌偏好的影响。具体而言，相对于非核心模仿组，经历核心模仿的低自我概念的消费者对复杂品牌的偏好程度更高。而对于高自我概念的消费者对复杂品牌的偏好无显著的差异。

7.2 实验7－1

本实验的目的是检验不同形式的模仿对被模仿者复杂品牌偏好的影响（H7－1）。我们预测，相对于非核心模仿组的个体，经历核心模仿的个体更偏好复杂的品牌。

7.2.1 实验设计

采用2模仿形式（核心模仿 vs. 非核心模仿）＊2品牌复杂度：（复杂组 vs. 单一组）的组间实验设计。实验参与者被随机分配到4个不同的实验组。参与实验的学生人数有166人。其中男性74人，女性92人。

7.2.2 实验操纵与测量

（1）对于模仿行为的操纵，我们参照了 White 等（2011）的研究进行改编。在本研究中，我们对模仿的操纵如下：

在核心模仿组，参与者阅读的材料内容："你最近在网上购买了一件非常帅气的棒球服。于是，你穿着新买的棒球服参加你经常去的团体活动，活动很丰富，你玩得很开心。几天以后，你再次参加该社团活动。你发现，来自同社团的 A 同学，他/她竟然穿着和你几天前刚买的同一款式、同一品牌的棒球服。他/她告诉你说：'我上次看见你穿着这件外套，所以我也跟着买了一件！'"

非核心模仿组参与者阅读的材料内容如下："你最近在网上购买了一件非常帅气的棒球服。于是，你穿着新买的棒球服参加你经常去的团体活动，活动很丰富，你玩得很开心。几天以后，你再次参加该社团活动。你发现，来自同社团的 A 同学，他/她带着一款棒球帽。他/她告诉你说：'我觉得戴棒球帽很帅气，我想试试这种风格！'"

（2）对于品牌复杂性的操纵，参照了 Rodas 和 Torelli（2017）的研究。通过对 40 位在线大学生的前测，确定品牌复杂性操纵中所需的品牌个性。首先向参与调研的参与者解释什么是品牌个性。品牌人格又称之为品牌个性，是赋予品牌人的性格、行为、特征，甚至于赋予品牌一个人物的形象。从人格的角度去解读构建品牌形象，通俗地讲就是将品牌当成一个人，让品牌以一个人的身份去进行运作。当参与者表示理解以后，我们要求其写出他们印象最深的两个运动鞋的品牌，并分别写出他们各自的品牌个性。通过对问卷的整理我们发现提名最多的是耐克、阿迪达斯和 Vans。此外，调研参与者对耐克品牌，他们感知到的个性更多元化，比如包括潮流的、炫酷的、勇敢的、积极上进的等。由此，决定在正式实验中使用耐克作为实验材料。

在正式的实验操纵中，向实验参与者展示一份包含耐克品牌的八个品牌特征和价值的列表，并要求他们从中选择四个他们喜欢的选项，并详细说明他们做出该选择的原因。在控制条件下（非复杂组），8 个品牌特质和价值属性均属于一个价值维度（如新潮的），而在实验组（复杂品牌组），这些特质和价值属性属于多个维度（如新潮的、勇敢的、进取的）。

图7-1

在实验组（复杂品牌组），实验参与者阅读到以下材料：

将创新和灵感带给消费者是耐克的宣言，采用轻盈的织物和合成材质面料，结合简约低帮设计，赋予双足透气舒适的穿着感受。我们的使命驱使我们尽一切可能去拓展人类的潜能，为消费者带来奋发的、进取的、勇敢的、无畏的、积极向上的、新潮的、时尚的，勇于拼搏的感受。

在控制组（非复杂组），8个品牌特质和价值属性均属于一个价值维度（如新潮的）。

（3）因变量：采用Zemack - Rugar等（2017）使用的量表测量品牌喜爱度。该量表包含的5个问项，如"该品牌产品是吸引人/不吸引人的""该品牌产品是积极的/消极的""该品牌产品是令人愉悦的/不愉悦的"（Zemack - Rugar, Moore, and Fitzsimons, $\alpha=0.91$）。

7.2.3 实验流程

当参与者阅读完调研说明以后，实验参与者被要求根据提示信息完成本次几个不相关的调研。

首先，向实验参与者展示了一系列运动品牌的名称（包括实验材料中的耐克品牌），要求他们对这些品牌进行品牌熟悉度等测量。其次，实验参与者被告知进行一个场景想象的调研。参与者被随机分配到核心模仿组或者非核心模仿组。模仿操纵结束以后，参与者完成模仿的操纵检验。最后，实验参与者被告知进入另外一个无关的实验，我们告知参与者，我们想了解某些品牌在大学生心目中的品牌印象情况。

呈现关于耐克作为鞋类品牌的基本介绍，随后实验参与者看见一份关于耐克品牌的8个品牌特征和价值的列表。要求他们从这8个品牌特征中至少选择4个，并详细解释他们做出该选择的原因。在控制条件下（非复杂组），8个品牌特质和价值属性均属于一个价值维度（如新潮的）。而在实验组（复杂品牌组），这些特质和价值属性属于多个维度（如新潮的、勇敢的、进取的）。

在完成对品牌复杂度的操纵以后，要求参与者填写品牌喜爱度量表。随后是变量操纵检查，控制变量品牌熟悉度和年龄、性别等人口统计信息。

7.2.4 数据分析与结果

为了确保实验参与人数的有效性，本研究采用 G * Power 3.1 软件计算样本的统计检验力（statistical power）（Faul et al.，2009）。选择 F 检验，效应量 f 为 0.5，显著性水平 α 为 0.05，总样本数为 160，结果显示检验力为 0.99，大于最小接受值 0.8，因此本实验样本的统计检验力通过。

（1）模仿的操纵检验

移除了没有按要求填写的回答（如，没有通过注意力检测的），剩下了160条有效的数据。取他人模仿操纵检验的问项的得分表示参与者感知到的模仿程度。单因素方差分析结果显示：核心模仿组的参与者感知到的模仿程度（$M = 5.54$，$SD = 1.24$）显著高于非核心模仿组（$M = 4.30$，$SD = 1.33$，$F(1, 158) = 36.66$，$p < 0.01$）。由此说明，本实验的模仿操纵是成功的。

（2）假设检验

以参与者的品牌喜爱度为因变量，模仿类型（模仿：核心模仿 vs. 非核心模仿）、品牌复杂度以及二者的交互作用为自变量，品牌熟悉度等作为控制变量进行方差分析。结果发现模仿类型与品牌复杂度的交互效应显著（$F(1, 156) = 3.96$，$p < 0.05$，$\eta^2 = 0.07$）。

进一步的简单效应分析发现，核心模仿组的个体对复杂品牌的喜爱度（M = 5.96，SD = 1.21）显著高于对非复杂品牌的喜爱度（M = 5.23，SD = 1.23，$F(1, 156) = 8.58$，$p < 0.05$，$\eta^2 = 0.05$）。而非核心模仿组的个体对复杂品牌的喜爱度（M = 4.98，SD = 1.24）与对非复杂品牌的喜爱度无显著差异（M = 4.92，SD = 1.27，$F(1, 156) = 0.06$，$p > 0.5$）（如图7-2所示）。

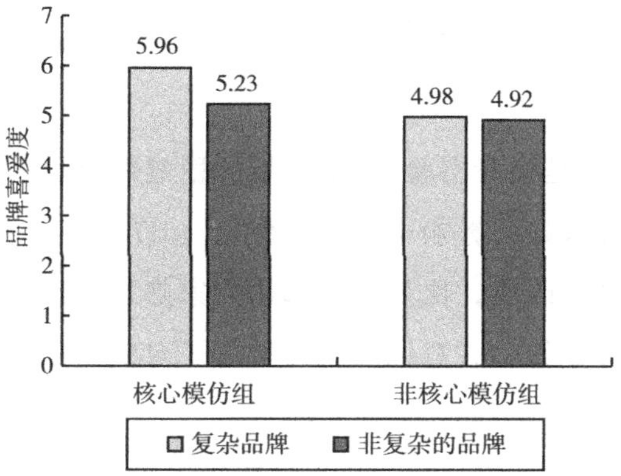

图7-2　不同形式的模仿行为对复杂度品牌评价的影响

此外，数据分析结果表明，经历核心模仿的个体对复杂品牌的喜爱度（M = 5.96，SD = 1.21）显著高于非核心模仿组的个体（M = 4.98，SD = 1.24，$F(1, 156) = 19.07$，$p < 0.05$，$\eta^2 = 0.09$）。经历核心模仿的个体对非复杂品牌的喜爱度（M = 5.23，SD = 1.23）与非核心模仿组的个体无显著差异（M = 4.92，SD = 1.27，$F(1, 156) = 1.55$，$p > 0.5$）。

在模型中加入品牌熟悉度，参与者的年龄、性别以及与自变量的交互均未改变模型的显著性。由此说明实验结果并未受到以上人口统计变量的显著影响。

7.2.5　讨论

实验7-1通过对不同形式模仿行为以及品牌复杂度的操纵，初步证明了不同形式的模仿行为对复杂品牌喜爱度之间的影响关系。在经历了他人的核心模仿以后，消费者明显提升了对复杂品牌的喜爱度（H7-1）。

为了强化研究结果的稳健性，我们在实验 7 – 2 中将选取不同的产品刺激物；因变量增加产品购买意愿的测量。此外，尽管实验 7 – 1 为我们的主要假设提供了支持，但我们尚未检验这些影响的潜在机制。我们将在实验 7 – 2 中验证关于这些中介过程的假设。

7.3　实验 7 – 2

实验 7 – 2 的目的是检验实验 7 – 1 结果的稳健性以及验证自我扩展需要在模仿行为对复杂品牌偏好的影响中的中介作用（H7 – 2）。在实验 7 – 2 中，我们将实验刺激材料做了改变，比如品牌选用大家熟悉的饮料品牌。对因变量的测量增加了实验参与者的购买意愿。同时增加了对中介变量的测量。

7.3.1　实验设计

采用 2 模仿形式（核心模仿 vs. 非核心模仿）* 2 品牌复杂度：（复杂组 vs. 单一组）的组间实验设计。实验参与者被随机分配到 4 个不同的实验组。参与实验的人数有 193 人。其中男性 88 人，女性 105 人。

7.3.2　实验操纵与测量

（1）对于模仿行为的操纵，我们参照了 White 等（2011）的研究进行改编。在本研究中，我们对模仿的操纵如下：

在核心模仿组，参与者阅读的材料内容如下：

香水是一种生活态度的体现，善于利用香水可以让人更加优雅、得体、精致。Julian Bedel 是阿根廷极富传奇色彩的香水大师，也是顶级香氛品牌 Fueguia 1833 的联合创始人。Fueguia 的微型实验室里 Bedel 大师将用他神奇的双手调出蕴含您香味气质的个性配方，您可以从他的三个配方中选出最心仪的那款。一个礼拜后，属于您的那款定制香水将放入一个巴塔哥尼亚的精致木盒里，送到您的手中。（紧接着，我们邀请实验参与者选择他/她喜欢的香水前调、中调和后调味道。）

请想象一下，您现在终于收到了您心爱的香水，这款独特的香水让您活跃在公共场合。当朋友问到您时，您喜悦地同他们/她们分享这个神奇的品牌。过了一个礼拜，在茶水间，你发现你的同事A似乎在使用与你类似的香水。结果你的同事A告诉你说："我之前听说你买了这个味道，所以我也买了这款！"

而在非核心模仿组，对于香水的介绍均是相同的，不同的地方在于模仿者并没有模仿具体的品牌。在非核心模仿组，参与者阅读的材料内容如下：

香水是一种生活态度的体现，善于利用香水可以让人更加优雅、得体、精致。Julian Bedel是阿根廷极富传奇色彩的香水大师，也是顶级香氛品牌Fueguia 1833的联合创始人。Fueguia的微型实验室里Bedel大师将用他神奇的双手调出蕴含您香味气质的个性配方，您可以从他的三个配方中选出最心仪的那款。一个礼拜后，属于您的那款定制香水将放入一个巴塔哥尼亚的精致木盒里，送到您的手中。（紧接着，我们邀请实验参与者选择他/她喜欢的香水前调、中调和后调味道。）

请想象一下，您现在终于收到了您心爱的香水，这款独特的香水让您活跃在公共场合。当朋友问到您时，您喜悦地同他们/她们分享这个神奇的品牌。过了一个礼拜，在茶水间，你发现你的同事A也开始使用其他品牌的香氛产品……

（2）对于品牌复杂性的操纵，参照了Rodas和Torelli（2017）的研究。通过对40位在线大学生的前测，确定品牌复杂性操纵的品牌个性。同实验3-1的前测步骤，首先向参与调研的参与者解释什么是品牌个性。品牌人格又称为品牌个性，是赋予品牌人的性格、行为、特征，甚至于赋予品牌一个人物的形象。从人格的角度去解读构建品牌形象，通俗地讲就是将品牌当成一个人，让品牌以一个人的身份去进行运作。当参与者表示理解以后，要求其写出他们印象最深的两个饮品的品牌，并分别写出他们各自的品牌个性。通过对问卷的整理我们发现提名最多的是可口可乐和雪碧。针对雪碧品牌，参与者填写的品牌个性更多元化，包括快乐的、温馨的、清爽的等。由此，确定在正式实验中选择雪碧。

在正式的实验操纵中，向实验参与者展示一份包含雪碧这个品牌的 8 个品牌特征和价值的列表，并要求他们从中选择 4 个，并详细说明他们做出该选择的原因。在控制条件下（非复杂组），8 个品牌特质和价值属性均属于一个价值维度（如快乐的），而在实验组（复杂品牌组），这些特质和价值属性属于多个维度（如快乐的、温暖的、激情的）。

（3）因变量：测量实验参与者对品牌的喜爱度以及购买意愿。采用 Zemack – Rugar 等（2017）使用的量表测量品牌喜爱度。该量表包含的 5 个问项，如“该品牌产品是吸引人/不吸引人的”“该品牌产品是积极的/消极的”“该品牌产品是令人愉悦的/不愉悦的”（Zemack – Rugar，Moore，and Fitzsimons，α =0.91）。购买意愿包括 3 个问项，“我会购买该品牌的可能是”（1 = “完全不可能”，7 = “完全可能”）、“当我需要购买饮料时，我会考虑可口可乐品牌的可能性是”（1 = “完全不可能”，7 = “完全可能”）、“我会购买可口可乐品牌的意愿是”（1 = “非常低”，7 = “非常高”）（Dodds，Monroe，and Grewal，1991，α =0.84）。

（4）中介变量测量：参照 Aron 等（2013）的做法，具体来说，要求参与者回答这样一个问题：“今天你是谁”我们给参与者足够的文字输入表格（每个表格填写一个短语/形容词/人格特征），并给参与者 3 分钟时间列出尽可能多的短语、形容词、人格特征等来描述他们的自我概念。在实验中对自我概念进行了解释，实验参与者将阅读到以下信息：“自我概念是指个人对自己多方面知觉的总和；其中包括个人对自己性格、能力、兴趣、欲望的了解以及对生活目标的认识与评价等。其内容包括 3 方面：一是个人对自己的描述（自己是什么样子的人）；二是个人对自己的评价；三是社会比较，人们往往与他人比较来确定衡量自己。”在数据分析时，我们统计参与者所填写的短语/形容词/人格特征数量，并将其作为自我概念大小的测量标准。

7.3.3 实验流程

当参与者阅读完调研说明以后，实验参与者被要求根据提示信息完成几个不相关的调研。

首先，参与者被随机分配到核心模仿组或者非核心模仿组。模仿操纵结束以后，参与者完成模仿的操纵检验。其次，实验参与者被告知进入另外一个无关的实验，我们告知参与者，我们想了解某些熟悉的品牌在大学生心目中的品牌印象。

实验参与者看见一份关于雪碧的8个品牌特征和价值的列表。要求他们从这8个品牌特征中至少选择4个，并详细解释他们做出该选择的原因。在控制条件下（非复杂组），8个品牌特质和价值属性均属于一个价值维度（如快乐的），而在实验组下（复杂组），这些特质和价值属性属于多个维度（如快乐的、温暖的、激情的）。

在完成对品牌复杂度的操纵以后，要求参与者填写品牌喜爱度量表和购买意愿。随后是变量操纵检查，向实验参与者展示了一系列饮料品牌的名称（包括实验材料中的目标品牌雪碧），要求他们完成对这些品牌的熟悉度的测量以及其他控制变量的问项，如年龄、性别、可支配收入等人口统计信息。

7.3.4 数据分析与结果

为了确保实验参与人数的有效性，本子研究采用 G * Power 3.1 软件计算样本的统计检验力（statistical power）（Faul et al.，2009）。选择 F 检验，效应量 f 为0.5，显著性水平 α 为0.05，总样本数为185，结果显示检验力为0.99，大于最小接受值0.8，因此本实验样本的统计检验力通过。

（1）模仿的操纵检验

移除了8个没有按要求填写的回答（如，没有通过注意力检测的），剩下了185条有效的数据。取他人模仿操纵检验的问项的得分表示参与者感知到的模仿程度。单因素方差分析结果显示：核心模仿组的参与者感知到的模仿程度（M = 5.57，SD = 1.12）显著高于非核心模仿组（M = 4.26，SD = 1.55，$F(1, 183) = 42.51$，$p < 0.01$，$\eta^2 = 0.19$）。由此说明，本实验的模仿操纵是成功的。

（2）假设检验

（a）品牌喜爱度

以参与者的品牌喜爱度为因变量，模仿类型（模仿：核心模仿 vs. 非核心模仿)、品牌复杂度以及二者的交互为自变量、品牌熟悉度和品牌评价前测值作为控制变量进行方差分析。结果表明，模仿类型与品牌复杂度的交互效应显著（$F(1, 181) = 9.51$，$p < 0.05$，$\eta^2 = 0.06$）。

进一步的简单效应分析发现，核心模仿组的个体对复杂品牌的喜爱度（$M = 6.09$，$SD = 1.09$）显著高于对非复杂品牌的喜爱度（$M = 5.33$，$SD = 1.30$，$F(1, 181) = 18.71$，$p < 0.05$，$\eta^2 = 0.09$）。而非核心模仿组的个体对复杂品牌的喜爱度（$M = 5.54$，$SD = 1.18$）与对非复杂品牌的喜爱度无显著差异（$M = 5.52$，$SD = 1.21$，$F(1, 181) = 0.56$，$p > 0.5$）（如图 7－3 所示）。

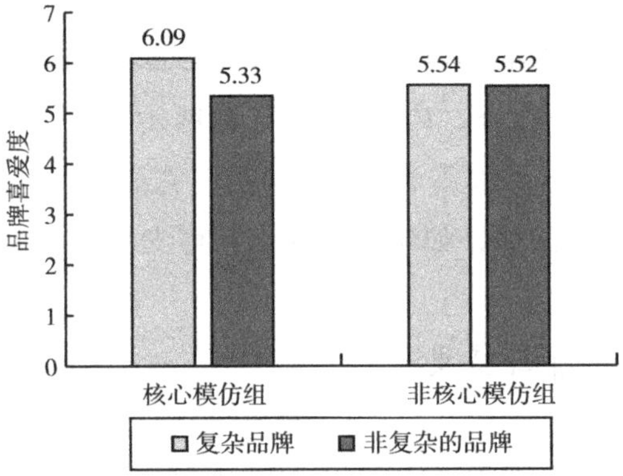

图 7－3 不同形式的模仿行为对复杂品牌喜爱度的影响

此外，数据分析结果表明，经历核心模仿的个体对复杂品牌的喜爱度（$M = 6.09$，$SD = 1.09$）显著高于非核心模仿组的个体（$M = 5.54$，$SD = 1.21$，$F(1, 181) = 6.49$，$p < 0.05$，$\eta^2 = 0.04$）。经历核心模仿的个体对非复杂品牌的喜爱度（$M = 5.33$，$SD = 1.30$）与非核心模仿组的个体无显著差异（$M = 5.52$，$SD = 1.18$，$F(1, 181) = 0.73$，$p > 0.5$）。

在模型中加入参与者的年龄、性别和可支配收入，以及与自变量的交互均未改变模型的显著性。由此说明实验结果并未受到以上变量的显著影响。

（b）品牌购买意愿

以个体对品牌的购买意愿为因变量，模仿类型（模仿：核心模仿 vs. 非核心模仿）、品牌复杂度以及二者的交互为自变量、品牌熟悉度和品牌评价前测值为控制变量进行方差分析。结果发现，模仿类型与品牌复杂度的交互效应依然显著（$F(1, 181) = 13.06$，$p < 0.05$，$\eta^2 = 0.07$）。

进一步的简单效应分析发现，核心模仿组的个体对复杂品牌的购买意愿（$M = 5.79$，$SD = 1.05$）显著高于对非复杂品牌的购买意愿（$M = 5.10$，$SD = 1.07$，$F(1, 181) = 17.49$，$p < 0.01$，$\eta^2 = 0.03$）。而非核心模仿组的个体对非复杂品牌的购买意愿（$M = 5.45$，$SD = 1.17$）边缘显著地高于对复杂品牌的购买意愿（$M = 5.06$，$SD = 1.10$，$F(1, 181) = 3.45$，$p = 0.056$，$\eta^2 = 0.02$）（如图7－4所示）。

此外，数据分析结果表明，经历核心模仿的个体对复杂品牌的购买意愿（$M = 5.79$，$SD = 1.05$）显著高于非核心模仿组的个体（$M = 5.06$，$SD = 1.10$，$F(1, 181) = 17.50$，$p < 0.01$，$\eta^2 = 0.09$）。经历核心模仿的个体对非复杂品牌的购买意愿（$M = 5.10$，$SD = 1.07$））与非核心模仿组的个体无显著差异（$M = 5.45$，$SD = 1.17$，$F(1, 181) = 3.09$，$p > 0.05$）。

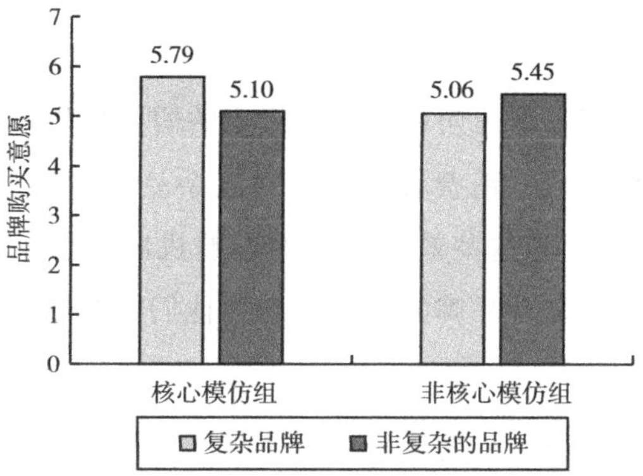

图7－4 不同形式的模仿行为对复杂品牌购买意愿的影响

在模型中加入参与者的年龄、性别和可支配收入，以及与自变量的交互均未改变模型的显著性。由此说明，个体的购买意愿并未受到以上人口统计变量的显著影响。

7.3.5 中介分析

我们预测由于个体的自我扩展需求提升了消费者对复杂品牌的偏好。为了验证自我扩展需求的中介作用，采用 Bootstrap 程序进行中介分析（Hayes，2013；Model 8），以模仿类型为自变量，品牌复杂度为调节变量，自我扩展需求为中介变量，对品牌的喜爱度为因变量。样本量选择 5000，在 95% 的置信区间下，被调节的中介效应分析结果显示，模仿类型与品牌复杂度对自我扩展需求的交互效应显著（$\beta = 1.70$，$t = 2.57$，$p < 0.01$）。在 95% 置信区间下，中介检验的结果没有包含 0（LLCI = -0.351，ULCI = -0.008），表明个体的自我扩展需求中介效应显著。当品牌的类型为复杂品牌时，模仿后的自我扩展需求的中介效应检验结果中不包含 0（LLCI = -0.258，ULCI = -0.01），表明自我扩展需求的中介效应显著。但对于非复杂品牌组，其中介效应检验结果中则包含 0（LLCI = -0.038，ULCI = 0.144），即中介作用不显著。由此，假设 H7-2 得到验证。

7.3.6 讨论

实验 7-1 和实验 7-2 的两项研究为提出的假设提供了强有力的支持。即经历他人的核心模仿以后，消费者提升了对复杂品牌的喜爱度以及购买意愿。更重要的是，实验 7-2 为这些效应背后的影响机制提供了证据。自我扩展需求的提升会影响个体对复杂品牌的依恋，因为他们需要以此应对他人明显的模仿行为。

此外，以往的研究表明，如果过快地在自我概念中加入太多的特征，人们对自我的理解就会变得不稳定。因此，低自我概念清晰度的人不太可能自我扩展，因为他们冒着耗尽已经有限的自我清晰度的风险。如果低自我概念清晰度的人增加了与他们原有的自我概念不一致的属性，他们可能会失去他们原来所拥有的清晰的自我（Emery，Walsh，and Slotter，2015）。在实验 7-3 中，将检验不同的自我概念清晰度是否会调节他人模仿行为对复杂品牌的偏好？

自我概念清晰度指个体对自我概念清晰、明确界定的程度，也反映这种界定内部一致性和时间稳定性的程度。自我概念清晰度是一种积极和稳定的自我感知，也是一种积极的个体资源（Noyman - Veksler et al.，2013）。较高的自我概念清晰度可使个体将自我作为决策的基础，更容易找到与自己确信信念的验证反馈，因而有着更强的自我调控能力，对自我信念改变也有更强的抗性（Setterlund & Niedenthal，1993）。同时，Campbell（1990）也指出，高自我概念清晰度个体可更灵活地应对外界环境，较少依赖外界线索，很少被与自我概念不一致的外界负性态度影响。

7.4　实验 7－3

实验 7－3 的目的是验证自我概念清晰水平在模仿行为对复杂品牌偏好影响中的调节作用（H7－3）。在本实验中，选取了虚拟品牌作为实验材料，让实验参与者进行二选一的操作。选择虚拟的品牌可以有效地控制混乱和其他的替代解释，如感知的品牌质量、个体对真实品牌原有的喜好等。通过改变产品描述来操纵品牌的复杂程度，这与品牌通常在广告中使用的描述来实现其定位是一致的。

7.4.1　实验设计

采用 2（模仿：核心模仿 vs. 非核心模仿）* 2（自我概念清晰度：高 vs. 低）的实验设计。实验参与者被随机分配到 4 个不同的实验组。实验的参与者人数有 188 人。其中男性 86 人，女性 102 人。

7.4.2　实验操纵与测量

（1）自我概念清晰度的操纵：参与者被随机分配到高/低自我概念清晰度条件中的一种（Emery et al.，2015）。以往的文献表明，自我报告的自我概念清晰度倾向于多种偏差，如积极偏差（Lewandowski & Nardone，2012），也可能导致虚假的结果（Cabooter et al.，2016）。因此在本实验中，我们采取操纵自我概念清晰度的形式。在每组实验条件下，参与者首先要考虑构成他们身份的各种特征。

在低自我概念清晰度条件下，实验参与者阅读到以下说明："我们希望你选择自身两个相互矛盾的特点。比如：既懒惰又有抱负，或者既幽默又严肃。请写一下你的这两个方面有时是如何在你的日常生活中相互冲突的。"

在高自我概念清晰度的条件下，实验参与者阅读到以下说明："我们希望你选择两个比较一致的性格特征。例如：既聪明又有抱负，既耐心细致又有大局观。请写下你的这两个方面是如何在你的日常生活中互相补充的。"

自我概念清晰度的操纵检验：然后参与者完成自我概念清晰度测量（Campbell et al.，1996）。它包含了12个问项，这些问项涉及了构成清晰和一致的自我观点的内容，作为自我概念清晰度的操纵检查。题目包括"我对自己的看法往往彼此冲突""我经常花费时间思考我什么样的人""有时我觉得我并不是我平时看起来的那样"等。参与者用7分制的量表对这些问题进行打分（1 = "非常不同意"，7 = "非常同意"，$\alpha = 0.94$）。在这12个项目中，有10个题项是反向题目（我们对这些题目进行了重新编码，得分越高的个体表明自我概念清晰度越高）。

（2）不同模仿形式的操纵与实验7－1的做法类似。

在核心模仿组，参与者阅读的材料内容："你最近在网上购买了一件非常帅气的棒球服。于是，你穿着新买的棒球服参加你经常去的团体活动，活动很丰富，你玩得很开心。几天以后，你再次参加该社团活动。你发现，来自同社团的A同学，他/她竟然穿着和你几天前刚买的同一款式、同一品牌的棒球服。他/她告诉你说：'我上次看见你穿着这件外套，所以我也跟着买了一件！'"。

而非核心模仿组，参与者阅读的材料内容为："你最近在网上购买了一件非常帅气的棒球服。于是，你穿着新买的棒球服参加你经常去的团体活动，活动很丰富，你玩得很开心。几天以后，你再次参加该社团活动。你发现，来自同社团的A同学，他/她带着一款棒球帽。他/她告诉你说：'我觉得棒球帽很帅气，我想试试这种风格！'"

7.4.3 实验流程

当参与者阅读完调研说明以后，实验参与者被要求根据提示信息完成几个不相关的调研。

首先，参与者被随机分配到核心模仿组或者非核心模仿组。模仿操纵结束以后，参与者完成模仿的操纵检验。其次，实验参与者被告知进入另外一个无关的实验（进入自我概念清晰度的操纵）。

完成变量的操纵任务以后，我们告知参与者，一个汽车品牌商拟推出新车型，基于商业竞争等原因，无法告知您真实的品牌名称。针对新车型的营销文案尚未确定，希望您根据我们提供的材料信息，选择您最喜欢的一个方案。

随后，实验参与者看见关于该车型的两个广告文案，在控制条件下（非复杂组），新车型的品牌特质和价值属性均属于一个价值维度（如兴奋的），而在实验组下（复杂组），这些特质和价值属性属于多个维度（如兴奋的、真诚的、进取的）。

在完成对广告文案的选择以后，参与者被要求继续完成变量操纵检查，年龄、性别、可支配收入等人口统计信息。

7.4.4　数据分析与结果

为了确保实验参与人数的有效性，本子研究采用 G * Power 3.1 软件计算样本的统计检验力（statistical power）（Faul et al.，2009）。选择 F 检验，效应量 f 为 0.5，显著性水平 α 为 0.05，总样本数为 188，结果显示检验力为 0.99，大于最小接受值 0.8，因此本实验样本的统计检验力通过。

（1）操纵检验

首先，移除了 5 个没有按要求填写的回答（如明显没有按照题目要求写文本的和没有通过注意力检测的），剩下了 183 条有效的数据。取他人模仿操纵检验的问项的得分表示参与者感知到的模仿程度。方差分析结果显示：核心模仿组的参与者感知到的模仿程度（$M = 5.57$，$SD = 1.12$）显著高于非核心模仿组（$M = 4.26$，$SD = 1.55$，$F(1, 183) = 42.51$，$p < 0.01$，$\eta^2 = 0.19$）。由此说明，本实验的模仿操纵是成功的。

其次，检查自我概念清晰度的操纵是否有效。方差分析结果表明，自我概念清晰度的操纵对个体的自我概念水平有显著影响。高自我概念清晰度组的参与者报告的自我概念清晰度水平（$M = 4.71$，$SD = 1.02$）显著高于低自我概念清晰度条件下的参与者（$M = 4.10$，$SD = 0.97$，$F(1, 180) = 19.51$，$p < 0.01$，$\eta^2 = 0.12$）。由此证明，自我概念清晰度的操纵成功。

（2）假设检验

在不同版本的广告文案选择任务中，参与者选择复杂品牌时被标记为1，参与者选择非复杂版本时将被标记为0。

为了检验自我概念清晰度变量在他人模仿行为对复杂品牌选择中的调节作用，以模仿类型、自我概念清晰度（低 vs. 高）、模仿类型与自我概念清晰度的交互项为自变量，以参与者对复杂品牌的选择为因变量进行 Logistic 回归分析。分析结果显示，模仿类型对复杂品牌选择的主效应显著（$\beta = 1.45$，Wald $\chi^2 = 13.87$；$p < 0.05$）。更重要的是，自我概念清晰度与模仿类型的交互效应显著（$\beta = 0.44$，Wald $\chi^2 = 5.11$，$p < 0.05$）。

对于低自我概念清晰度组的参与者，相较于非核心模仿组（38.5%），经历显性的模仿行为后更倾向选择复杂性更高的产品（63.0%；$\beta = 0.95$，Wald $\chi^2 = 3.89$，$p < 0.05$）；对于高自我概念清晰度组的个体，核心模仿组（61.0%）和非核心模仿组（53.5%）参与者对复杂品牌的选择无显著差异（$\beta = 0.53$，Wald $\chi^2 = 1.22$，$p > 0.5$）（如图7－5所示）。

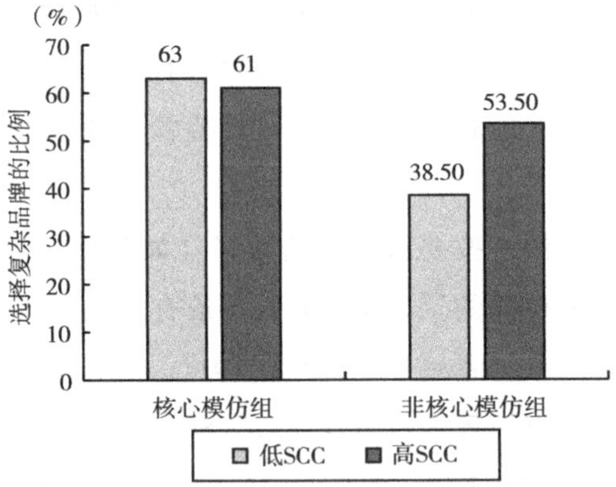

图7－5　模仿形式与自我概念清晰度对复杂产品偏好的影响

7.4.5 中介分析

我们预测由于个体的自我扩展需求提升了消费者对复杂产品的偏好。数据显示，模仿类型与自我概念清晰度对自我扩展需求的交互效应显著（$\beta = 1.27$，$t = 3.01$，$p < 0.05$）。采用 Bootstrap（Model 8）进行有调节的中介效应检验，将模仿类型作为自变量，自我概念清晰度作为调节变量，自我扩展需求作为中介变量，产品选择作为因变量，样本量选择5000，在95%的置信区间下，中介效应分析结果显示，对于低自我概念清晰度的参与者，中介检验的结果没有包含0（LLCI = 0.07，ULCI = 0.39），即个体自我扩展需求的中介效应显著。对于自我概念清晰度的参与者，在95%置信区间下，中介检验的结果则包含0（LLCI = −0.05，ULCI = 0.23），即个体自我扩展需求的中介效应并不显著。

7.4.6 讨论

实验7－3成功地验证了本研究的H7－3，即在他人模仿对复杂品牌态度的影响中，个体的自我概念清晰水平具有调节作用。对于低自我概念清晰度组的参与者，相较于非核心模仿组，经历他人显性的模仿行为后更倾向选择复杂性更高的产品；而对于高自我概念清晰度组的个体，对于复杂品牌的态度并未因他人模仿类型的不同而发生显著的改变。

7.5 结论与讨论

7.5.1 结论

本子研究共进行了3个实验研究，通过更换实验材料、增加因变量测量等方式以增强实验结果的稳健性。本研究探讨了他人不同形式的模仿行为对复杂品牌/产品偏好的影响，以及自我扩展需求的心理机制。更重要的是，本研究还揭示了个人的自我概念清晰度水平对以上影响效应的调节作用。

本子研究的主要结论如下：

通过对不同形式模仿行为以及品牌复杂度的操纵，证明了不同形式的模仿行为对复杂品牌喜爱度之间的影响关系。在经历了他人的核心模仿以后，消费者明显提升了对复杂品牌的喜爱度（实验 7 - 1）。其内在影响机制是经历来他人的核心模仿以后，个体需要复杂的品牌以实现自我扩展的需求（实验 7 - 2）。同时，个体不同的自我概念清晰度水平会调节以上影响效应（实验 7 - 3）。对于低自我概念清晰度组的参与者，相较于非核心模仿组，经历他人的核心模仿行为后更倾向选择复杂性更高的产品；而对于高自我概念清晰度组的个体，对于复杂品牌的态度并未因他人模仿类型的不同而发生显著的改变。

7.5.2 启示

消费者何时以及为何使用复杂的品牌？哪些消费者更愿意使用复杂的品牌以实现与其他人的区分？这些问题的答案对营销人员具有重要的意义。

从实践的角度来看，本研究结果有助于我们理解消费者对包含不同个性和形象的品牌的反应。我们发现不同形式的模仿行为是提升消费者偏好复杂品牌的重要因素。当消费者拥有的产品被其他人复制了，或者一个产品太普通，它可能无法获得消费者的青睐，甚至面临被抛弃的风险（Berger & Heath，2007，2008；Granovetter & Soong，1986）。本研究的结论认为，企业可通过广告、信息推送等营销刺激来启动消费者的被人模仿的感知，通过刺激自我扩展需求（比如，通过广告情景启动消费者被他人模仿的感知），增加被模仿的消费者对复杂品牌的购买意愿。

以往的营销理论认为，企业打造一个相对简单、单一的品牌更能取得成功。对于建立复杂的、包含多种不同功能、抽象和象征意义的品牌，往往存在反对的主张（Keller，2007）。已有研究发现，实体论消费者偏爱具有吸引力个性的品牌来传达自身的积极品质，从而增强符合品牌个性的自我认知（Park & John，2010）。随着个体生活经验的丰富以及认知能力的发展，消费者的自我概念内容也变得越来越抽象，个体的自我认知会变得更加丰富化、抽象化和多元化（凌辉等，2016）。在某些情景下，如果一个品牌被赋予更多、更丰富的品牌内涵更能获得消费者的青睐。本研究发现，在被他人模仿的情境下，如果品牌被赋予了更多的品牌内涵，品牌的设计更丰富反而容易获得被模仿者的偏爱。其内在影响机制是经历来他人的核心模仿后，个体需要复杂的品牌以实现自我扩展的需求。

第 8 章

结论与启示

8.1 主要结论

本研究对社会排斥以及他人模仿、应对方式、防御机制以及品牌偏好的相关文献进行系统梳理，对以上变量的关系进行理论推演，分别构建了社会排斥以及他人模仿情境下消费者品牌选择偏好行为和心理机制。并针对理论模型提出了 14 条假设。在实证检验部分，本研究利用实验法通过 15 个实验对以上理论模型和研究假设进行了验证。基于实证研究结果，对研究结论进行以下总结和讨论。

四个子研究都探究了不同社会情境下消费者感知的自我威胁对消费者行为的影响，但是研究一、研究二和研究三、研究四、研究五分别研究了社会排斥和他人模仿对消费者行为影响的不同方面。研究一和研究二主要基于社会排斥情境，主要关注在不同的排斥类型对消费者群体标签产品偏好的影响；研究二关注自由威胁情境下消费者对规避群体关联品牌的偏好。而研究三至研究五主要关注消费者对他人模仿行为的应对机制，基于最佳独特性理论，探讨消费者独特性经历威胁时对不同品牌商品的偏好行为。

（1）社会排斥提升了消费者对群体标签的品牌的偏好。一是相比无群体标签的品牌，消费者在经历社会排斥后对有群体标签的品牌评价更高。即消费者在社会排斥情境下，对渴望群体标签品牌、规避群体标签品牌和成员群体标签品牌的评价均要高于无群体标签的品牌。二是不同的排斥类型使得消费者对群体标签品牌的偏好有差异。因自我能力优异被排斥的消费者对规避群体标签的品牌（vs. 渴望群体标签品牌）评价更高；因自我能力平庸被排斥的消费者对渴望群体标签的品牌（vs. 规避群体标签品牌）评价更高。特定类型的社会排斥似乎同时威胁四个特殊需求（归属感、自尊、控制力、有意义的存在；Williams，2007）。以往的研究表明，对某些需求的威胁（如自尊和归属感等关系需求）可能产生亲社会反应，而对其他需求的威胁（如权力等效能需求）可能产生反社会反应（Williams et al.，2013）。在本研究中，我们关注能力方面的排斥行为，将排斥类型区分为因能力优异或者因能力平庸被排斥。研究结果发现，看似微妙的差异，实际上会产生非常不同的行为结果。

（2）心理逆反提升消费者对与规避群体关联的品牌偏好。在该研究中通过1个预实验和3个正式实验探讨了自由威胁对与规避群体关联的品牌偏好的影响，并解释了其内在机制以及叙事、自尊在上述影响关系中的调节作用。研究结果显示，自由威胁会正向影响人们对与规避群体关联的品牌偏好，即经历自由威胁后的个体会更偏好与规避群体关联的产品（实验3-1），其内在影响机制是自由威胁引发的心理逆反（实验4-2和实验4-3）。同时，叙事的信息传递方式可以降低心理逆反，在非叙事的情景下，被试在高自由威胁（vs. 低自由威胁）时更偏好与规避群体关联的品牌；而在叙事的情境下，高/低自由威胁被试对与规避群体关联的品牌的偏好无显著差异（实验4-2）。此外，消费者自身特质的差异也会对与规避群体关联的品牌偏好产生影响。对于高自尊的个体，在高自由威胁的情况下（vs. 低自由威胁）更倾向选择规避群体相关联的品牌；对于低自尊的个体，在高自由威胁的情况下（vs. 低自由威胁）对与规避群体关联的品牌选择无显著差异（实验4-3）。

（3）他人的模仿行为提升被模仿者对傲慢品牌的偏好。被模仿者的自恋水平调节他人模仿对傲慢品牌偏好的影响。相较于控制组的被模仿者，他人的模仿行为显著提升低自恋（而非高自恋）的被模仿者对傲慢品牌的态度（实验5-1）。这一影响效应受被模仿者感知的优越性所中介，经历他人模仿的消费者，感知优越性提升，更偏好傲慢品牌以实现自我表达（实验5-2）。同时，不同的产品类型会调节以上影响效应，他人模仿和自恋水平对傲慢品牌的影响主要是针对那些被模仿的是公开场景使用的品牌。对于私下使用的产品，他人模仿与自恋水平的交互效应并不显著（实验5-3）。尽管傲慢品牌传达的是高价值信号，当经历了他人更高水平的模仿，基于对自卑信息的敏感性，使得高自恋的被模仿者因自我认知威胁对傲慢品牌采取了回避策略（实验5－4）。

（4）不同群体的模仿行为会导致被模仿者偏好不同差异化的品牌。具体而言，来自规避群体的模仿将提升被模仿的消费者对横向差异化品牌的偏好。而成员群体的模仿行为将提升被模仿的消费者对纵向差异化品牌的偏好（实验6－1和实验6－2）。其内在影响机制是经历来自规避群体模仿的个体，自我的价值表达需求提升，更偏好横向差异化品牌传递的价值属性。而经历来自成员群体模仿的个体，宣扬自己在群体内的地位的需求提升，进而更偏好纵向差异化品牌（实验6－3）。同时，个体不同的权力状态水平会调节以上影响效应（实验6－4）。

（5）通过对不同形式模仿行为以及品牌复杂度的操纵，证明了不同形式的模仿行为对被模仿者的复杂品牌喜爱度之间的影响关系。在经历了他人的核心模仿以后，被模仿的消费者明显提升了对复杂品牌的喜爱度（实验7－1）。其内在影响机制是经历他人的核心模仿后，消费者的自我扩展需求增加，进而偏好复杂的品牌（实验7－2）。同时，个体不同的自我概念清晰度水平会调节以上影响效应（实验7－3）。对于低自我概念清晰度组的参与者，相较于非核心模仿组，经历他人的核心模仿行为后更倾向选择复杂性更高的产品；而对于高自我概念清晰度组的个体，对于复杂品牌的态度并未因他人模仿类型的不同而发生显著的改变。

8.2 理论贡献

（1）建立了自我威胁情境下，不同的心理需求对消费者行为影响的理论模型 。本研究在发现与描述现象的同时，还建立了不同自我威胁情境下，归属需求和独特性需求对消费者商品选择偏好和消费倾向影响的理论模型，这两个理论模型既包括了对内在的作用机制的揭示，也包括了对模型适用程度边界条件的探索。消费者感觉到所受到的自我威胁是否可控，消费者面对自我威胁会进行内控归因还是外控归因，以及消费者对所受威胁的应对经验。这两个理论模型的建立，不仅是对相关领域已有研究的深化和延伸，同时也可以为日后进一步的研究提供基础和参照，具有重要的理论意义。

（2）本研究丰富了关于模仿的文献，尤其是关于有意识的模仿行为的探讨。本研究通过对日常生活中普遍的模仿行为作为切入点，加深了关于模仿行为的理解。尽管学界已经对模仿行为及其影响开展了一系列的研究，但是以往文献更多关注的是无意识的模仿行为。以往社会学领域的研究结果表明，被他人模仿会带来积极的结果（Chartrand et al.，2005；Lakin & Chartrand，2003；Tanner et al.，2008）。但是 White 和 Argo（2011）发现，在某些条件下，有意识的模仿行为可能会导致负面后果。比如当消费者有较高的独特性关注时，相较于被不相似的他人模仿，消费者意识到自己被相似的他人模仿后，对被模仿的拥有物产生了更高的丢弃倾向。本研究进一步拓展了该主题的研究，发现了模仿行为可能带来的新的下游行为：即当被模仿者意识到他人模仿的情境下，模仿引发的情绪、心理状态是否会影响被模仿者在随后不相关领域的消费决策。

（3）本研究扩展关于参考群体、群体分类的研究，特别是规避群体对被模仿者消费行为影响的研究。以往研究指出，人们常常自动地进行分类（牟宇鹏，汪涛，张辉，2018）。如自己属于哪个群体，不属于哪个群体，需要远离哪些群体（庄贵军，2012）。规避群体对消费者品牌态度的影响往往是负面的，关于如何弱化规避群体负面影响的研究相对缺乏。本研究立足于成员群体和规避群体模仿的角度，分别考察了来自不同群体的模仿行为对消费者行为的影响。对规避群体领域的研究做了进一步的延伸。面临自己规避的、不喜欢的群体模仿自己时，除了最直接，较极端的方式，如简单地丢弃该物品。我们试图探索被模仿者还可以通过别的途径应对他人的模仿行为，如采用不同差异化的品牌进行应对。本书还研究了不同群体的模仿行为对不同差异化品牌态度影响的内在机理，揭示了模仿行为在差异化品牌态度上的影响路径。为模仿行为在营销学领域中的研究提供了新的视角以及理论。以往研究更多关注的是积极的参照群体对消费者态度和决策的影响。例如，消费者通过消费成员群体或者渴望群体所采用的品牌来表达自我（White et al.，2014；Dahl，Argo &

Morales，2012），而对与规避群体有关的品牌给予较低的评价（Berger & Heath，2008；White & Dahl，2006）。在一定的情境下，消费者也能对规避群体产生接近反应（approach responses）。消费者愿意从事与规避群体一致的行为，或者跟随规避群体成员做类似的事情（White et al.，2014）。Shalev 和 Morwitz（2012）发现，在某些情境下，社会身份低的使用者也能够影响社会身份高的使用者。White 等（2014）的研究表明，当消费者知道规避群体在正面行为（如处理可持续发展问题和废物利用等问题）上有优异的表现时，相比私下场合，在公共场合下，消费者也能够有更高的意向做这种正面行为。本研究发现在自由威胁情境下，面临高自由威胁的消费者（vs. 低自由威胁），为了恢复受到威胁的自由，倾向选择与规避群体有关联的品牌，进一步丰富了规避群体的相关研究。

（4）丰富了消费者在经历威胁后的行为结果以及应对机制的研究。通过对不同形式的模仿行为的考察，本研究明晰了在他人模仿的情境下，不同类型的模仿行为对消费者品牌偏好的影响以及作用机制。尽管学界已经对模仿行为及其影响开展了一系列的研究，但是以往文献更多关注的他人模仿对被模仿物品的影响，得到的结论聚焦在被模仿者对被模仿物品的态度以及处置策略（Tanner et al.，2008；Berger & Heath，2008；White & Argo，2011）。本研究探讨了模仿情境下引发的情绪、心理状态可能会影响被模仿者随后与被模仿物品不相关领域的消费决策。通过深入探讨模仿行为对被模仿者的消费选择偏好的影响，补充了消费者在经历模仿后的行为结果以及应对机制的研究。同时丰富了模仿行为的文献以及补偿性消费的研究。

8.3 管理启示

模仿行为在日常生活中广泛存在，消费者之间存在各式各样的模仿。然而，随着经济的快速发展，居民收入的提高，早期模仿型排浪式的消费时代已经结束，现今的消费趋势是追求个性化和独特性。然而，模仿消费却意味着趋同性，可能威胁消费者自身的独特性需求。本研究探讨了在不同模仿情境下，个体对特定品牌（如傲慢的品牌、不同差异化的品牌、复杂的品牌）的偏好。尤其当模仿主体是自己的规避群体或者是成员群体时，对特定差异化定位的品牌（纵向品牌/横向品牌）的购买意愿更加显著。当模仿主体采用不同的模仿形式时，对被模仿消费者偏好复杂品牌的影响有显著差异。本研究的发现对企业的品牌定位、品牌拓展策略有一定的指导意义。

（1）对于营销者而言，他人的模仿是提升低自恋消费者偏好傲慢品牌的重要因素。对那些通常表现为傲慢或冷漠的高端独家品牌的市场营销有重要的启示。比如，营销者可以利用消费者对优越感的需求进行针对性的营销。对于拥有高自恋水平的消费者，他人模仿对傲慢品牌的偏好仅仅针对同一水平的模仿或者是更低水平的模仿（而非更高水平的模仿）。营销人员在设计营销传播时，一方面需要传递傲慢品牌的积极内涵（如高质量和高地位），同时注重增强消费者的自我价值感，进而减少消费者对傲慢品牌采取回避态度的可能。例如，艺术画廊、现代美术馆等被视为高雅场所的品牌经理可以针对消费者对优越感的需求进行傲慢品牌宣传。

（2）以往品牌都期望能够快速的占领市场，获得更多的消费群体，但是却忽略了在客户基数不断扩展的过程中，对原品牌使用者的影响。研究结果表明，来自不同群体的模仿行为可能是提升消费者偏好横向差异化品牌或者纵向差异化品牌的重要因素。对营销实践中采用不同差异化策略的营销者有重要的启示。消费者拥有的产品被其他人复制了，或者如果一个产品变得太容易获得或者太普通，它可能无法吸引消费者甚至被直接抛弃（Berger & Heath，2007，2008；Granovetter & Soong，1986）。企业需要洞察消费者被不同的群体模仿以后的心理感受，根据本书的研究发现（子研究三），面临成员群体的模仿时，个体一方面需要与成员群体实现区分，同时需要与成员群体保持一定的社会联结。此时，简单的弃置当下的拥有物似乎无法解决困境，但是被模仿者可以通过使用纵向差异化的品牌展示自己的成功，证明自己比群体内的其他成员更优秀。面临规避群体的模仿时，由于个体不希望规避群体的负面信息与自己产生关联，需要进行独特的价值表达实现与规避群体之间的区分。企业可根据自己的品牌差异化定位，通过广告、信息推送等营销刺激来启动消费者被不同群体（规避群体/成员群体）模仿的感知，进而增加对特定差异化品牌的购买行为。

（3）本研究发现不同形式的模仿是提升消费者偏好复杂品牌的重要因素。当消费者拥有的产品被其他人复制了，或者一个产品太普通，它可能无法获得消费者的青睐，甚至面临被抛弃的风险（Berger & Heath，2007，2008；Granovetter & Soong，1986）。虽然品牌是无生命的物体，但是消费者往往认为它们具有人类的特征。品牌个性对品牌态度及消费者购买意愿均有显著的积极影响。Sung 和 Kim（2010）的研究结果表明，品牌个性对品牌忠诚也有正向影响，即品牌个性有助于消费者形成品牌忠诚。对于企业而言，在品牌的塑造过程中，不仅需要赋予品牌特定的功能属性，而且要策略性地赋予品牌特定的价值内涵，从而使品牌拥有更加独特的个性，而且这些品牌个性应该是目标消费者喜欢的、向往的品质。企业可通过广告、信息推送等营销刺激来启动消费者的被人模仿的感知，通过刺激自我扩展需求（例如，通过广告情景启动消费者被他人模仿的感知），增加被模仿的消费者对复杂品牌的购买意愿。

8.4 研究局限及未来展望

（1）实验设计的缺陷。由于模仿行为操纵有一定的难度，在本研究的实验设计均有强迫和引导参与者执行之嫌，也难排除需求效应对结果的干扰（尽管每个实验均进行了实验目的询问）。未来的研究中，对他人模仿行为的操纵有待多元化。虽然在实验中有改变因变量的测量方式，如让实验参与者对品牌进行评价或者选择。但是对于模仿行为的操纵方式相对单一。在几个实验中，对于模仿的操纵都是明确告知实验参与者你被别人模仿，但是如果消费者只是注意到他们被模仿了，这种影响也会发生。在未来的研究中，可以采取更多元化的模仿形式。

（2）研究方法的不足。在研究方法上主要以行为实验法为主，原计划采用的田野实验均因客观条件的制约而未能实施，导致在研究方法上略显单一。虽然研究方法的单一性并不影响对理论假设的验证以及结果的可靠性，但在结果的外部效度上仍显不足。未来研究可以考虑通过田野实验或者二手数据的方法对本文的研究发现作进一步的考证，还可以验证他人模仿行为的跨期性和稳健性。

（3）研究内容的不足。首先，针对研究一表现为是实验环境的局限性。本研究采用的是实验法，这是一种模拟真实场景的实验设计，与真实的购物环境和购物场景有一定的差异，使得本研究结论的一般性具有局限性。未来可以采用真实性程度高的实验环境或者采取田野实验的方式。其次，在本研究的实验设计上，在实验中，操纵完自变量后紧接着进行了操纵检查，尽管我们已经告知被试每个研究之间是不相关的，但是也可能无法全部排除二次启动的问题。

另外，对变量的检验有待提升。在检验不同自尊水平的消费者对与规避群体关联的品牌选择是否有差异时，本研究采用问卷测量的方式测量实验参与者的自尊水平。而自尊具有一定的主观性，采用问卷测量的方式会使得参与者在评定自我时受到社会期望的干扰，进而夸大对自己的评价或者有意自谦。未来的研究可以通过设置情境的方式来测量消费者的自尊水平。再次，子研究二中探讨了他人的模仿行为以及被模仿者的自恋水平对傲慢品牌/产品的影响。中介效应分析支持了提出的假设：优越性需求会中介他人模仿和自恋水平对傲慢品牌的积极态度。但是我们无法排除，是否是因为他人模仿导致被模仿者自信心增强进而导致偏好傲慢的品牌。未来的研究可以检验傲慢品牌是否激活了自恋型消费者的自信，进而影响他们的品牌评价。此外，子研究三聚焦于剖析不同群体模仿行为的双路径，仅提出了个体的“权力状态水平”这一明显的调节变量，未涉及其他更有趣的调节因素。在实验中，我们因变量使用的均是实体产品，未来的研究可以拓展到服务类产品，比如，经历不同群体模仿后的消费者，是否偏好不同差异化的旅游服务。最后，子研究四中，对于品牌复杂度构念的界定还不是很清晰。在本研究中，复杂品牌的操纵更多地表现为是品牌个性的多样性。此外，对于边界条件的探讨有待深入，比如，模仿者和自己是合作关系（vs. 竞争关系）是否会调节模仿行为的影响。

参考文献

[1] 杜伟强，于春玲，赵平．参照群体类型与自我－品牌联系．心理学报，2009，41（2），156－166.

[2] 郝金锦，马钦海，范广伟．规避群体对品牌规避的影响机制研究．东北大学学报（自然科学版），2017，38（5），751－755.

[3] 黄静，俞钰凡，林青蓝．企业家代言人的慈善行为对消费者的作用机制研究．中国工业经济，2012（2），119－127.

[4] 李桂华，李晨曦，李楠．中国大陆品牌管理研究现状及发展趋势——基于国内主要期刊论文的内容分析．品牌研究，2016（3），4－21.

[5] 凌辉，夏羽，张建人，朱阿敏，钟妮，阳子光，唐莘尧．自我概念的结构与发展．中国临床心理学杂志，2016，24（2），363－367.

[6] 牟宇鹏，汪涛，张辉．基于分类理论的混合产品消费者评价效应．管理学报，2018，15（1），93－102.

[7] 王海忠，范孝雯，欧阳建颖．消费者自我构念、独特性需求与品牌标识形状偏好．心理学报，2017，49（8），1113－1124.

[8] 王雪芳，张红霞，陈振杰．合作还是冲突？组合代言中代言人关系类型对广告效果的影响．心理学报，2017，49（10），1344－1356.

[9] 谢毅，彭泗清．品牌个性对品牌态度和购买意向的影响研究：中外品牌的跨行业比较．管理评论，2012，12，84－92.

[10] 庄贵军．关系在中国的文化内涵：管理学者的视角．当代经济科学，2012（1），18－29.

[11] Aaker，J. L.，The malleable self：The role of self－expression in persuasion. Journal of marketing research，1999，36（1），45－57.

[12] Aaker, Jennifer L., "Dimensions of Brand Personality," Journal of Marketing Research, 1997, 34 (3), 347 -356.

[13] Aguirre - Rodriguez, A., Bosnjak, M., & Sirgy, M. J., Moderators of the self - congruity effect on consumer decision - making: A meta - analysis. Journal of Business Research, 2012, 65 (8), 1179 -1188.

[14] Ailawadi, K. L., Pauwels, K., & Steenkamp, J. B. E., Private - label use and store loyalty. *Journal of marketing*, 2008, 72 (6), 19 -30.

[15] Alicke, M. D., & Sedikides, C., Self - enhancement and self - protection: What they are and what they do. *European Review of Social Psychology*, 2009, 20 (1), 1 -48.

[16] Alvarez, C., & Fournier, S., Consumers' relationships with brands. *Current Opinion in Psychology*, 2016, 10, 129 -135.

[17] Anderson, C., & Galinsky, A. D., Power, optimism, and risk - taking. *European journal of social psychology*, 2006, 36 (4), 511 -536.

[18] Argo, J. J., & Dahl, D. W., Standards of beauty: The impact of mannequins in the retail context. *Journal of Consumer Research*, 2018, 44 (5), 974 -990.

[19] Argo, J. J., & Main, K. J., Stigma by association in coupon redemption: Looking cheap because of others. *Journal of Consumer Research*, 2008, 35 (4), 559 -572.

[20] Argo, J. J., White, K., & Dahl, D. W., Social comparison theory and deception in the interpersonal exchange of consumption information. *Journal of Consumer Research*, 2006, 33 (1), 99 -108.

[21] Aron, A., Aron, E. N., & Norman, C., Self - expansion Model of Motivation and Cognition in Close Relationships and Beyond, 2004.

[22] Aron, A., Lewandowski Jr, G. W., Mashek, D., & Aron, E. N., The self - expansion model of motivation and cognition in close relationships, 2013.

[23] Aron, A., Norman, C. C., & Aron, E. N., The self - expansion model and motivation. *Representative Research in Social Psychology*, 1998.

[24] Aron, A., Norman, C. C., Aron, E. N., McKenna, C., & Heyman, R. E., Couples' shared participation in novel and arousing activities and experienced relationship quality. *Journal of personality and social psychology*, 2000, 78 (2), 273.

[25] Aron, A., Paris, M., & Aron, E. N., Falling in love: Prospective studies of self – concept change. *Journal of Personality and Social Psychology*, 1995, 69 (6), 1102.

[26] Aron, A., Steele, J. L., Kashdan, T. B., & Perez, M., When similars do not attract: Tests of a prediction from the self – expansion model. *Personal Relationships*, 2006, 13 (4), 387 –396.

[27] Aron, E. N., & Aron, A., Love and expansion of the self: The state of the model. *Personal Relationships*, 1996, 3 (1), 45 –58.

[28] Ashton – James, C. E., & Chartrand, T. L., Social cues for creativity: The impact of behavioral mimicry on convergent and divergent thinking. *Journal of Experimental Social Psychology*, 2009, 45 (4), 1036 –1040.

[29] Atakan, S. S., Bagozzi, R. P., & Yoon, C., Consumer participation in the design and realization stages of production: How self – production shapes consumer evaluations and relationships to products. *International journal of research in marketing*, 2014, 31 (4), 395 –408.

[30] Atwater, L., Wang, M., Smither, J. W., & Fleenor, J. W., Are cultural characteristics associated with the relationship between self and others' ratings of leadership? *Journal of Applied Psychology*, 2009, 94 (4), 876 –886.

[31] Awad, N., & Youn, N., You reflect me: narcissistic consumers prefer anthropomorphized arrogant brands. *Journal of the Association for Consumer Research*, 2018, 3 (4), 540 –554.

[32] Back, M. D., Küfner, A. C., Dufner, M., Gerlach, T. M., Rauthmann, J. F., & Denissen, J. J., Narcissistic admiration and rivalry: Disentangling the bright and dark sides of narcissism. *Journal of Personality and Social Psychology*, 2013, 105 (6), 1013.

[33] Bailenson, J. N., & Yee, N., Digital chameleons: Automatic assimilation of nonverbal gestures in immersive virtual environments. *Psychological science*, 2005, 16 (10), 814-819.

[34] Batra, R. K., & Ghoshal, T., Fill up your senses: a theory of self-worth restoration through high-intensity sensory consumption. *Journal of Consumer Research*, 2017, 44 (4), 916-938.

[35] Baumeister, R. F., Bratslavsky, E., Muraven, M., & Tice, D. M., Ego depletion: Is the active self a limited resource? . *Journal of personality and social psychology*, 1998, 74 (5), 1252.

[36] Baumeister, Roy F., and Mark R. Leary, "The Need to Belong: Desire for Interpersonal Attachments as a Fundamental Human Motivation," *Psychological Bulletin*, 1995, 117 (3), 497-529.

[37] Bavelas, J. B., Black, A., Lemery, C. R., & Mullett, J., "I show how you feel": Motor mimicry as a communicative act. *Journal of personality and social psychology*, 1986, 50 (2), 322.

[38] Bearden, W. O., Hardesty, D. M., & Rose, R. L., Consumer self-confidence: Refinements in conceptualization and measurement. *Journal of consumer research*, 2001, 28 (1), 121-134.

[39] Belk, R. W., Possessions and the extended self. *Journal of consumer research*, 1988, 15 (2), 139-168.

[40] Bellezza, S., & Berger, J., Trickle-Round Signals: When Low Status Is Mixed with High. *Journal of Consumer Research*, 2020, 47 (1), 100-127.

[41] Bellezza, S., & Keinan, A., Brand tourists: How non-core users enhance the brand image by eliciting pride. *Journal of Consumer Research*, 2014, 41 (2), 397-417.

[42] Bellezza, S., Gino, F., & Keinan, A., The red sneakers effect: Inferring status and competence from signals of nonconformity. *Journal of consumer research*, 2014, 41 (1), 35-54.

[43] Berger, J., & Heath, C., Where consumers diverge from others: Iden-

tity signaling and product domains. *Journal of consumer research*, 2007, 34 (2), 121 - 134.

[44] Berger, J., & Heath, C., Who drives divergence? Identity signaling, out - group dissimilarity, and the abandonment of cultural tastes. *Journal of Personality and Social Psychology*, 2008, 95 (3), 593 - 607.

[45] Berger, J., & Rand, L., Shifting signals to help health: Using identity signaling to reduce risky health behaviors. *Journal of Consumer Research*, 2008, 35 (3), 509 - 518.

[46] Berger, J., & Shiv, B., Food, sex and the hunger for distinction. *Journal of Consumer Psychology*, 2011, 21 (4), 464 - 472.

[47] Berger, J., & Ward, M., Subtle signals of inconspicuous consumption. *Journal of Consumer Research*, 2010, 37 (4), 555 - 569.

[48] Bigler, M., Neimeyer, G. J., & Brown, E., The divided self revisited: Effects of self - concept clarity and self - concept differentiation on psychological adjustment. *Journal of Social and Clinical Psychology*, 2001, 20 (3), 396 - 415.

[49] Bilandzic, H., & Busselle, R., Narrative persuasion. The Sage Handbook of Persuasion: Developments in Theory and Practice, 2013, 200 - 219.

[50] Bourgeois, P., & Hess, U., The impact of social context on mimicry. *Biological psychology*, 2008, 77 (3), 343 - 352.

[51] Boyce, K., Self - structure and self - concept clarity: Evaluative integration as a means to increased self - clarity. The University of Oklahoma, 2008.

[52] Brehm, S. S., & Brehm, J. W., Psychological reactance: A theory of freedom and control. New York: Academic Press, 2013.

[53] Brewer, M. B., The social self: On being the same and different at the same time. *Personality and social psychology bulletin*, 1991, 17 (5), 475 - 482.

[54] Brewer, M. B., Optimal distinctiveness, social identity, and the self. *in Handbook of Self and Identity*, ed. Mark Leary and June Price Tangney, New York: Guilford Press, 2003, 480 - 491.

[55] Brown, A. R., Finney, S. J., & France, M. K., Using the bifactor

model to assess the dimensionality of the Hong psychological reactance scale. Educational and Psychological Measurement, 2011, 71 (1), 170 – 185.

[56] Brown, H. T., So what if I don't have an iPhone? The unintended consequences of using arrogance in advertising. *Journal of Applied Business Research*, 2012, 28 (4), 555 – 562.

[57] Buboltz, W. C., Thomas, A., & Donnell, A. J., Evaluating the factor structure and internal consistency reliability of the therapeutic reactance scale. Journal of Counseling & Development, 2002, 80 (1), 120 – 125.

[58] Burson, K. A., & Gershoff, A. D., Marketing actions that influence estimates of others also shape identity. *Journal of Consumer Psychology*, 2015, 25 (3), 495 – 503.

[59] Burton, K. A., Adams, J. M., Hart, W., Grant, B., Richardson, K., & Tortoriello, G., You remind me of someone awesome: Narcissistic tolerance is driven by perceived similarity. *Personality and Individual Differences*, 2017, 104, 499 – 503.

[60] Cabooter, E., Millet, K., Weijters, B., & Pandelaere, M., The 'I' in extreme responding. *Journal of Consumer Psychology*, 2016, 26 (4), 510 – 523.

[61] Campbell, J. D., Self – esteem and clarity of the self – concept. *Journal of personality and social psychology*, 1990, 59 (3), 538.

[62] Campbell, J. D., Trapnell, P. D., Heine, S. J., Katz, I. M., Lavallee, L. F., & Lehman, D. R., Self – concept clarity: Measurement, personality correlates, and cultural boundaries. *Journal of personality and social psychology*, 1996, 70 (1), 141.

[63] Campbell, M. C., Manning, K. C., Leonard, B., & Manning, H. M., Kids, cartoons, and cookies: Stereotype priming effects on children's food consumption. *Journal of Consumer Psychology*, 2016, 26 (2), 257 – 264.

[64] Campbell, W. K., & Campbell, S. M., On the self – regulatory dynamics created by the peculiar benefits and costs of narcissism: A contextual reinforcement model and examination of leadership. *Self and Identity*, 2009, 8 (2 – 3),

214 - 232.

[65] Campbell, W. K., & Foster, J. D., The narcissistic self: Background, an extended agency model, and ongoing controversies. *The self*, 2007, 115 - 138.

[66] Carlson, Erika N., "Overcoming the Barriers to Self - Knowledge: Mindfulness as a Path to Seeing Yourself as You Really Are," *Perspectives on Psychological Science*, 2013, 8 (2), 173 - 186.

[67] Carroll, B. A., & Ahuvia, A. C., Some antecedents and outcomes of brand love. *Marketing letters*, 2006, 17 (2), 79 - 89.

[68] Castelli, L., Pavan, G., Ferrari, E., & Kashima, Y., The stereotyper and the chameleon: The effects of stereotype use on perceivers' mimicry. *Journal of Experimental Social Psychology*, 2009, 45 (4), 835 - 839.

[69] Chae, B. G., Dahl, D. W., & Zhu, R. J., "Our" brand's failure leads to "their" product derogation. *Journal of Consumer Psychology*, 2017, 27 (4), 466 - 472.

[70] Chan, C., Berger, J., & Van Boven, L., Identifiable but not identical: Combining social identity and uniqueness motives in choice. *Journal of Consumer research*, 2012, 39 (3), 561 - 573.

[71] Chang, C. C., "Being hooked" by editorial content: The implications for processing narrative advertising. Journal of Advertising, 2009, 38 (1), 21 - 34.

[72] Chartrand, T. L., & Bargh, J. A., The chameleon effect: the perception - behavior link and social interaction. *Journal of personality and social psychology*, 1999, 76 (6), 893.

[73] Chartrand, T. L., & Dalton, A. N., Mimicry: Its ubiquity, importance, and functionality. *Oxford handbook of human action*, 2009, 458 - 483.

[74] Chartrand, T. L., & Lakin, J. L., The antecedents and consequences of human behavioral mimicry. *Annual review of psychology*, 2013, 64, 285 - 308.

[75] Chartrand, T. L., & Van Baaren, R., Human mimicry. *Advances in experimental social psychology*, 2009, 41, 219 - 274.

[76] Chartrand, T. L., Maddux, W. W., & Lakin, J. L., Beyond the

perception – behavior link: The ubiquitous utility and motivational moderators of nonconscious mimicry. *The new unconscious*, 2005, 334 – 361.

[77] Cheng, C. M., & Chartrand, T. L., Self – monitoring without awareness: using mimicry as a nonconscious affiliation strategy. *Journal of personality and social psychology*, 2003, 85 (6), 1170.

[78] Cheng, J. T., Tracy, J. L., & Henrich, J., Pride, personality, and the evolutionary foundations of human social status. *Evolution and Human Behavior*, 2010, 31 (5), 334 – 347.

[79] Chesler, B. E., Harris, B. G., & Oestreicher, P. H., Implications of emotional eating beliefs and reactance to dietary advice for the treatment of emotional eating and outcome following roux – en – y gastric bypass: A case report. Clinical Case Studies, 2009, 8 (4), 277 – 295.

[80] Choi, W. J., & Winterich, K. P., Can brands move in from the outside? How moral identity enhances out – group brand attitudes. Journal of Marketing: March, 2013, 77 (2), 96 – 111.

[81] Choi, Y. K., Yoon, S., & Lacey, H. P., Online game characters' influence on brand trust: Self – disclosure, group membership, and product type. *Journal of Business Research*, 2013, 66 (8), 996 – 1003.

[82] Cisek, S. Z., Sedikides, C., Hart, C. M., Godwin, H. J., Benson, V., & Liversedge, S. P., Narcissism and consumer behaviour: a review and preliminary findings. *Frontiers in psychology*, 2014, 5, 232.

[83] Clark, A. E., & Kashima, Y., Stereotypes help people connect with others in the community: A situated functional analysis of the stereotype consistency bias in communication. *Journal of personality and social psychology*, 2007, 93 (6), 1028.

[84] Dahl, D. W., Argo, J. J., & Morales, A. C., Social information in the retail environment: The importance of consumption alignment, referent identity, and self – esteem. Journal of Consumer Research, 2012, 31 (5), 758 – 762.

[85] Dalton, A. N., & Huang, L., Motivated forgetting in response to so-

cial identity threat. *Journal of Consumer Research*, 2014, 40 (6), 1017 – 1038.

[86] Dalton, A. N., Chartrand, T. L., & Finkel, E. J., The schema – driven chameleon: How mimicry affects executive and self – regulatory resources. *Journal of Personality and social Psychology*, 2010, 98 (4), 605.

[87] De Bellis, E., Sprott, D. E., Herrmann, A., Bierhoff, H. W. and Rohmann, E., The influence of trait and state narcissism on the uniqueness of mass – customized products. *Journal of Retailing*, 2016, 92 (2), 162 – 172.

[88] Dillard, J. P., & Shen, L. J., On the nature of reactance and its role in persuasive health communication. Communication Monographs, 2005, 72 (2), 144 – 168.

[89] Dimberg, U., Thunberg, M., & Elmehed, K., Unconscious facial reactions to emotional facial expressions. *Psychological science*, 2000, 11 (1), 86 – 89.

[90] Dimofte, C. V., Goodstein, R. C., & Brumbaugh, A. M., A social identity perspective on aspirational advertising: Implicit threats to collective self – esteem and strategies to overcome them. *Journal of Consumer Psychology*, 2015, 25 (3), 416 – 430.

[91] Dunlop, S. M., Wakefield, M., & Kashima, Y., Pathways to persuasion: Cognitive and experiential responses to health – promoting mass media messages. Communication Research, 2010, 37 (1), 133 – 164.

[92] Durkin, S. J., Biener, L., & Wakefield, M. A., Effects of different types of antismoking ads on reducing disparities in smoking cessation among socioeconomic subgroups. American Journal of Public Health, 2009, 99(12), 2217 – 2223.

[93] Emery, L. F., Walsh, C., & Slotter, E. B., Knowing who you are and adding to it: Reduced self – concept clarity predicts reduced self – expansion. *Social Psychological and Personality Science*, 2015, 6 (3), 259 – 266.

[94] Erdem, T., & Sun, B., An empirical investigation of the spillover effects of advertising and sales promotions in umbrella branding. Journal of Marketing Research, 2002, 39 (4), 408 – 420.

[95] Escalas, J. E., & Bettman, J. R., You are what they eat: The influ-

ence of reference groups on consumers' connections to brands. *Journal of consumer psychology*, 2003, 13 (3), 339 - 348.

[96] Escalas, J. E., & Bettman, J. R., Self - construal, reference groups, and brand meaning. *Journal of consumer research*, 2005, 32 (3), 378 - 389.

[97] Estow, S., Jamieson, J. P., & Yates, J. R., Self - monitoring and mimicry of positive and negative social behaviors. *Journal of Research in Personality*, 2007, 41 (2), 425 - 433.

[98] Faul, F., Erdfelder, E., Buchner, A., & Lang, A. G., Statistical power analyses using G* Power 3.1: Tests for correlation and regression analyses. *Behavior research methods*, 2009, 41 (4), 1149 - 1160.

[99] Ferraro, R., Bettman, J. R., & Chartrand, T. L., The power of strangers: The effect of incidental consumer brand encounters on brand choice. *Journal of Consumer Research*, 2009, 35 (5), 729 - 741.

[100] Finkel, E. J., Campbell, W. K., Brunell, A. B., Dalton, A. N., Scarbeck, S. J., & Chartrand, T. L., High - maintenance interaction: Inefficient social coordination impairs self - regulation. *Journal of personality and social psychology*, 2006, 91 (3), 456.

[101] Fischer, A., Becker, D., & Veenstra, L., Emotional mimicry in social context: the case of disgust and pride. *Frontiers in psychology*, 2012, 3, 475.

[102] Fischer - Lokou, J., Martin, A., Guéguen, N., & Lamy, L., Mimicry and propagation of prosocial behavior in a natural setting. *Psychological reports*, 2011, 108 (2), 599 - 605.

[103] Fitzsimons, G. M., Chartrand, T. L., & Fitzsimons, G. J., Automatic effects of brand exposure on motivated behavior: how apple makes you "think different". *Journal of consumer research*, 2008, 35 (1), 21 - 35.

[104] Fournier, S., Consumers and their brands: Developing relationship theory in consumer research. *Journal of consumer research*, 1998, 24 (4), 343 - 373.

[105] Fromkin, H. L. , Abnormality as a positive characteristic: The development and validation of a scale measuring need for uniqueness. *Journal of abnormal psychology*, 1977, 86 (5), 518 –527.

[106] Galinsky, A. D. , Magee, J. C. , Gruenfeld, D. H. , Whitson, J. A. , & Liljenquist, K. A. , Power reduces the press of the situation: implications for creativity, conformity, and dissonance. *Journal of personality and social psychology*, 2008, 95 (6), 1450.

[107] Gallagher, S. , Philosophical conceptions of the self: implications for cognitive science. *Trends in cognitive sciences*, 2000, 4 (1), 14 –21.

[108] Gao, H. , Winterich, K. P. , & Zhang, Y. , All that glitters is not gold: How others' status influences the effect of power distance belief on status consumption. *Journal of Consumer Research*, 2016, 43 (2), 265 –281.

[109] Gao, L. , Wheeler, S. C. , & Shiv, B. , The "shaken self": Product choices as a means of restoring self – view confidence. *Journal of Consumer Research*, 2009, 36 (1), 29 –38.

[110] Gardner, L. , & Leshner, G. , The role of narrative and other – referencing in attenuating psychological reactance to diabetes self – care messages, Health Communication, 2016, 31 (6), 738 –751.

[111] Giachetti, C. , & Lanzolla, G. , Product technology imitation Lakin the product diffusion cycle: Which companies and product innovations do competitors imitate more quickly? . *Long Range Planning*, 2016, 49 (2), 250 –264.

[112] Gleibs, I. H. , Wilson, N. , Reddy, G. , & Catmur, C. , Group dynamics in automatic imitation. *PLoS One*, 2016, 11 (9) (2016), Article e0162880.

[113] Goffman, E. , Stigma and social identity. *Understanding deviance: Connecting classical and contemporary perspectives*, 1963, 256, 265.

[114] Goldin – Meadow, S. , & Alibali, M. W. , Gesture's role in speaking, learning, and creating language. *Annual review of psychology*, 2013, 64, 257 –283.

[115] Goldman, L. , & Hogg, M. A. , Going to extremes for one's group: The role of prototypicality and group acceptance. *Journal of Applied Social Psychol-*

ogy, 2016, 46 (9), 544 – 553.

[116] Graeff, T. R., Consumption situations and the effects of brand image on consumers' brand evaluations. *Psychology & Marketing*, 1997, 14 (1), 49 – 70.

[117] Granovetter, M., & Soong, R., Threshold models of interpersonal effects in consumer demand. *Journal of Economic Behavior & Organization*, 1986, 7 (1), 83 – 99.

[118] Gray, C. E., McIntyre, K. P., Mattingly, B. A., & Lewandowski, G. W., Self – concept Change at Work: Characteristics and Consequences of Workplace Self – expansion. In *Interpersonal Relationships and the Self – Concept* (pp. 195 – 208). Springer, Cham, 2020.

[119] Green, M. C., & Brock, T. C., The role of transportation in the persuasiveness of public narratives. Journal of Personality and Social Psychology, 2000, 79 (5), 701 – 721.

[120] Green, M. C., Chatham, C., & Sestir, M. A., Emotion and transportation into fact and fiction. Scientific Study of Literature, 2012, 2 (1), 37 – 59.

[121] Gregg, A. P., & Sedikides, C., Narcissistic fragility: Rethinking its links to explicit and implicit self – esteem. *Self and Identity*, 2010, 9 (2), 142 – 161.

[122] Guéguen, N., & Martin, A., Incidental similarity facilitates behavioral mimicry. *Social Psychology*, 2009, 40 (2), 88.

[123] Guéguen, N., Martin, A., & Meineri, S., Mimicry and helping behavior: An evaluation of mimicry on explicit helping request. *The Journal of social psychology*, 2011, 151 (1), 1 – 4.

[124] Han, Y. J., Nunes, J. C., & Drèze, X., Signaling status with luxury goods: The role of brand prominence. *Journal of marketing*, 2010, 74 (4), 15 – 30.

[125] Harakeh, Z., Engels, R. C., Van Baaren, R. B., & Scholte, R. H., Imitation of cigarette smoking: An experimental study on smoking in a naturalistic setting. *Drug and alcohol dependence*, 2007, 86 (2 – 3), 199 – 206.

[126] Hareli, S., & Weiner, B., Accounts for success as determinants of per-

ceived arrogance and modesty. *Motivation and Emotion*, 2000, 24 (3), 215 -236.

[127] Hayes, A. F., Introduction to mediation, moderation, and conditional process analysis: A regression - based approach. Journal of Educational Measurement, 2013, 51 (3), 335 -337.

[128] Heatherton, T. F., & Polivy, J., Development and validation of a scale for measuring state self - esteem. Journal of Personality and Social Psychology, 1991, 60 (6), 895 -910.

[129] Heimpel, S. A., Wood, J. V., Marshall, M. A., & Brown, J. D., Do people with low self - esteem really want to feel better? Self - esteem differences in motivation to repair negative moods. Journal of Personality and Social Psychology, 2002, 82 (1), 128 -147.

[130] Helt, M. S., Eigsti, I. M., Snyder, P. J., & Fein, D. A., Contagious yawning in autistic and typical development. *Child development*, 2010, 81 (5), 1620 -1631.

[131] Herrmann, A., Rossberg, N., Huber, F., Landwehr, J. R., & Henkel, S., The impact of mimicry on sales - Evidence from field and lab experiments. *Journal of Economic Psychology*, 2011, 32 (3), 502 -514.

[132] Hess, U., & Fischer, A., Emotional mimicry as social regulation. *Personality and social psychology review*, 2013, 17 (2), 142 -157.

[133] Hill, R. P., Martin, K. D., & Chaplin, L. N., A tale of two marketplaces: Consumption restriction, social comparison, and life satisfaction. *Marketing Letters*, 2012, 23 (3), 731 -744.

[134] Hinyard, L. J., & Kreuter, M. W., Using narrative communication as a tool for health behavior change: A conceptual, theoretical, and empirical overview. Health Education & Behavior, 2007, 34 (5), 777 -792.

[135] Ho, M., & O'Donohoe, S., Volunteer stereotypes, stigma, and relational identity projects. *European Journal of Marketing*, 2014.

[136] Hoffner, C. A., Lee, S., & Park, S. J., "I miss my mobile phone!": Self - expansion via mobile phone and responses to phone loss. *New Media & Society*,

2016, 18 (11), 2452 -2468.

[137] Holler, J. , & Wilkin, K. , Co - speech gesture mimicry in the process of collaborative referring during face - to - face dialogue. *Journal of Nonverbal Behavior*, 2011, 35 (2), 133 -153.

[138] Hong, S. M. , & Page, S. , A psychological reactance scale: Development, factor structure and reliability. Psychological Reports, 1989, 64 (3), 1323 -1326.

[139] Hornsey, M. J. , & Jetten, J. , The individual within the group: Balancing the need to belong with the need to be different. *Personality and Social Psychology Review*, 2004, 8 (3), 248 -264.

[140] Hosany, S. , Ekinci, Y. , & Uysal, M. , Destination image and destination personality: An application of branding theories to tourism places. *Journal of business research*, 2006, 59 (5), 638 -642.

[141] Hoyer, W. D. , & Brown, S. P. , Effects of brand awareness on choice for a common, repeat - purchase product. *Journal of consumer research*, 1990, 17 (2), 141 -148.

[142] Hwang, H. C. , & Matsumoto, D. , Cultural differences in victory signals of triumph. *Cross - Cultural Research*, 2014, 48, 177 -191.

[143] Ireland, M. E. , & Pennebaker, J. W. , Language style matching in writing: Synchrony in essays, correspondence, and poetry. *Journal of personality and social psychology*, 2010, 99 (3), 549.

[144] Jetten, J. , Branscombe, N. R. , & Spears, R. , On being peripheral: Effects of identity insecurity on personal and collective self - esteem. *European Journal of Social Psychology*, 2002, 32 (1), 105 -123.

[145] Johnson, R. E. , Silverman, S. B. , Shyamsunder, A. , Swee, H. Y. , Rodopman, O. B. , Cho, E. , & Bauer, J. , Acting superior but actually inferior?: Correlates and consequences of workplace arrogance. *Human Performance*, 2010, 23 (5), 403 -427.

[146] Johnston, L. , Behavioral mimicry and stigmatization. *Social Cognition*,

2002, 20 (1), 18 -35. *Journal of Consumer Research*, 37 (4), 555 -569.

[147] Kasser, T., & Ryan, R. M., Further examining the American dream: Differential correlates of intrinsic and extrinsic goals. *Personality and social psychology bulletin*, 1996, 22 (3), 280 -287.

[148] Keller, K. L., *Building, Measuring, and Managing Brand Equity* (3rd. ed.). New Jersey: Prentice Hall, 2007.

[149] Keltner, D., Gruenfeld, D. H., & Anderson, C., Power, approach, and inhibition. *Psychological Review*, 2003, 110, 265 -284.

[150] Kernis, M. H., Toward a conceptualization of optimal self - esteem. Psychological Inquiry, 2003, 14 (1), 1 -26.

[151] Kim, J., The influence of hedonic versus utilitarian consumption situations on the compromise effect. *Marketing Letters*, 2016, 27 (2), 387 -401.

[152] Kim, S., & McGill, A. L., Gaming with Mr. Slot or gaming the slot machine? Power, anthropomorphism, and risk perception. *Journal of Consumer Research*, 2011, 38 (1), 94 -107.

[153] Kim, Y. J., & Han, J., Why smartphone advertising attracts customers: A model of Web advertising, flow, and personalization. *Computers in Human Behavior*, 2014, 33, 256 -269.

[154] Kivetz, R., Promotion reactance: The role of effort - reward congruity. Journal of Consumer Research, 2005, 31 (4), 725 -736.

[155] Kouzakova, M., Karremans, J. C., van Baaren, R. B., & Knippenberg, A. V., A stranger's cold shoulder makes the heart grow fonder: Why not being mimicked by a stranger enhances longstanding relationship evaluations. *Social Psychological and Personality Science*, 2010a, 1 (1), 87 -93.

[156] Kouzakova, M., van Baaren, R., & van Knippenberg, A., Lack of behavioral imitation in human interactions enhances salivary cortisol levels. *Hormones and Behavior*, 2010b, 57 (4 -5), 421 -426.

[157] Kressmann, F., Sirgy, M. J., Herrmann, A., Huber, F., Huber, S., & Lee, D. J., Direct and indirect effects of self - image congruence on

brand loyalty. *Journal of Business research*, 2006, 59 (9), 955 -964.

[158] Kreuter, M. W. , Green, M. C. , Cappella, J. N. , Slater, M. D. , Wise, M. E. , Storey, D. , …Hinyard, L. J. , Narrative communication in cancer prevention and control: A framework to guide research and application. Annals of Behavioral Medicine, 2007, 33 (3), 221 -235.

[159] Krumhuber, E. G. , Likowski, K. U. , & Weyers, P. , Facial mimicry of spontaneous and deliberate Duchenne and non - Duchenne smiles. *Journal of Nonverbal Behavior*, 2014, 38 (1), 1 -11.

[160] Kunda, Z. , & Oleson, K. C. , Maintaining stereotypes in the face of disconfirmation: constructing grounds for subtyping deviants. *Journal of personality and social psychology*, 1995, 68 (4), 565.

[161] Lakin, J. L. , & Chartrand, T. L. , Using nonconscious behavioral mimicry to create affiliation and rapport. *Psychological science*, 2003, 14 (4), 334 -339.

[162] Lakin, J. L. , & Chartrand, T. L. , Exclusion and nonconscious behavioral mimicry. *The social outcast: Ostracism, social exclusion, rejection, and bullying*, 2005, 279 -295.

[163] Lakin, J. L. , & Chartrand, T. L. , Behavioral mimicry as an affiliative response to social exclusion. *The Oxford handbook of social exclusion*, 2013, 266 -274.

[164] Lakin, J. L. , Chartrand, T. L. , & Arkin, R. M. , I am too just like you: Nonconscious mimicry as an automatic behavioral response to social exclusion. *Psychological science*, 2008, 19 (8), 816 -822.

[165] LaVoie, N. R. , Quick, B. L. , Riles, J. M. , & Lambert, N. J. , Are graphic cigarette warning labels an effective message strategy? A test of psychological reactance theory and source appraisal. Communication Research, 2017, 44 (3), 416 -436.

[166] Leander, N. P. , Chartrand, T. L. , & Wood, W. , Mind your mannerisms: Behavioral mimicry elicits stereotype conformity. *Journal of Experimental Social Psychology*, 2011, 47 (1), 195 -201.

[167] Leckelt, M. , Küfner, A. C. , Nestler, S. , & Back, M. D. , Be-

havioral processes underlying the decline of narcissists' popularity over time. *Journal of Personality and Social Psychology*, 2015, 109 (5), 856.

[168] Lee, J., & Shrum, L. J., Conspicuous consumption versus charitable behavior in response to social exclusion: A differential needs explanation. *Journal of Consumer Research*, 2012, 39 (3), 530 - 544.

[169] Lee, S. Y., Gregg, A. P., & Park, S. H., The person in the purchase: Narcissistic consumers prefer products that positively distinguish them. *Journal of Personality and Social Psychology*, 2013, 105 (2), 335.

[170] Lee - Flynn, S. C., Pomaki, G., DeLongis, A., Biesanz, J. C., & Puterman, E., Daily cognitive appraisals, daily affect, and long - term depressive symptoms: The role of self - esteem and self - concept clarity in the stress process. *Personality and Social Psychology Bulletin*, 2011, 37 (2), 255 - 268.

[171] Levav, J., & Zhu, R., Seeking freedom through variety. Journal of Consumer Research, 2009, 36 (4), 600 - 610.

[172] Lewandowski Jr, G. W., & Nardone, N., Self - concept clarity's role in self - other agreement and the accuracy of behavioral prediction. *Self and Identity*, 2012, 11 (1), 71 - 89.

[173] Lieberman, M. B., & Asaba, S., Why do firms imitate each other?. *Academy of management review*, 2006, 31 (2), 366 - 385.

[174] Likowski, K. U., Weyers, P., Seibt, B., Stöhr, C., Pauli, P., & Mühlberger, A., Sad and lonely? Sad mood suppresses facial mimicry. *Journal of Nonverbal Behavior*, 2011, 35 (2), 101 - 117.

[175] Link, B. G., & Phelan, J., Stigma power. *Social science & medicine*, 2014, 103, 24 - 32.

[176] Lisjak, M., Bonezzi, A., Kim, S., & Rucker, D. D., Perils of compensatory consumption: Within - domain compensation undermines subsequent self - regulation. *Journal of Consumer Research*, 2015, 41 (5), 1186 - 1203.

[177] Loughran Dommer, S., Swaminathan, V., & Ahluwalia, R., Using differentiated brands to deflect exclusion and protect inclusion: The moderating role

of self – esteem on attachment to differentiated brands. *Journal of Consumer Research*, 2013, 40 (4), 657 –675.

[178] Loveland, K. E. , Smeesters, D. , & Mandel, N. , Still preoccupied with 1995: The need to belong and preference for nostalgic products. *Journal of Consumer Research*, 2010, 37 (3), 393 –408.

[179] Lucarelli, A. , & Hallin, A. , Brand transformation: a performative approach to brand regeneration. *Journal of Marketing Management*, 2015, 31 (1 – 2), 84 –106.

[180] Lynn, M. , & Harris, J. , Individual differences in the pursuit of self – uniqueness through consumption. Journal of Applied Social Psychology, 1997, 27 (21), 1861 –1883.

[181] Lynn, M. , & Snyder, C. R. , Uniqueness seeking. *Handbook of positive psychology*, 2002, 395 –410.

[182] Maaß, U. , Lämmle, L. , Bensch, D. , & Ziegler, M. , Narcissists of a feather flock together: Narcissism and the similarity of friends. *Personality and Social Psychology Bulletin*, 2016, 42 (3), 366 –384.

[183] Malhotra, N. K. , Self concept and product choice: An integrated perspective. *Journal of Economic Psychology*, 1988, 9 (1), 1 –28.

[184] Martin, A. , Guéguen, N. , & Fischer – Lokou, J. , The impact of guilt on mimicry behavior. *Social Behavior and Personality: an international journal*, 2010, 38 (7), 987 –991.

[185] Mattingly, B. A. , & Lewandowski Jr, G. W. , An expanded self is a more capable self: The association between self – concept size and self – efficacy. *Self and Identity*, 2013a, 12 (6), 621 –634.

[186] Mattingly, B. A. , & Lewandowski, G. W. , Expanding the self brick by brick: Nonrelational self – expansion and self – concept size. Social Psychological and Personality Science, 2014, 5, 484 –490.

[187] Mattingly, B. A. , & Lewandowski Jr, G. W. , The power of one: Benefits of individual self – expansion. *The Journal of Positive Psychology*, 2013b, 8

(1), 12 – 22.

[188] Mattingly, B. A., Mcintyre, K. P., & Lewandowski Jr, G. W., Approach motivation and the expansion of self in close relationships. *Personal Relationships*, 2012, 19 (1), 113 – 127.

[189] Mazzocco, P. J., Rucker, D. D., Galinsky, A. D., & Anderson, E. T., Direct and vicarious conspicuous consumption: Identification with low – status groups increases the desire for high – status goods. *Journal of Consumer Psychology*, 2012, 22 (4), 520 – 528.

[190] McFerran, B., Aquino, K., & Tracy, J. L., Evidence for two facets of pride in consumption: Findings from luxury brands. *Journal of Consumer Psychology*, 2014, 24 (4), 455 – 471.

[191] McFerran, B., Dahl, D. W., Fitzsimons, G. J., & Morales, A. C., I'll have what she's having: Effects of social influence and body type on the food choices of others. *Journal of Consumer Research*, 2010a, 36 (6), 915 – 929.

[192] McFerran, B., Dahl, D. W., Fitzsimons, G. J., & Morales, A. C., Might an overweight waitress make you eat more? How the body type of others is sufficient to alter our food consumption. *Journal of Consumer Psychology*, 2010b, 20 (2), 146 – 151.

[193] McIntosh, D. N., Reichmann – Decker, A., Winkielman, P., & Wilbarger, J. L., When the social mirror breaks: deficits in automatic, but not voluntary, mimicry of emotional facial expressions in autism. *Developmental science*, 2006, 9 (3), 295 – 302.

[194] McIntyre, K. P., Mattingly, B. A., Lewandowski Jr, G. W., & Simpson, A., Workplace self – expansion: Implications for job satisfaction, commitment, self – concept clarity, and self – esteem among the employed and unemployed. *Basic and Applied Social Psychology*, 2014, 36 (1), 59 – 69.

[195] Mead, N. L., Baumeister, R. F., Stillman, T. F., Rawn, C. D., & Vohs, K. D., Social exclusion causes people to spend and consume strategically in the service of affiliation. *Journal of consumer research*, 2011, 37 (5), 902 – 919.

[196] Morf, C. C., & Rhodewalt, F., Unraveling the paradoxes of narcissism: A dynamic self - regulatory processing model. *Psychological inquiry*, 2001, 12 (4), 177 - 196.

[197] Mourali, M., & Yang, Z., The dual role of power in resisting social influence. *Journal of Consumer Research*, 2013, 40 (3), 539 - 554.

[198] Moyer - Gusé, E., & Nabi, R. L., Explaining the effects of narrative in an entertainment television program: Overcoming resistance to persuasion. Human Communication Research, 2010, 36 (1), 26 - 52.

[199] Munichor, N., & Steinhart, Y., Saying no to the glow: When consumers avoid arrogant brands. *Journal of Consumer Psychology*, 2016, 26 (2), 179 - 192.

[200] Murphy, S. T., Frank, L. B., Chatterjee, J. S., & Baezconde - Garbanati, L., Narrative versus nonnarrative: The role of identification, transportation, and emotion in reducing health disparities. Journal of Communication, 2013, 63 (1), 116 - 137.

[201] Nail, P. R., van Leeuwen, M. D., & Powell, A. B., The effectance versus the self - presentational view of reactance: Are importance ratings influenced by Anticipated Surveillance? Journal of Social Behavior and Personality, 1996, 11 (3), 573 - 584.

[202] Nam, J., Ekinci, Y., & Whyatt, G., Brand equity, brand loyalty and consumer satisfaction. *Annals of tourism Research*, 2011, 38 (3), 1009 - 1030.

[203] Neal, D. T., & Chartrand, T. L., Embodied emotion perception: amplifying and dampening facial feedback modulates emotion perception accuracy. *Social Psychological and Personality Science*, 2011, 2 (6), 673 - 678.

[204] Noyman - Veksler, G., Weinberg, D., Fennig, S., Davidson, L., & Shahar, G., Perceived stigma exposure in schizophrenia: The key role of self - concept clarity. *Self and Identity*, 2013, 12 (6), 663 - 674.

[205] Ordabayeva, N., & Chandon, P., Getting ahead of the Joneses: When equality increases conspicuous consumption among bottom - tierconsum-

ers. *Journal of Consumer Research*, 2011, 38 (1), 27 –41.

[206] Park, J. K. , & John, D. R. , Got to get you into my life: Do brand personalities rub off on consumers? . *Journal of consumer research*, 2010, 37 (4), 655 –669.

[207] Patwardhan, H. , & Balasubramanian, S. K. , Brand romance: a complementary approach to explain emotional attachment toward brands. *Journal of Product & Brand Management*, 2011.

[208] Pickett, C. L. , & Brewer, M. B. , Assimilation and differentiation needs as motivational determinants of perceived in – group and out – group homogeneity. *Journal of Experimental Social Psychology*, 2001, 37 (4), 341 –348.

[209] Poppe, E. , & Linssen, H. , In – group favouritism and the reflection of realistic dimensions of difference between national states in Central and Eastern European nationality stereotypes. *British Journal of Social Psychology*, 1999, 38 (1), 85 –102.

[210] Pryor, J. B. , Reeder, G. D. , & Monroe, A. E. , The infection of bad company: Stigma by association. *Journal of personality and social psychology*, 2012, 102 (2), 224.

[211] Pusa, S. , & Uusitalo, L. , Creating brand identity in art museums: A case study. *International Journal of Arts Management*, 2014, 17 (1).

[212] Quick, B. L. , & Stephenson, M. T. , The Reactance Restoration Scale (RRS): A measure of direct and indirect restoration. Communication Research Reports, 2007, 24 (2), 131 –138.

[213] Quick, B. L. , & Stephenson, M. T. , Examining the role of trait reactance and sensation seeking on perceived threat, state reactance, and reactance restoration. Human Communication Research, 2008, 34 (3), 448 –476.

[214] Quick, B. L. , Shen, L. , & Dillard, J. P. , Reactance theory and persuasion. The Sage Handbook of Persuasion: Developments in Theory and Practice (pp. 167 –183), SAGE Publications Inc. , 2013.

[215] Ragins, B. R. , Disclosure disconnects: Antecedents and conse-

quences of disclosing invisible stigmas across life domains. *Academy of Management Review*, 2008, 33 (1), 194 – 215.

[216] Rains, S. A., & Turner, M. M., Psychological reactance and persuasive health communication: A test and extension of the intertwined model. Human Communication Research, 2007, 33 (2), 241 – 269.

[217] Ramanathan, S., & McGill, A. L., Consuming with others: Social influences on moment – to – moment and retrospective evaluations of anexperience. *Journal of Consumer Research*, 2007, 34 (4), 506 – 524.

[218] Reed, A., Activating the self – importance of consumer selves: Exploring identity salience effects on judgments. *Journal of consumer research*, 2004, 31 (2), 286 – 295.

[219] Reimann, M., & Aron, A., Self – expansion motivation and inclusion of brands in self. *Handbook of brand relationships*, 2009, 65 – 81.

[220] Ritchie, T. D., Sedikides, C., Wildschut, T., Arndt, J., & Gidron, Y., Self – concept clarity mediates the relation between stress and subjective well – being. *Self and Identity*, 2011, 10 (4), 493 – 508.

[221] Robinson, M. D., Ode, S., Palder, S. L., & Fetterman, A. K., Explicit and implicit approach motivation interact to predict interpersonal arrogance. *Personality and Social Psychology Bulletin*, 2012, 38 (7), 858 – 869.

[222] Rossmann, A., & Wilke, T., *Building brand love: A dynamic capabilities approach*, 2017.

[223] Rucker, D. D., & Galinsky, A. D., Desire to acquire: Powerlessness and compensatory consumption. *Journal of Consumer Research*, 2008, 35 (2), 257 – 267.

[224] Rucker, D. D., & Galinsky, A. D., Conspicuous consumption versus utilitarian ideals: How different levels of power shape consumer behavior. *Journal of Experimental Social Psychology*, 2009, 45 (3), 549 – 555.

[225] Rucker, D. D., Dubois, D., & Galinsky, A. D., Generous paupers and stingy princes: Power drives consumer spending on self versus others. *Journal of*

Consumer Research, 2011, 37, 1015 – 1029.

[226] Rucker, D. D., Galinsky, A. D., & Dubois, D., Power and consumer behavior: How power shapes who and what consumers value. *Journal of Consumer Psychology*, 2012, 22, 352 – 368.

[227] Ruvio, A., Gavish, Y., & Shoham, A., Consumer's doppelganger: A role model perspective on intentional consumer mimicry. *Journal of Consumer Behaviour*, 2013, 12 (1), 60 – 69.

[228] Sakellaropoulo, M., & Baldwin, M. W., The hidden sides of self – esteem: Two dimensions of implicit self – esteem and their relation to narcissistic reactions. *Journal of Experimental Social Psychology*, 2007, 43 (6), 995 – 1001.

[229] Scheflen, A. E., The significance of posture in communication systems. *Psychiatry*, 1964, 27 (4), 316 – 331.

[230] Sedikides, C., Cisek, S., & Hart, C. M., Narcissism and brand name consumerism. *The handbook of narcissism and narcissistic personality disorder: Theoretical approaches, empirical findings, and treatments*, 2011, 382 – 392.

[231] Sedikides, C., Gregg, A. P., Cisek, S., & Hart, C. M., The I that buys: Narcissists as consumers. *Journal of Consumer Psychology*, 2007, 17 (4), 254 – 257.

[232] Setterlund, M. B., & Niedenthal, P. M., "Who am I? Why am I here?" Self – esteem, self – clarity, and prototype matching. *Journal of personality and social psychology*, 1993, 65 (4), 769 – 779.

[233] Shalev, E., & Morwitz, V. G., Influence via comparison – driven self – evaluation and restoration: the case of the low – status influencer. *Journal of Consumer Research*, 2012, 38 (5), 964 – 980.

[234] Shariff, A. F., & Tracy, J. L., Knowing who's boss: Implicit perceptions of status from the nonverbal expression of pride. *Emotion*, 2009, 9 (5), 631.

[235] Shedlosky – Shoemaker, R., Costabile, K. A., & Arkin, R. M., Self – expansion through fictional characters. *Self and Identity*, 2014, 13 (5), 556 – 578.

[236] Shen, L., Mitigating psychological reactance: The role of message - induced empathy in persuasion. Human Communication Research, 2010, 36 (3), 397 - 422.

[237] Shoemaker, R., Costabile, K. A., & Arkin, R. M., Self - expansion through fictional characters. *Self and Identity*, 2014, 13 (5), 556 - 578.

[238] Shrum, L. J., Lowrey, T. M., Pandelaere, M., Ruvio, A. A., Gentina, E., Furchheim, P., …& Nairn, A., Materialism: The good, the bad, and the ugly. *Journal of Marketing Management*, 2014, 30 (17 - 18), 1858 - 1881.

[239] Simner, M. L., Newborn's response to the cry of another infant. *Developmental psychology*, 1971, 5 (1), 136.

[240] Sirgy, M. J., Self - concept in consumer behavior: A critical review. *Journal of consumer research*, 1982, 9 (3), 287 - 300.

[241] Sivanathan, N., & Pettit, N. C., Protecting the self through consumption: Status goods as affirmational commodities. *Journal of Experimental Social Psychology*, 2010, 46 (3), 564 - 570.

[242] Sonnby - Borgström, M., Jönsson, P., & Svensson, O., Emotional empathy as related to mimicry reactions at different levels of information processing. *Journal of Nonverbal behavior*, 2003, 27 (1), 3 - 23.

[243] Stapel, D. A., & van der Zee, K. I., The self salience model of other - to - self effects: Integrating principles of self - enhancement, complementarity, and imitation. Journal of Personality and Social Psychology, 2006, 90 (2), 258 - 271.

[244] Stel, M., & Harinck, F., Being mimicked makes you a prosocial voter. *Experimental psychology*, 2011.

[245] Stel, M., & Vonk, R., Empathizing via mimicry depends on whether emotional expressions are seen as real. *European Psychologist*, 2009, 14 (4), 342.

[246] Stel, M., & Vonk, R., Mimicry in social interaction: Benefits for mimickers, mimickees, and their interaction. *British Journal of Psychology*, 2010, 101 (2), 311 - 323.

[247] Stel, M., Blascovich, J., McCall, C., Mastop, J., Van Baaren,

R. B. , & Vonk, R. , Mimicking disliked others: Effects of a priori liking on the mimicry – liking link. *European Journal of Social Psychology*, 2010, 40 (5), 867 – 880.

[248] Stokburger – Sauer, N. , Ratneshwar, S. , & Sen, S. , Drivers of consumer – brand identification. *International journal of research in marketing*, 2012, 29 (4), 406 – 418.

[249] Sung, Y. , & Kim, J. , Effects of brand personality on brand trust and brand affect. *Psychology & Marketing*, 2010, 27 (7), 639 – 661.

[250] Swaminathan, V. , Page, K. L. , & Gürhan – Canli, Z. , "My" brand or "our" brand: The effects of brand relationship dimensions and self – construal on brand evaluations. *Journal of consumer research*, 2007, 34 (2), 248 – 259.

[251] Swaminathan, V. , Stilley, K. , & Ahluwalia, R. , The role of brand personality and consumer attachment style in strengthening brand relationships. *ACR North American Advances*, 2009.

[252] Tafarodi, R. W. , Marshall, T. C. , & Katsura, H. , Standing out in Canada and Japan. *Journal of Personality*, 2004, 72 (4), 785 – 814.

[253] Tanner, R. J. , Ferraro, R. , Chartrand, T. L. , Bettman, J. R. , & Baaren, R. V. , Of chameleons and consumption: The impact of mimicry on choice and preferences. *Journal of Consumer Research*, 2008, 34 (6), 754 – 766.

[254] Tian, K. T. , Bearden, W. O. , & Hunter, G. L. , Consumers' need for uniqueness: Scale development and validation. *Journal of consumer research*, 2001, 28 (1), 50 – 66.

[255] Tiberius, V. , & Walker, J. D. , Arrogance. *American Philosophical Quarterly*, 1998, 35 (4), 379 – 390.

[256] Tice, D. M. , Butler, J. L. , Muraven, M. B. , & Stillwell, A. M. , When modesty prevails: Differential favorability of self – presentation to friends and strangers. *Journal of personality and social psychology*, 1995, 69 (6), 1120.

[257] Tickle – Degnen, L. , Nonverbal Behavior and Its Functions in the Ecosystem of Rapport, 2006.

[258] Trabold, L. , & Mathur, P. , Is Abercrombie Making Me Arrogant?

the Impact of Brand Personality Traits on Post – Consumption Behavior. *ACR North American Advances*, 2011.

[259] Tracy, J. L., & Robins, R. W., Emerging insights into the nature and function of pride. *Current Directions in Psychological Science*, 2007, 16 (3), 147 – 150.

[260] Tsai, J. C. C., Sebanz, N., & Knoblich, G., The GROOP effect: Groups mimic group actions. *Cognition*, 2011, 118 (1), 135 – 140.

[261] Usakli, A., & Baloglu, S., Brand personality of tourist destinations: An application of self – congruity theory. *Tourism management*, 2011, 32 (1), 114 – 127.

[262] Van Baaren, R. B., Fockenberg, D. A., Holland, R. W., Janssen, L., & van Knippenberg, A., The moody chameleon: The effect of mood on non – conscious mimicry. *Social Cognition*, 2006, 24 (4), 426 – 437.

[263] Van Baaren, R. B., Holland, R. W., Kawakami, K., & Van Knippenberg, A., Mimicry and prosocial behavior. *Psychological science*, 2004b, 15 (1), 71 – 74.

[264] Van Baaren, R. B., Horgan, T. G., Chartrand, T. L., & Dijkmans, M., The forest, the trees, and the chameleon: Context dependence and mimicry. *Journal of personality and social psychology*, 2004a, 86 (3), 453.

[265] Van Baaren, R. B., Maddux, W. W., Chartrand, T. L., De Bouter, C., & Van Knippenberg, A., It takes two to mimic: behavioral consequences of self – construals. *Journal of personality and social psychology*, 2003, 84 (5), 1093.

[266] Van Baaren, R., Janssen, L., Chartrand, T. L., & Dijksterhuis, A., Where is the love? The social aspects of mimicry. *Philosophical Transactions of the Royal Society B: Biological Sciences*, 2009, 364 (1528), 2381 – 2389.

[267] Van Horen, F., & Pieters, R., Out – of – category brand imitation: Product categorization determines copycat evaluation. *Journal of Consumer Research*, 2017, 44 (4), 816 – 832.

[268] Van Laer, T., De Ruyter, K., Visconti, L. M., & Wetzels, M., The extended transportation - imagery model: A meta - analysis of the antecedents and consequences of consumers' narrative transportation. Journal of Consumer Research, 2013, 40 (5), 797 - 817.

[269] Van Swol, L. M., & Drury - Grogan, M. L., The effects of shared opinions on nonverbal mimicry. *Sage Open*, 2017, 7 (2), 1 - 11.

[270] Vandellen, M. R., Campbell, W. K., Hoyle, R. H., & Bradfield, E. K., Compensating, resisting, and breaking: A meta - analytic examination of reactions to self - esteem threat. Personality and Social Psychology Review, 2011, 15 (1), 51 - 74.

[271] Vignoles, V. L., Chryssochoou, X., & Breakwell, G. M., The distinctiveness principle: Identity, meaning, and the bounds of cultural relativity. *Personality and Social Psychology Review*, 2000, 4 (4), 337 - 354.

[272] Wallace, H. M., Grotzinger, A., Howard, T. J., & Parkhill, N., When people evaluate others, the level of others' narcissism matters less to evaluators who are narcissistic. *Social Psychological and Personality Science*, 2015, 6 (7), 805 - 813.

[273] Warren, C., & Campbell, M. C., What makes things cool? How autonomy influences perceived coolness. *Journal of Consumer Research*, 2014, 41 (2), 543 - 563.

[274] Webb, O. J., Eves, F. F., & Smith, L., Investigating behavioural mimicry in the context of stair/escalator choice. *British journal of health psychology*, 2011, 16 (2), 373 - 385.

[275] White, K. & Dahl, D. W., To be or not be? The influence of dissociative reference groups on consumer preferences. Journal of Consumer Psychology, 2006, 16 (4), 404 - 414.

[276] White, K., & Argo, J. J., Social identity threat and consumer preferences. *Journal of Consumer Psychology*, 2009, 19 (3), 313 - 325.

[277] White, K., & Argo, J. J., When imitation doesn't flatter: The role

of consumer distinctiveness in responses to mimicry. *Journal of Consumer Research*, 2011, 38 (4), 667 - 680.

[278] White, K., & Dahl, D. W., To be or not be? The influence of dissociative reference groups on consumer preferences. *Journal of Consumer Psychology*, 2006, 16 (4), 404 - 414.

[279] White, K., & Dahl, D. W., Are all out - groups created equal? Consumer identity and dissociative influence. *Journal of Consumer Research*, 2007, 34 (4), 525 - 536.

[280] White, K., Simpson, B., & Argo, J. J., The motivating role of dissociative out - groups in encouraging positive consumer behaviors. Journal of Marketing Research, 2014, 51 (4), 433 - 447.

[281] Wilcox, K., Kim, H. M., & Sen, S., Why do consumers buy counterfeit luxury brands? . *Journal of marketing research*, 2009, 46 (2), 247 - 259.

[282] Williams, L. A., & DeSteno, D., Pride: Adaptive social emotion or seventh sin? *Psychological Science*, 2009, 20 (3), 284 - 288.

[283] Wood, J. V., & Forest, A. L., Self - protective yet self - defeating: The paradox of low self - esteem people's self - disclosures. Advances in Experimental Social Psychology, 2016, 53, 131 - 188.

[284] Xu, X., Floyd, A. H., Westmaas, J. L., & Aron, A., Self - expansion and smoking abstinence. *Addictive Behaviors*, 2010, 35 (4), 295 - 301.

[285] Yabar, Y., Johnston, L., Miles, L., & Peace, V., Implicit behavioral mimicry: Investigating the impact of group membership. *Journal of Nonverbal Behavior*, 2006, 30 (3), 97 - 113.

[286] Zalstein, D., Audi, BMW, Mercedes - Benz, Porsche: Top 10 reasons why Germans remain the ruling party, Car Advice (July 10), 2012. http: //www. caradvice. com. au/180592/audi - bmw - mercedes - benz - porsche - top - 10 - reasonswhy - germans - remain - the - ruling - party/.

[287] Zeigler - Hill, V., Myers, E. M., & Clark, C. B., Narcissism and self - esteem reactivity: The role of negative achievement events. *Journal of Research*

in Personality, 2010, 44 (2), 285 –292.

[288] Zemack – Rugar, Y., Moore, S. G., & Fitzsimons, G. J., Just do it! Why committed consumers react negatively to assertive ads. *Journal of Consumer Psychology*, 2017, 27 (3), 287 –301.

[289] Zhang, Y., Winterich, K. P., & Mittal, V., Power distance belief and impulsive buying. *Journal of Marketing Research*, 2010, 47, 945 –954.

[290] Zuckerman, M., & O'Loughlin, R. E., Narcissism and well – being: A longitudinal perspective. *European Journal of Social Psychology*, 2009, 39 (6), 957 –972.

附　　录

1. 实验 3－3 实验材料

（1）关于自由威胁的操纵材料

①高自由威胁组：

近日某大学学生处有老师提出在校园内及周边地区禁止售卖和饮用含酒精类饮品。校方、教务处和街道办三方将在近期派代表对这个提案进行正式的讨论，主要探讨在学校校内及周边地区禁止含酒精类饮品的售卖和饮用的利弊，并就这个问题做出最终的决定。关于这个问题的最终决定，学生将没有发言权和投票权，最终决定也不会考虑学生的想法和意见。

如若该提案通过，有关含酒精饮品的禁令将在下学期生效，届时将波及所有校区的学生宿舍以及校区内的所有住宅。校方、教育部和街道办将就该提案制定规则制度和惩罚措施，一旦发现任何校内的学生购买、饮用或持有含酒精类饮品，都将受到处罚，并且也将禁止零售商在校园内以及校园周边地区售卖含酒精类的饮品。

②低自由威胁组：

近日某大学学生处有老师提出在校园内及周边地区禁止售卖和饮用含酒精类饮品。校方、教务处和街道办三方将在近期派代表对这个提案进行正式的讨论，主要探讨在学校及周边地区禁止含酒精类饮品的售卖和饮用的利弊，并就这个问题做出最终的决定。关于这个问题的最终决定会参考学生的投票结果，校方、教务处和街道办单方面就此事没有最终决定权。

如若该提案通过，有关酒精的禁令将在下学期生效，届时将波及所有校区的学生宿舍以及校区内的所有住宅。校方、教育部和街道办将就该提案制定规则制度和惩罚措施，一旦发现任何校内的学生购买、饮用或持有含酒精类饮品，都将受到处罚。并且也将禁止零售商在校园内以及校园周边地区售卖含酒精类的饮品。

（2）关于叙事的操纵材料

①叙事组：

某大学学生处的老师提出“禁止售卖酒精类饮品提案”是由于近期高校大学生酒后滋事、破坏公共设施等频发，使得各高校对校园内售卖和饮用酒精类饮品非常重视。

目前已有高校实施禁酒令，其中 S 大学的禁酒令是由校办公室和教务处讨论直接决定的，并没有让学生参与投票。但禁酒令实施后，S 大学再未出现酒后滋事情况。而 H 大学采取由学生投票决定是否实施，使得 H 大学的禁酒令没有实施，随后出现 6 月初该校发生大学生酒后群殴事件，导致理工学院和经济学院 3 人重伤住院，4 人轻伤，学院公共设施遭到严重破坏，随后该 7 名大学生都收到 H 大学的严重处分。

因此，考虑到我校地处市中心，周围环境复杂，为了保证学生在校期间的安全，学校方面才提出在校园内实施禁酒令。学校方决定将不采取学生参与投票，该提案的最终结果由校方、教务处和街道办三方讨论决定。

②非叙事组：

某大学学生处的老师提出“禁止售卖酒精类饮品提案”是由于近期高校大学生酒后滋事、破坏公共设施等频发，使得各高校对校园内售卖和饮用酒精类饮品非常重视。

数据显示过多饮用酒精类饮料后对中枢神经系统有损害，甚至出现重度中毒还可能导致呼吸、心跳抑制而使机体死亡。在酒精饮品中，乙醇最容易引发癌症，应用在动物中的研究结果同样证实了这个结论，酒精饮料中的混合物引发了癌症，尤其是口腔和喉咙部位的癌变。此外，摄入过多的酒精可能会引起个体更极端和更具破坏性的社会行为，比如酒后驾驶、攻击行为、不安全性行为等，这不仅会造成自身或他人生命财产的损失，更会危害社会安全。

学生饮用酒精类饮品不仅影响学生身体健康而且影响本校的校风。作为学生有义务遵守学校的规章制度，即使没有发言权，学校的规定学生应该遵守校规校纪。

（1）心理逆反量表（Hong & Page，1989）

心理逆反量表	非常不同意			无所谓			非常同意
1. 依赖别人的这个想法使我恼火	1	2	3	4	5	6	7
2. 当我不能自由独立地做决定时，我会很沮丧	1	2	3	4	5	6	7
3. 当有人限制我的选择自由时，我会感到愤怒	1	2	3	4	5	6	7
4. 当我按照我自己的自由意志行事时，我才感到满意	1	2	3	4	5	6	7
5. 规则会使我抵触	1	2	3	4	5	6	7
6. 我发现反驳他人会使我感到激动	1	2	3	4	5	6	7
7. 当有人禁止我做一些事情的时候，我通常认为“这正是我要做的	1	2	3	4	5	6	7
8. 我抵制别人企图影响我	1	2	3	4	5	6	7
9. 当有人将某人视为我效仿的榜样时，这会让我生气	1	2	3	4	5	6	7
10. 当有人强迫我做一些事情时，我会想做相反的事情	1	2	3	4	5	6	7
11. 看到有人屈服于社会标准和规则我会很失望	1	2	3	4	5	6	7

（2）独特性量表（Lynn & Harris，1997）

独特性量表	非常不同意			无所谓			非常同意
1. 独特对我来说很重要	1	2	3	4	5	6	7
2. 我会故意做些事让自己不同于周围的人	1	2	3	4	5	6	7
3. 我有独特性的需求	1	2	3	4	5	6	7

（3）权力感量表（Stael & Van der Zee，2006）

权力感量表	非常不同意			无所谓			非常同意
1. 我觉得我现在是有说服力的	1	2	3	4	5	6	7
2. 我觉得我现在是跛崽的	1	2	3	4	5	6	7
3. 我觉得我现在是具有支配力的	1	2	3	4	5	6	7
4. 我觉得我现在是顺从的	1	2	3	4	5	6	7
5. 我觉得我现在是自我怀疑的	1	2	3	4	5	6	7
6. 我觉得我现在是温顺的	1	2	3	4	5	6	7

（4）情绪量表（Levav & R Zhu，2009）

情绪量表	非常不同意			无所谓			非常同意
1. 我觉得我现在是高兴的	1	2	3	4	5	6	7
2. 我觉得我现在是兴奋的	1	2	3	4	5	6	7
3. 我觉得我现在是心情愉悦的	1	2	3	4	5	6	7
4. 我觉得我现在是难过的	1	2	3	4	5	6	7
5. 我觉得我现在是痛苦的	1	2	3	4	5	6	7
6. 我觉得我现在是悲观的	1	2	3	4	5	6	7

（5）自尊量表（Heatherton & Polivy，1991）

自尊量表	非常不同意			无所谓			非常同意
1. 我对我自己不满意	1	2	3	4	5	6	7
2. 在这个时刻，我觉得自己比别人差	1	2	3	4	5	6	7
3. 我担心别人对我的印象	1	2	3	4	5	6	7
4. 我担心自己看起来很愚蠢	1	2	3	4	5	6	7
5. 我担心自己是否被别人视为是成功的还是失败的	1	2	3	4	5	6	7
6. 我感觉不自在	1	2	3	4	5	6	7

2. 实验 4－3 实验材料及量表

（1）不同模仿水平操纵的材料：

高水平的模仿组，参与者阅读以下的材料："你最近购买了一双自己非常喜欢的"回力牌"新款老爹鞋。于是，你穿着这双回力新鞋参加你经常去的社团活动。同社团的 A 同学说："这种鞋很有范儿，我也要买一双！"过几天以后，你再次参加该社团活动。你发现同社团的 A 同学穿着一双和你款式类似的耐克老爹鞋……"

低水平模仿组，参与者阅读以下的材料："你最近购买了一双自己非常喜欢的耐克新款老爹鞋。于是，你穿着这双耐克新鞋参加你经常去的社团活动。同社团的 A 同学说："这种鞋很有范儿，我也要买一双！"过几天以后，你再次参加该社团活动。你发现同社团的 A 同学穿着一双和你类似款的回力牌老爹鞋……”

（2）傲慢品牌的实验材料：

最好的 Top Time，无人可超越！

Top time 是钟表行业的领导者。

它以高诚信和高质量的产品而闻名，永远是潮流的创造者！

它由世界顶级设计师创造，以最高端的技术和最卓越的设计而闻名遐迩！

非傲慢品牌的实验材料：

知名的 Clock Time，一直在前行！

Clock Time 是钟表行业的典范！

它以可靠和优质的产品著称，

由经验丰富的制表师打造，注重产品设计，以可靠的技术和新潮设计而闻名！

（3）傲慢属性量表（Awad & Youn，2018）

傲慢属性量表	非常不同意			无所谓			非常同意
该品牌认为自己比其他品牌更好	1	2	3	4	5	6	7
该品牌传达了它优于其他品牌	1	2	3	4	5	6	7
该品牌在传递了它的优越性	1	2	3	4	5	6	7

（4）产品评价量表（Van Horen & Pieters，2017）

产品评价量表	非常不同意			无所谓			非常同意
1. 你在多大程度上认为该产品是有吸引力	1	2	3	4	5	6	7
2. 你在多大程度上认为该产品是有趣的	1	2	3	4	5	6	7
3. 你在多大程度上认为该产品是积极的	1	2	3	4	5	6	7
4. 你在多大程度上认为该产品是优秀的	1	2	3	4	5	6	7

（5）自恋状态评估量表（Sakellaropoulo & Baldwin，2007）；李克特 7 分量表（1 = “非常不同意”，7 = “非常同意”）

自恋状态量表	非常不同意			无所谓			非常同意
1. 我觉得我应该比其他人拥有更多	1	2	3	4	5	6	7
2. 我觉得我会成为一个好	1	2	3	4	5	6	7
3. 我觉得我比别人更有能力	1	2	3	4	5	6	7
4. 我觉得我应该比其他人得到更多的关注	1	2	3	4	5	6	7
5. 我觉得我是一个特别的人	1	2	3	4	5	6	7
6. 我觉得我能洞察别人的想法	1	2	3	4	5	6	7
7. 我很关注我的身材	1	2	3	4	5	6	7

（6）情绪量表（Levav & R Zhu，2009；Waston，Clark & Tellegen，1988）

情绪量表	非常不同意			无所谓			非常同意
1. 我觉得我现在是高兴的	1	2	3	4	5	6	7
2. 我觉得我现在是兴奋的	1	2	3	4	5	6	7
3. 我觉得我现在是心情愉悦的	1	2	3	4	5	6	7
4. 我觉得我现在是难过的	1	2	3	4	5	6	7
5. 我觉得我现在是痛苦的	1	2	3	4	5	6	7
6. 我觉得我现在是悲观的	1	2	3	4	5	6	7

3. 实验 5－3 的实验材料和量表

（1）不同群体的诱发材料

A. 成员群体组：

我们的社会是由不同的群体所组成的，大到年轻人、老年人，小到不同的专业、校园社团等等都可以被称为群体。

我们希望您输入您所属的一个群体的名称，

具体而言，您目前属于这个群体并认为自己是这个群体中的一员。您认为自己是这个类型的人，并能很融洽地与这个群体的其他成员相处，并发现这个群体的其他成员和您很相似。这个群体应该是一个紧密结合的群体，由彼此相似的个体组成。

请输入符合以上描述的群体名称：

B. 规避群体组：

我们的社会是由不同的群体所组成的，大到年轻人、老年人，小到不同的专业、校园社团等都可以被称为群体。

我们希望您输入您所属的一个群体的名称，

具体而言，您目前不属于这个群体。您认为自己不是这个群体的人，您也不想与这个群体的成员联系在一起，也不想别人将您和这个群体联系在一起。但这个群体是一个紧密联系的群体，群体成员之间的相似性很高。

请输入符合以上描述的群体名称：

(2) 不同差异化品牌的诱发材料

A. 纵向品牌启动材料：

基于您刚才所写的群体：嵌入所写的群体名称

在下面的方框中，我们希望您输入一个真实存在的服饰或者鞋类品牌的名称。

①这个品牌可以提高您在刚才所填写的群体中的社会地位，使您感觉与您所属群体中的其他成员不同。

②该品牌比很多其他的品牌更高端，足以凸显你在群体中的优势地位和作用，使你不同于其他的群体成员。

请输入符合以上描述的品牌名称：

B. 横向品牌启动材料：

基于您刚才所写的群体：嵌入所写的群体名称

在下面的方框中，我们希望您再填写一个生活中真实存在的服饰或者鞋类品牌。

①使用该品牌使您感觉与您刚才填写的群体中的其他成员不同。

②它可能是一个比较小众的品牌，可能是其他成员不使用的品牌。

③但是它可以凸显你的个性，比如你的性格和特点，使你不同于其他群体成员。

请输入符合以上描述的品牌名称：

(3) 群体后测量表

群体后测量表	非常不赞同			无所谓			非常赞同
1. 我不是该群体中的一员	1	2	3	4	5	6	7
2. 我避免与这个群体中的成员有所关联	1	2	3	4	5	6	7

续表

群体后测量表	非常不赞同			无所谓			非常赞同
3. 我不愿将自己与这个群体的人联系在一起	1	2	3	4	5	6	7
4. 我认同这个群体	1	2	3	4	5	6	7
5. 我渴望成为这个群体中的一员	1	2	3	4	5	6	7

（4）自我价值表达量表（Wilcox，Kim & Sen，2009）

自我价值表达量表	非常不赞同			无所谓			非常赞同
1. 这个品牌反映了我心目中的自己	1	2	3	4	5	6	7
2. 这个品牌帮助我传达我的自我看法、观念等	1	2	3	4	5	6	7
3. 该品牌帮助我进行区别于其他群体的自我表达	1	2	3	4	5	6	7
4. 这个品牌帮助我进行自我定义	1	2	3	4	5	6	7

（5）宣扬群体地位量表（Wilcox，Kim & Sen，2009）

宣扬群体地位量表	非常不赞同			无所谓			非常赞同
1. 这个品牌是群体地位的象征	1	2	3	4	5	6	7
2. 我喜欢群体内的其他人看到我使用这个品牌	1	2	3	4	5	6	7
3. 这个品牌帮助我适应群体内的社交场合	1	2	3	4	5	6	7
4. 当群体内其他成员知道我在使用这个独特的品牌时，我会很开心	1	2	3	4	5	6	7

（6）权力状态量表（Anderson & Galinsky，2006）

权力状态量表	非常不赞同			无所谓			非常赞同
1. 我的想法和意见经常被忽视	1	2	3	4	5	6	7
2. 我可以让别人做我想做的事	1	2	3	4	5	6	7
3. 我觉得我说话很有分量	1	2	3	4	5	6	7
4. 我认为我有很强的力量	1	2	3	4	5	6	7

续表

权力状态量表	非常不赞同			无所谓			非常赞同
5. 我的想法和意见经常被忽视	1	2	3	4	5	6	7
6. 即使我表达出来，我的观点也不会有多大影响	1	2	3	4	5	6	7
7. 即使我努力了，也不能如愿以偿	1	2	3	4	5	6	7
8. 我可以决定做我自己想做的事情	1	2	3	4	5	6	7

4. 实验 6－3 部分实验材料以及量表

（1）模仿操纵的材料：

在核心模仿组，参与者阅读的材料内容："你最近在网上购买了一件非常帅气的棒球服。于是，你穿着新买的棒球服参加你经常去的团体活动，活动很丰富，你玩得很开心。几天以后，你再次参加该社团活动。你发现，来自同社团的A同学，他/她竟然穿着和你几天前刚买的同一款式、同一品牌的棒球服。他/她告诉你说：'我上次看见你穿着这件外套，所以我也跟着买了一件！'"

在非核心模仿组，参与者阅读的材料内容："你最近在网上购买了一件非常帅气的棒球服。于是，你穿着新买的棒球服参加你经常去的团体活动，活动很丰富，你玩得很开心。几天以后，你再次参加该社团活动。你发现，来自同社团的A同学，他/她带着一款棒球帽。他/她告诉你说：'我觉得戴棒球帽很帅气，我想试试这种风格！'"

（2）自我概念清晰度量表（Campbell et al.，1996）

自我概念清晰度量表	非常不赞同			无所谓			非常赞同
1. 我对自己的看法和其他人对我的看法经常不一致	1	2	3	4	5	6	7
2. 关于自己，今天我有这样的想法，而明天我又会有别的新的想法	1	2	3	4	5	6	7
3. 我会经常思考我到底是一个什么样的人	1	2	3	4	5	6	7
4. 有时候我觉得我现在不是我真正想成为的那种人	1	2	3	4	5	6	7
5. 我能清楚地认知自己的能力、脾气、性格	1	2	3	4	5	6	7
6. 有些时候我认为，我了解他人比了解自己更多	1	2	3	4	5	6	7
7. 一般来说，我清楚地知道我是谁，我是怎样的人	1	2	3	4	5	6	7

续表

自我概念清晰度量表	非常不赞同			无所谓			非常赞同
8. 我通常很难下决定，因为我不大清楚自己真的要什么	1	2	3	4	5	6	7
9. 我对自己的认知经常互相矛盾	1	2	3	4	5	6	7
10. 如果让我描述自己的个性特征，我的描述经常会发生变化	1	2	3	4	5	6	7
11. 即使我有想法，我也不会告诉别人我真正喜欢什么	1	2	3	4	5	6	7
12. 我对自己的认知和看法变化得非常频繁	1	2	3	4	5	6	7

后 记

自从2017年博士毕业以来，一直从事社会认同、社会群体影响相关的研究工作，并想将所学以最好的形式呈现给读者。本书内容包含了作者近5年对针对消费者行为相关问题的思考和成果，希望能够给予读者一定启示。

本书得以完成，离不开我博士导师、朋友和家人的支持和鼓励。正是你们给予的无私帮助和支持才让我有所收获，感恩你们的付出。首先，感谢我的导师杨德锋教授。我非常庆幸自己可以成为杨老师的学生。杨老师一直秉承学术严谨，待人宽厚的原则，关心我的生活，指导我的学习和学术研究。老师在学术上的严谨，一直在我脑海中浮现。对于每一个研究，大到研究的逻辑，细到文字的标点符号，杨老师都十分严谨。杨老师不仅在学术上给予我专业、细致的指导，还努力为我争取对外交流的机会，让我有幸能去美国访问交流，拓展了我的研究视野。杨老师通过言传身教，展示了作为一名科研工作者应有的严谨态度和专研精神，使我在学术研究上受益匪浅。我的论文从选题构思、文献资料的搜集，从理论框架到数据收集直至最终论文的完稿，都倾注了您大量的精力和心血。没有杨老师的悉心指导，我的科研工作不可能顺利完成。犹记得，老师在凌晨仍在阅读我的论文，并将论文修改意见详细批注回复给我。当我研究上遇到瓶颈时，杨老师总在百忙之中抽出时间一起商量、讨论解决方案，耐心地进行指导。这一切的一切帮助我在科研道路上茁壮成长，感谢杨老师一直以来的耐心教导和无私奉献。师恩如山，此生难忘！祝杨老师身体健康，事事顺心！

其次，感谢母校管理学院的老师们。感谢课题组团队卫海英老师、黄赞老师、张泳老师、叶生洪老师、廖俊云老师、姚琼老师、王瑞老师、刘红艳老师、张计划老师在学术研究上的指导和培养。感谢陈海权老师、刘汉民老师、王国庆老师的授课，老师们知识广博，拓宽了我对不同方向学术研究的认识和了解。在此衷心地祝福各位老师工作顺心，生活美满！

此外，感谢美国俄勒冈大学商学院的 Hong Yuan 老师。在美访学期间，Yuan 老师是我的指导老师，感谢您邀请我加入您的课程组学习。每次与您畅谈学术和研究之道我都受益匪浅。Yuan 老师逻辑清晰，言简意赅，使我心生敬佩。感谢 Yuan 老师一直以来的帮助和照顾！感谢香港城市大学李娟教授(Julie Lee)。在香港城市大学访学的日子里，李老师是我的指导老师，虽然我们是不同的研究方向，但是您思维敏锐，总能将深奥难懂的理论知识以通俗易懂的方式传递给别人。您对科研的热诚，树立了我对未来科研目标的追求。

感谢参与我毕业论文评审和答辩的各位专家老师，感谢你们对论文提出的专业问题和宝贵建议，可以让我重新审视和学习，你们的意见和建议为论文质量的提高以及今后的学术道路都非常重要！感谢你们的无私付出！

最后，特别感谢我的家人。感谢家人一直对我的支持与关爱，是你们的无私付出，尽全力帮我分担家庭的重担，才使我能够集中精力完成学业。在这些年的求学路上，感谢你们一直默默地、无私地为我付出。

学术专著是研究者阶段性研究成果的结晶，每一个章节每一段文字都代表作者的思考。但是由于学术经验有限，就目前来讲，由于时间和经验的诸多限制，作者水平尚需提升，书中难免有很多不完善甚至错误之处，如若读者发现还请不吝赐教。